MAURICE DRUON

de l'Académie française

MÉMOIRES

L'AURORE VIENT DU FOND DU CIEL

PLON

Éditions de Fallois

ISBN 2-259-20450-3

PRÉAMBULE

Je suis né dans un monde ; je disparaîtrai dans un autre tout différent ; je serai lu dans un troisième, également transformé.

Aux lecteurs que j'aurai dans cent ans – sauf incendie total, il y en aura forcément quelques-uns –, ce que je vais conter paraîtra aussi lointain que semblaient aux hommes de mon temps les *Lettres* de Pline le Jeune, l'*Apologie* d'Apulée, ou tels de ces ouvrages d'il y a deux millénaires dans lesquels nous avons apaisé notre curiosité du passé, et puisé quelques enseignements.

Quand je suis venu au jour, on labourait encore avec des charrues à bras, la radiodiffusion balbutiait, et on l'appelait la télégraphie sans fil. L'aviation n'était constituée que de libellules héroïques. Les maisons de nos plus grandes villes, New York mis à part, n'avaient pas plus de six étages.

Dans toute la chrétienté catholique, la messe se disait en latin. Les filles devaient, en principe, arriver vierges au mariage, et l'on ne leur imaginait guère d'autre destinée que d'en contracter un. Du sexe, on ne parlait pas, ou seulement à mots couverts, ou par forfanterie de troupiers.

On mourait beaucoup moins de cancer ou d'infarctus parce que l'on mourait d'autre chose, avant. Les maladies infectieuses guettaient l'être humain dès l'enfance, et l'abattaient à tout âge. La vieillesse commençait tôt, et s'éteignait généralement chez elle. Le vieillard qui se sentait passer adressait, s'il lui en restait la force, quelques paroles à sa descendance, autour de son lit.

La plus grande partie des correspondances se faisait à la main. Le voyage était rare, était lent, était préparé, était savouré, et constituait encore une aventure.

Les hommes répartis sur la terre n'étaient pas contemporains. Certaines peuplades de l'Afrique profonde vivaient à l'âge néolithique. Le Proche et le Moyen-Orient offraient le spectacle des temps bibliques. Il y avait des paysans du Moyen Âge en Galice, en Sicile, en Épire, des bourgeois de Balzac dans les provinces françaises, des bourgeois de Dickens dans les comtés d'Angleterre.

Manhattan et Chicago surprenaient, parce qu'elles avaient précisément l'âge de l'époque ; et dans quelques laboratoires, d'Europe surtout, on commençait à fabriquer le futur. Mais ces disparités ne gênaient pas, parce que les populations ne les connaissaient pas, ou presque pas.

Le charbon était la source principale d'énergie ; le pétrole le suivait à longue distance. Le cheval d'attelage était toujours largement utilisé, et les routes de France avaient la largeur prescrite par Napoléon, pour que deux fourgons de ses armées s'y puissent croiser. La portée des canons ne dépassait guère, sauf quelques engins exceptionnels, quinze kilomètres, et l'on se battait encore à l'arme blanche.

Le XIXe siècle était proche. Ses œuvres nourrissaient les pensées et les rêves. Tous les systèmes de gouvernement, tous les régimes relevaient de ses idées philosophiques ou de ses théories politiques.

Un siècle ne s'achève vraiment que dans le premier quart du siècle suivant. Le XXe durera jusque vers les années 2015-2020. Cent ans, c'est vraiment bien peu pour changer d'univers, et il faut admirer la capacité qu'ont les hommes de s'adapter aux transformations nées de leurs propres œuvres, ou, pour mieux dire, des œuvres de quelques-uns d'entre eux.

Le monde où s'incline mon automne est un monde où chaque homme est ou peut être en communication immédiate avec tous les autres, qui sont près de six milliards, alors qu'ils ne se comptaient que deux milliards quand j'ouvris les yeux, et qu'ils se compteront sept demain.

Communications orales, communications visuelles : on peut se parler de tout point de la planète, et l'on reçoit l'image immédiate de ce qui se passe partout ailleurs. Ce qui rend les disparités matérielles, ainsi étalées ou vulgarisées, souvent insupportables.

Les chefs d'État délibèrent sous le regard des peuples ; ils ont à décider avant d'avoir pu réfléchir, et il leur faut se protéger par des rideaux magnétiques d'une extrême subtilité pour qu'on n'entende pas leurs soupirs entre leurs draps. Louis XIV, dont l'usage voulait qu'il se soulageât le ventre devant ses gentilshommes, disposait de plus d'intimité.

Les progrès combinés de la chimie, de la biologie, de la bactériologie, de la pharmaceutique, de la métallurgie fine, de la concentration des radiations lumineuses, ont produit une médecine qui a moins de ressemblance avec celle qui se pratiquait il y a cinquante ans que celle-ci n'en avait avec la médecine de Galien ou d'Avicenne. Les vaccinations, les antibiotiques, ont désarmé la plupart des épidémies. Les peuples pauvres prolifèrent, de telle sorte que l'enfance n'y meurt plus de maladie, mais de faim. La chirurgie ne se limite plus à amputer ; elle remplace, par prothèse ou greffe, nos os, nos vaisseaux, nos viscères. L'agonie est de plus en plus équipée de tuyauteries, cependant que l'âme y a de moins en moins de part.

La connaissance, dès l'embryon, des affections auxquelles un individu est prédisposé permettra de l'en prémunir plus ou moins ; la médecine préventive réduira le rôle de la médecine curative. Mais en même temps se sera développé le pouvoir de modifier le patrimoine génétique, c'est-à-dire de changer le « programme » inscrit dans les chromosomes. Or, jamais pouvoir n'exista sans qu'une main se tendît pour le saisir. La tentation sera grande de fabriquer des catégories humaines douées de telles ou telles aptitudes.

La part demandée à l'énergie musculaire, dans nos travaux, est devenue infime. Ce siècle aura tiré son combustible du royaume d'Hadès. Il lui était indifférent que le pétrole fût de la mort liquide. Mais Hadès est aveugle.

La plupart des matériaux désormais employés dans nos constructions ou pour nos objets d'usage sont des matériaux de synthèse. Le matériau naturel est ou bien une servitude des populations pauvres, ou bien un luxe des classes riches. Et la planète est jonchée de déchets désolants.

La capacité de casser le noyau de l'atome, ou de le fondre, a fait entrer l'humanité dans un âge à hauts risques. Nous étions cependant prévenus par la mythologie. Mais nous avions désappris la mythologie. Ce n'est pas l'usage du feu qui exposa Prométhée au châtiment ; c'est d'avoir dérobé la semence du feu. Désormais les arsenaux nucléaires contiennent de quoi stériliser pendant des siècles des continents entiers ; et la moindre centrale atomique dont une tubulure se dessoude peut anéantir une myriade de vivants. Cela ne va pas être facile d'apprendre à exister avec une usine à foudre dans la main ! L'homme va connaître ce qu'il en coûte de s'asseoir sur le siège de Jupiter. Il n'est pas impossible qu'il s'y maintienne ; mais il lui faudra faire un sérieux effort sur lui-même.

Tous les outillages, tous les mécanismes inventés et fabriqués par l'homme reproduisent de manière schématique des organes ou parties d'organes humains ou animaux. On n'invente qu'à partir et à l'image du connu. Mais à présent ce sont les opérations cérébrales simples qu'effectuent des appareillages qui ressemblent à nos synapses, à une vitesse surmultipliée. Aucune industrie, aucune administration, aucune recherche qui puisse se dispenser de ces intelligences dites artificielles, mais qui nous ressemblent assez pour se mettre, parfois, à délirer.

J'ai commencé mes classes en apprenant à tracer, maladroitement, des pleins et des déliés. Quand je vois, aujourd'hui, un enfant qui ne sait pas encore écrire se servir d'un ordinateur, il me faut admettre que nous sommes entrés dans un autre âge.

Au-dessus de cet enfant, des satellites échappant à l'attraction terrestre relaient nos conversations, diffusent nos messages, prévoient le temps qu'il fera, cependant que plus haut encore s'assemblent des ateliers de l'espace et que des sondes vont photographier les anneaux de Saturne.

Tout cela, que je viens de très partiellement recenser, s'est accompli dans le temps de ma vie ; et la moindre de mes surprises, parmi tant de rencontres qui l'auront jalonnée, n'est pas d'avoir eu, durant quatre lustres, le privilège de m'asseoir, dans une académie étrangère, auprès du premier homme qui marcha sur la Lune.

À ces prodiges, à ces exploits, à ces bouleversements, j'ai assisté avec autant d'émerveillement que d'inquiétude. Et souvent, je me prends à penser que j'aurai vécu l'antiquité d'une nouvelle civilisation universelle, sinon même son obscure protohistoire.

Il ne s'agit plus d'un changement d'époque, mais d'un changement d'ère. Je vois poindre une humanité qui ne sera plus divisée en classes mais en castes : d'une part une vaste plèbe qui se croira instruite parce qu'elle saura, en frappant sur les touches d'un clavier, poser des questions auxquelles un écran répondra par oui ou par non, jamais par peut-être ; et au-dessus, une caste de grands prêtres tout-puissants, souverains maîtres des logiciels, et régentant par là toute pensée et toute activité.

D'autres schémas mentaux, d'autres manières de se

concevoir et de se situer dans le cosmos, d'autres hiérarchies seront nécessaires à l'homme, ou lui seront imposés.

Tout ensemble auteur, bénéficiaire et victime de tant d'accomplissements, il a couru à perdre haleine, depuis deux cents ans, pour conquérir de fabuleux pouvoirs.

Trouvera-t-il la recette pour les maîtriser ?

⋆

Heureux les Égyptiens de l'Antiquité : leurs mémoires tenaient sur une page de pierre.

« Je suis untel, et ceci est ma stèle. »

« À ma naissance, Horus a mis en moi ses lumières. »

« J'ai été instruit de la médecine, de l'astronomie, de la géométrie, ainsi que de l'art de l'écriture et de la science des vérités. Je sais le nom des dieux qui gardent les portes. »

« Mes dons et mon savoir m'ont fait appeler à de grandes fonctions. J'ai commandé l'armée, j'ai dirigé l'administration. J'ai ordonné et j'ai bâti. J'ai excellé parmi les excellents, et mes œuvres ne pourront être oubliées. »

« Ma vie a été droite. J'ai été obéi de mes serviteurs, et j'ai toujours fait les offrandes au temple. Je n'ai pas pesé à faux poids. »

« Mon renom a surpassé celui de mes ancêtres. Je n'ai pas à retourner à une vie inférieure. »

« Le Pharaon m'a fait asseoir sur un siège aussi haut que son trône, et mon nom restera à jamais inséparable du sien. »

Point final.

Ces gens-là n'avaient pas à s'embarrasser de modestie, feinte ou réelle. L'orgueil était pour eux d'obligation rituelle. Car cette stèle, longuement pensée, et rédigée par eux-mêmes, n'avait pas pour objet d'être lue par les hommes, mais d'être, à l'instant qu'ils sortiraient du monde visible, soumise au regard des dieux. Un passeport pour l'éternité.

Les erreurs, les échecs, les bavures de la destinée n'avaient pas à figurer sur ce curriculum vitae de calcaire ou de porphyre. Les regrets non plus. Quelle place honorable aurait pu espérer, sur l'autre rive du fleuve, celui qui serait arrivé présentant, en lignes de faucons, de lotus et de serpents : « J'ai trahi mon frère, j'ai trafiqué sur les fournitures, j'ai comploté contre mon souverain qui ne m'estimait pas assez. J'ai perdu telle bataille parce que le chef de la cavalerie n'avait pas compris mes ordres. Les ouvriers de la pyramide se sont mis en grève parce qu'on leur avait servi du poisson avarié… »

On ne montre pas de saletés aux puissances divines. Et comme il est d'usage sacré, chaque matin, avant les prières, de s'asperger d'eau lustrale, il était convenable de laver les impuretés de sa propre image, au moment d'entrer dans l'ultime aurore.

L'Égyptien, en sa personne, honorait le divin principe dont il procédait. Sublimer n'est pas mentir. C'est dégager l'essence de la volonté, quand sont retombées les scories de l'action.

La vérité de notre être est-elle dans ce que nous avons subi ou dans ce que nous avons voulu ? Et ce qui mérite jugement de l'avenir, est-ce ce que nous avons gâché, faussé, délaissé, ou ce que nous avons tenté et partiellement réussi ?

Le mouvement intérieur qui porte l'homme des temps récents, et surtout s'il a pris part aux affaires de son siècle, à faire relation de sa vie n'a sans doute pas d'autre origine. Lui aussi, lorsque se dessine devant lui la ligne du dernier horizon, se veut porteur de sa propre effigie, de son double pour l'au-delà. Il reste de l'Amenhotep fils de Hapou dans nos chromosomes.

Suite profane d'une tradition sacrée, les « mémoires » sont le vêtement qui nous habillera sur notre lit de mort, le vernis de notre sarcophage.

Sinon, quoi de plus dérisoire que d'aspirer à une immortalité de papier afin de se maintenir, un peu plus, un peu moins, dans le souvenir d'une espèce qui, tôt ou tard, disparaîtra d'une planète destinée, de toute manière, à refroidir ?

La science nous aura rendu le grand service de nous confirmer que l'éternité n'était pas de ce monde.

Pour les esprits qui se sentent ou se veulent reliés à l'univers, cette manière d'écrits testamentaires, pour une survie ici-bas si limitée, est peut-être la condition d'accès à la survie véritable, le prix à acquitter pour l'entrée dans les cercles de la puissance infinie, que nous sommes infirmes à nous représenter mais dont l'idée pourtant nous occupe constamment.

Celui qui dira : « Divin potier, qui tourna le vase de mon destin, voici les œuvres dont je l'ai empli », celui-là peut attendre ou à tout le moins espérer que les portes s'ouvriront devant lui. L'altier *monumentum exegi*, qui est de mise chez les auteurs latins, participe de cette humilité-là.

Le témoignage est l'acte terminal de notre mission, sa perfection au sens premier du terme. Artisans d'une minuscule fraction d'un projet dont l'accomplissement est imparti à l'humanité entière, nous avons pour dernier labeur de verser notre tribut à ce qui constitue le premier et le plus indispensable de ses biens : la mémoire.

S'adressant aux dieux, les Égyptiens pouvaient être brefs, ils réduisaient les choses à leur essence, ou tout au moins à l'essentiel. Nous adressant à nos semblables, nous sommes conduits à la prolixité, car c'est par le détail qu'ils peuvent se reconnaître en nous, s'instruire de ce que nous avons eu, ou se représenter le temps que nous avons vécu.

À qui, à quoi et quand ces mémoires, si le destin m'accorde de les achever, serviront-ils ?

Un ami cher, et qui me connaît de longue date, me dit un jour, généreusement : « Tout, dans une vie comme la vôtre, est significatif, même ce à quoi vous n'attachez pas vous-même de signification. Tout y est signe. » Puisse ce croyant fervent, médecin excellent, et de surcroît maître de zen, avoir partiellement raison.

Dans une autobiographie, l'auteur ne parle que de soi ; dans des mémoires, il parle de tout. Voici donc des pages écrites à temps volé, avec de longues interruptions, des reprises, des retours sur des oublis, et des escapades de l'esprit ; chacun qui les traversera s'arrêtera où il lui plaît et glanera ce qu'il veut.

*

Chemin pour chemin, celui sur lequel a marché ma génération fut tout au long bordé tantôt de précipices et tantôt de bourbiers. Les horreurs ne nous ont pas été marchandées, les sottises non plus. Le risque, pour les meilleurs d'entre nous, fut inséparable de l'honneur de vivre.

Sans cesse nous nous sommes trouvés devant des bifurcations où il fallait choisir la route du lendemain.

Nous avons été entourés de gens qui s'évertuaient à trouver « un sens à la vie ». Mais combien peu se souciaient de donner un sens à la mort ! Et pourtant, présente sous toutes les formes, nous n'avons cessé d'être obsédés par elle. De même, nous avons été plus invités au respect humain qu'au respect divin.

Le destin m'a placé à maints carrefours. J'ai, comme on dit, habité mon siècle. Voici venu le moment d'attester.

Le « moi », depuis Pascal, est réputé haïssable. Le « je » en revanche est de nécessité quand il s'agit de consigner la part que l'on a prise aux travaux et aux jours d'un moment du monde. C'est la façon la plus simple, donc la plus honnête, de se présenter aux autres, au temps, à Dieu.

Je me sais poussière sur cette Terre, qui n'est elle-même qu'une poussière dans l'infini innombrable. Mais je sais aussi que chaque poussière est irremplaçable, et que, si l'homme a reçu le divin don de la parole pour nommer toutes choses, l'écrit lui a été donné pour laisser marque de son passage, comme l'étoile éteinte laisse dans le ciel la trace de ce qu'elle fut.

LIVRE PREMIER

CEUX À TRAVERS QUI…

« Tout ce qui te survient t'est destiné, dès l'origine, et c'est bien ainsi. »

MARC AURÈLE

I

SI NOUS PENSIONS À L'EN DEÇÀ

J'ai eu de fort bonne heure le sentiment de n'être pas né pour rien.

Le principe vaut, je présume, pour tout être sur la Terre. Mais j'en ai été plus conscient que d'autres, et plus tôt, parce qu'un excessif concours de ce qu'on nomme hasards supprime l'idée du hasard.

Quand j'évoque, épars sur deux siècles, les visages ou seulement les silhouettes de ceux à travers qui ma vie vint à l'existence, quand je mesure leur dispersion géographique, enjambant océans et continents, quand je considère combien étaient improbables leurs rencontres, qui pourtant se produisirent, quand je parcours cette galerie disparate où les contraires voisinent et où les caractères s'opposent qui pourtant s'allièrent pour, souvent, se séparer aussitôt, quand j'y fais l'inventaire des travaux et des rêves, des ambitions, des accomplissements, des échecs qui n'ont guère entre eux d'autre unité que celle de la discordance, je ne saurais me convaincre que tout cela relève du fortuit. Encore n'est-ce que l'extrémité demeurée visible du fil que la Parque a tiré, comme pour chacun de nous, de l'infini.

Dès mon jeune âge, je veux dire celui où l'on commence à se former une pensée, et en dépit des légendes familiales dont je fus bercé, qui nimbaient d'une gloire justifiable ou améliorée ces fantômes surgis des quatre points cardinaux, je n'eus jamais l'impression d'être un *descendant*, mais plutôt d'être un *remontant*, d'avoir remonté opiniâtrement, par d'étranges détours, les pentes de la terre, les courbes de la mer et les degrés du temps, pour émerger à la surface de la conscience et de l'action.

Je crois simplement, mais fermement, que la volonté de vivre est préalable à la vie, qu'elle vient de très loin et qu'elle se cherche logis avec obstination, parce qu'elle est en nous précisément la parcelle divine, le lien avec un cosmos ordonné.

Nous vivons à l'intérieur de l'univers, enfermés dans un petit local, confinés dans un étroit patio, et nous ne savons rien du reste du palais, de ses corridors immenses, de ses salons gigantesques, de ses parcs sublimes. Rien, ou si peu ! Tout ce que nous imaginons en connaître, nous ne l'avons deviné que par des rumeurs, des échos parvenus à travers les cloisons, ou par des fulgurances aperçues dans ce coin de ciel, au-dessus de notre courette et qui n'est peut-être qu'un vélum.

Mais, dans ce confinement, nous sommes tous investis d'une fonction, si même nous ne pouvons nous représenter qui nous l'a assignée.

Pourquoi, parmi l'infinité des combinaisons possibles et des semences perdues, notre chiffre, notre nombre est-il sorti de la main mystérieuse qui bat le jeu de cartes des chromosomes et des gènes ?

Je crois simplement, mais fermement, que chacun qui a la grâce et l'honneur de venir au jour a charge d'accomplir, le plus souvent à l'insu de soi, une fraction infime, mais toujours irremplaçable, d'un dessein providentiel. C'est une grâce supplémentaire que d'en avoir conscience.

Il n'est guère de jour où nous ne nous interrogions sur *l'au-delà* avec plus ou moins d'anxiété, de frayeur ou de résignation, selon notre tempérament, notre humeur ou la circonstance. Nos littératures, nos philosophies ne nous parlent que de la mort. Mais nous n'agissons convenablement que lorsque nous l'oublions. Que ne nous interrogeons-nous aussi fréquemment sur *l'en deçà* qui est également mystérieux, également digne de méditation, et peut nous fournir autant de sagesse et plus d'ardeur ?

Les Égyptiens ne préparaient si soigneusement leur au-delà que parce qu'ils se construisaient sur une représentation très lumineuse, très solide et très constante de l'en deçà. Ils se savaient appelés, et c'était leur noblesse. Ils nous enseignaient à nous penser pour ce que nous sommes : un instant d'énergie éphémère, mais nécessaire, entre deux infinis.

Tout orgueil nous est permis, tout orgueil est légitime, à la condition de ne jamais perdre de vue notre « infimité ».

⋆

J'avais depuis bien des mois rédigé ces pages liminaires lorsque je rencontrai, dans Khalil Gilbran, un Libanais du début du siècle, peu connu des Français, mais dont l'ouvrage, *Le Prophète*, qu'il réécrivit sept fois, fut publié à plus de cent millions d'exemplaires dans le monde, le passage suivant :

Vos enfants ne sont pas vos enfants.
Ils sont les fils et les filles de l'appel de la Vie elle-même.
Ils viennent à travers vous, mais non de vous.

Au moins sommes-nous deux à partager la même pensée fondamentale.

Aussi est-ce d'un esprit tranquille que je puis inviter mon lecteur, s'il veut bien m'y suivre, à parcourir une suite de portraits, souvent insolites, pendus dans les couloirs du temps.

II

À UN DEGRÉ DE L'ÉQUATEUR

Venaient-ils de Porto ou de Lisbonne, de l'Algarve ou de Bragança, ces gentilshommes d'aventure qui, après l'étrange traité de Tordesillas par lequel le pape Alexandre VI Borgia partagea la possession des Indes occidentales entre les deux royaumes ibériques, entreprirent d'établir un empire pour le roi de Portugal ?

L'océan, depuis quatre siècles, a effacé le sillage de leurs caravelles.

Les Espagnols avaient envoyé leurs *conquistadores*, les Portugais leurs *descobridores*. Tout est dans le vocabulaire. Le Brésil est né de ce partage-là.

C'est à São Luís du Maranhão, sur la côte nord, à un degré de l'Équateur, que je retrouve mes premiers ancêtres identifiables.

São Luís est une ville fondée par les Français, du temps qu'ils voulaient aussi se tailler un morceau sur ce continent, dans les tout débuts du règne de Louis XIII, d'où le nom de Saint Louis qu'elle reçut.

L'escadre, que commandait M. de la Rivardière, découvrit là un mouillage agréable, une population indigène amène et, à défaut d'or, des bois précieux ou de teinture dont le commerce pouvait être fructueux. Mais, bâtis les premiers bastions, demeures et entrepôts, les Français ne purent se maintenir plus de trois années ; les Portugais les forcèrent à quitter ce rivage.

Pourtant, aujourd'hui encore, São Luís, les luttes anciennes oubliées, met quelque complaisance à se souvenir de son origine française.

Vinrent un peu plus tard les Hollandais, qui s'installèrent pour vingt ans, de 1624 à 1644.

De ce temps-là, je remonte, comme d'une cave où il aurait trop longtemps séjourné, un premier portrait. Le visage est effacé ; il ne reste presque plus de peinture sur la toile. À peine distingue-t-on l'ombre d'un chapeau à grande plume, la trace d'une épée, le dessin de hautes bottes à chaudrons. Mais le nom demeure sur le cadre : Antonio Texeira de Melho. Il libéra le Maranhão de la domination hollandaise. Un héros.

Un peu plus loin apparaît un autre personnage ardent et tumultueux, un certain Manuel Beckman dont la gloire durait encore, localement, au siècle dernier, pour avoir été le chef d'une révolution malheureuse en 1684. Quelle révolution, et dans quel dessein ? J'avoue avoir manqué de temps pour en faire la recherche. Un spécialiste de l'histoire maranhense peut-être me le dira.

Ensuite, pendant cent ans, les murs de mon couloir ascensionnel sont vides. Les cordes qui retiennent les disparus dans la mémoire des générations ultérieures ont dû, trop minces, casser.

Mais, à la fin du XVIIIe siècle, apparaissent, dans leur salon de style colonial ou leur jardin équatorial, un petit-fils ou arrière-petit-fils de Texeira de Melho, le *capitão-mor* Francisco Raymundo da Cunha, grand propriétaire terrien, et une petite-fille ou arrière-petite-fille du bouillant Beckman, Doña Maria Correa Faria, qui viennent d'être mariés.

Le 24 janvier 1799 leur naît un fils, Manoel Odorico.

Or, première bizarrerie d'état civil dans une généalogie qui en comportera bien d'autres, pourquoi ce Manoel Odorico, appartenant « à deux des plus anciennes et illustres familles du pays » comme l'écriront ses biographes, ne portera-t-il jamais le nom de son père, le *capitão-mor*, et pourquoi prit-il ou reçut-il pour patronyme celui de son oncle et parrain, qualifié de père adoptif, Manuel Mendes da Silva, dont il laissera tomber d'ailleurs le da Silva ? Il doit y avoir là un drame inconnu.

Plus tard, ses enfants, à l'étranger, y joindront le nom de sa mère, qui se serait assorti d'un titre de marquisat. Mon arrière-grand-mère signait Faria-Mendes. Et, pour épaissir le mystère, un très aimable diplomate brésilien, Claudio Lins, m'apprit, se révélant le seul cousin que je connusse de ce côté-là, que Manoel Odorico avait un frère, Aristides Odorico, porteur également du nom de Mendes, et dont il descendait.

São Luís du Maranhão, à la fin du XVIIIe et au début du XIXe siècle, était appelée l'Athènes du Brésil. Il s'était formé là, en dépit d'une chaleur écrasante, devant un océan de plomb, une société intellectuelle vivace, ardente, nourrie d'antiquité classique et d'idées françaises. On y composait, on y écrivait, on y publiait, on y discutait, on y déclamait, les yeux fixés sur le Paris des « Lumières », l'Académie des encyclopédistes, les tourmentes révolutionnaires, et les secousses créées en Europe par les guerres napoléoniennes, lesquelles eurent, là-bas, leurs contrecoups politiques. La monarchie portugaise, conseillée par Wellington, avait dû se replier dans son immense colonie.

L'Europe apaisée, Odorico Mendes est envoyé à Coimbra pour y étudier la médecine ; mais ce sont les cours de philosophie qu'il suit, sans les achever.

Il se sent appelé par les turbulences qui agitent son pays. Le Brésil s'est déclaré indépendant depuis deux ans, quand Mendes, en 1824, regagne sa patrie maranhense. Il milite dans le parti libéral, crée un journal,

L'Argus de la Loi, est élu député. Il écrit aussi un *Hymne au soir* qui est resté dans la mémoire de ses compatriotes, et qui annonçait le grand poète romantique qu'il ne fut pas.

Orateur écouté, caractère peu flexible, il n'hésita pas à répondre à l'empereur Don Pedro Ier, dont il était l'ami, et même le familier, mais qui lui reprochait publiquement de s'opposer à ses ministres : « Je suis de Votre Majesté un sujet très fidèle, mais quand il s'agit de mes opinions, je les exprime toujours selon ma conscience, et c'est pour cela que j'ai été mandaté. »

Je possède un portrait gravé de Don Pedro. Beau visage ovale, beaux cheveux bouclés, beaux yeux un peu mélancoliques, belle prestance, sanglé dans un uniforme de l'époque, à haut col et tout brodé et constellé de plaques. Lorsque mon regard le rencontre, j'entends la voix de mon trisaïeul, qu'il n'a pas assez écoutée.

Mendes eut son heure et son rôle historiques, lors de l'abdication forcée et du départ de Don Pedro. Par son influence, et son attitude calquée sur les modèles antiques, il évita au pays de tomber dans l'anarchie en inspirant l'organisation de la Régence. Peut-être était-ce là l'acte irremplaçable pour lequel il avait été appelé à la vie. Il n'en tira d'ailleurs pas avantage, refusant de partager l'exercice de cette Régence. « J'ai participé, au nom de mes idées, à renverser mon empereur. Ce n'est pas pour le remplacer. » Il avait assuré le principe de continuité.

Fondateur de la « Société des défenseurs de la liberté et de l'indépendance nationale » – un programme qui est toujours de saison –, député pendant plusieurs législatures, puis sénateur, il fut fait commandeur de l'Ordre du Christ à la majorité de Don Pedro II, et pourvu d'une charge qui lui assurait pension. Il se retira de la vie politique, à laquelle il avait consacré un quart de siècle, et vint en 1847 s'installer à Paris, alors capitale universelle des lettres et de la pensée.

Nanti de quelque privilège diplomatique, il y resta dix-sept ans, coupés de brefs retours au pays natal.

C'est à Paris qu'il acheva et publia, imprimée par un typographe de la rue Garancière, la traduction totale des œuvres de Virgile en vers portugais, qui lui valut d'être appelé « le Virgilio brasileiro », d'après le titre même qu'il avait donné à son labeur. Les neuf mille vers de l'*Énéide* en neuf mille et quelques dodécasyllabes portugais ! De la même manière, il traduisit l'*Iliade.* Il continuait de signer fièrement : Manoel Odorico Mendes « *da ciudade de S. Luís do Maranhão* ». Il appartenait à plusieurs académies, dont celle de Lisbonne.

Il accomplit l'un de ses rêves les plus chers, qui était de visiter l'Italie, ce qu'il fit ville à ville et tombeau à tombeau, partout où affleurait un vestige de la romanité. Il mourut d'une crise cardiaque dans un train, entre Londres et Croydon, à soixante-cinq ans.

Dans le jeu de cartes génétique, je pense que j'ai tiré mes meilleurs atouts de cet humaniste dont les passions se partageaient entre les lettres classiques et les affaires publiques, les ruines antiques et la liberté de sa nation.

J'avais dépassé l'âge auquel il disparut, quand, voyageant au Brésil, à l'invitation du président José Sarney, grand Maranhense, j'eus enfin l'occasion d'aller dans cette province, grande comme les deux tiers de la France, où j'ai partie de mes origines. São Luís me réserva un accueil émouvant, célébrant en moi le descendant de plusieurs de ses fils illustres. L'écrivain Josué Montello, autre Maranhense, qui était alors ambassadeur auprès de l'UNESCO, avant de devenir président de l'Académie brésilienne, s'était institué mon guide enthousiaste.

Dès mon arrivée, je fus conduit devant le monument dédié à Odorico Mendes. Étrange monument ! Car peu d'hommes ont eu droit à avoir leur tombeau au centre d'une place de leur ville natale, et, sur cette tombe même, leur buste dressé, un peu plus haut que les vivants. Le soleil équatorial frappe le front de bronze de ce trisaïeul.

Lors d'un deuxième voyage que je fis là-bas, en compagnie de José Sarney lui-même, les autorités de la cité firent poser au pied de la colonne une plaque de bronze y rappelant ma venue.

Unique par ses maisons aux façades recouvertes toutes d'*azulejos*, São Luís est inscrite parmi les trésors du patrimoine mondial et mérite que sa restauration soit poursuivie. Son palais du gouverneur, de pur XVIIIe, dominant l'Océan, semble conserver l'écho des vieilles canonnades et retenir dans ses murs la musique des bals de jadis.

D'une épouse qui paraît avoir été assez discrète pour ne pas retenir l'attention des biographes, Manoel Odorico Mendes eut une fille nommée Léonilla et, je crois, deux fils. Pour ces fils, en âge d'études, il chercha, à Paris, un précepteur. Celui qu'il retint, qui se nommait Antoine Cros, étudiant en médecine, était lui aussi féru d'hellénisme et de latinité. La fille d'Odorico Mendes était une beauté des îles, comme on disait alors. Le précepteur, au visage entouré d'une soyeuse barbe noire, était séduisant, et animé d'un feu tout occitan. Jeune provincial impécunieux, il ne pouvait qu'être ébloui par le train que menaient ces riches Sud-Américains. Et Odorico Mendes était libéral, très libéral.

Mais là, il me faut engager mon lecteur, s'il le veut bien, dans un autre couloir, qui s'ouvre celui-là dans le sud de la France, au pied des Corbières.

III

DU CÔTÉ DE LA NARBONNAISE

La Narbonnaise est une province qui a plus d'antiquité de civilisation que presque toutes les autres en France. Elle fut romaine et s'en souvient. La terre y est sèche ; l'esprit y est vif.

La petite ville, jadis fortifiée, de Lagrasse, entre Narbonne et Carcassonne, faisait partie de ces cités qui ne relevaient d'aucun fief, et qui s'administraient par des *consuls* élus. On appelait *consulaires* les familles qui avaient l'honneur d'avoir compté un *premier consul*. Telle était la famille Cros – l'*s* se prononce puisqu'en pays méridional.

Au milieu du XVIIIe siècle, Martin Cros y exerçait avec succès la profession de maître-tailleur, et vêtait les notables de la région. Il choisit un architecte de ses pratiques pour parrain de son premier fils, Antoine, qui naquit en 1765. L'enfant était doué ; l'architecte le poussa aux études, sans pouvoir imaginer qu'il procédait au départ d'une étrange lignée, où chacun aurait un destin. Laissant à son cadet l'aune, le drap et les ciseaux paternels, Antoine Cros, que j'appellerai l'ancien, se trouva, dès l'âge de vingt ans, professeur chez les frères de la Doctrine chrétienne, dans les collèges de Brive et de Périgueux.

Durant les tourmentes révolutionnaires, il revint en 1792 dans l'Aude, pour y lever un bataillon de soixante-seize volontaires, et fou d'amour épousa, un jour de février 94, à neuf heures du soir, dans un village des Pyrénées où sa troupe était stationnée, une demoiselle Pernette Branchu, fort jolie protestante, née à Genève, et qu'on tenait pour assez proche parente de Jean-Jacques Rousseau. Quels heurs ou malheurs l'avaient-ils amenée jusqu'aux marches d'Espagne ? Puis Antoine l'ancien partit presque aussitôt aux frontières, ne reparut que cinq ans plus tard, sans autre grade que celui de capitaine, qu'il avait au départ, et s'installa maître de pension à Lézignan.

Il écrivit, entre divers manuels scolaires, un *Essai de grammaire générale* qui, couronné par l'Institut de France en 1800, fut déclaré « comme des plus utiles à l'instruction publique ».

Reçu docteur ès lettres à Paris, sous l'Empire, et réputé pour l'un des meilleurs hellénistes de France, il fut nommé par Louis XVIII professeur au Conservatoire de musique et de déclamation, dans une chaire créée pour lui, où il enseignait la langue, la versification, l'histoire et la mythologie. En même temps, il tenait pension pour quelques élèves, dans sa maison de la rue Saint-Dominique, près des Invalides.

Il publia encore une traduction des *Idylles* de Théocrite. Et puis revint en son pays pour prendre en main une autre pension, qui porta le nom d'Institution Cros, à Narbonne.

Antoine l'ancien eut un seul fils, Simon, Charles, Henri, qui était doué, comme son père, mais manquait singulièrement de bon sens.

J'avoue que je ne m'étais guère penché sur ces gens-là ; je les découvre en feuilletant de vieilles archives ou des monographies d'autrefois, pour arriver à dessiner ma carte génétique. Ce sont distractions de mon âge, avant l'oubli. Mais je découvre aussi qu'ils étaient tous habités du besoin d'écrire, tous nourris de lettres classiques, et tous assez pittoresques.

Je m'arrête un moment sur ce Simon Cros qui paraît avoir eu une particulière aptitude à faire son propre malheur.

Il était né en 1803 : un contemporain de Victor Hugo. Il fut reçu assez tôt docteur en droit, tâta un moment du barreau, seconda puis remplaça son père dans l'institution d'enseignement. Il trouva épouse, vers trente ans, dans une famille de médecins, propriétaires aisés vivant à Fabrezan, autre bourgade de l'Aude, qui devint le second berceau familial. Ayant écrit, à vingt-deux ans, une tragédie en vers, *Henry III*, reçue à l'Odéon et interdite par la censure, il s'acquit réputation de philosophe local en publiant à Narbonne une *Théorie de l'homme intellectuel et moral* qui sentait le soufre. Et là commença son drame.

Sous sa direction, l'Institution Cros périclite ; l'évêque de Carcassonne se plaint des thèses publiques « contraires à la saine morale » qu'on y soutient chaque année.

Simon Cros postule alors une chaire de droit criminel à la faculté de Toulouse, qui lui est refusée. Qu'à cela ne tienne. Puisque la province le rejette, il va se faire connaître de Paris, où il s'installe avec sa femme et les quatre enfants qui lui sont nés.

Il postule la chaire qu'occupait son père au Conservatoire : elle lui est refusée. Il postule une chaire d'économie politique à la faculté de droit : refusée. Il sollicite du gouvernement qu'il souscrive à sa fameuse *Théorie* qu'il remanie d'édition en édition à maigres tirages. Souscription refusée.

Car il était naïf, de surcroît ; républicain, franc-maçon, libre penseur, comment imaginait-il que les autorités songeassent à le subventionner ?

Tirant le diable par la queue, déménageant sans cesse d'un quartier à l'autre, ne subsistant que de leçons particulières, son infortune fournit l'illustration d'une certaine misère, derrière les façades du romantisme, sous la monarchie de Juillet. On imagine, dans une pièce pauvrement meublée, des dîners misérables servis par une mère épuisée qu'habite la nostalgie de sa jeunesse aisée, tandis que le père, personnage grand, sec, et volubile, agite des manchettes élimées en pérorant sur l'injustice des temps.

Il n'en était pas moins un esprit attachant, comme en témoignent les amitiés fidèles, mais sans efficace, qu'il entretenait dans le milieu de l'Académie.

Ce songe-creux fit soudain, mais avec quel argent ? un mystérieux voyage dans les États de Savoie, pour le compte des *Carbonari*. Il fallut que le consul de France le rapatriât.

Simon Cros continue de sonner aux portes d'un gouvernement qu'il décrie pour obtenir une « indemnité » au titre des lettres et des sciences. Subvention qu'on accorde volontiers aux écrivains notoires, et qu'il recevra une fois, mais une seule. Cinq cents francs. Avec lesquels il ouvre à l'Athénée royal, dans la rue Duphot, un cours-conférence « d'introduction aux études philosophiques » où il distille, le soir, sa *Théorie*, qu'il tient toujours pour l'ouvrage de sa vie. Il doit, faisant le compte de ses auditeurs, penser à l'échéance de son loyer.

Tout à la fin du règne de Louis-Philippe, il retrouve une position. Nommé au Collège de Joigny, il y enseigne la philosophie et l'histoire à une classe de trois élèves. Ce ne sera pas un succès. Un inspecteur général le décrit comme « l'une des principales plaies de ce pauvre collège » et le note « incivil, bavard, plein d'assurance et de présomption », dispensant un enseignement subversif et ne sachant pas se faire respecter.

Durant la révolution de 48 et la courte IIe République, il s'agita beaucoup dans ce canton de l'Yonne, menant campagne électorale en 1849 comme candidat socialiste et tenant discours dans les cafés.

Son adresse *Aux républicains de l'Yonne*, affichée sur les murs, était singulièrement en avance sur son temps. Après avoir proclamé : « Respect aux éternels principes de Famille et de Propriété ! Respect à la Morale et à la Religion ! À bas le communisme ! Soulagement aux souffrances du Peuple… », il préconisait :

« Établissement d'un Impôt progressif sur les Revenus nets de toute espèce !

« Établissement de la Banque Hypothécaire pour asseoir le Crédit foncier ! Établissement d'un Comptoir d'Escompte pour généraliser le Crédit Industriel et Commercial en faveur des Associations d'ouvriers !

« Enseignement Gratuit à tous les degrés !

« Plus de Peine de Mort ! À bas la Guillotine. »

Ce penseur de sous-préfecture avait de l'avenir dans l'esprit. Mais il faudrait bien plus d'un siècle pour que son programme plein de majuscules passât de l'utopie à l'accomplissement.

Ayant le don de se mettre mal avec tous les régimes, même ceux qui se rapprochaient de ses vœux, il adressa une lettre ouverte au ministre Falloux, ce qui lui valut d'être définitivement révoqué. Ainsi se termina sa carrière.

Il vécut encore un quart de siècle, d'expédients assurément, polissant inlassablement sa *Théorie*, et continuant à changer de logement. Il ferma les yeux peu après l'avènement de la IIIe République.

Le front très haut et le visage triangulaire, affectant en toutes circonstances une attitude d'austère dignité, cet homme-là avait du vent dans la tête, et il ne faut donc pas s'étonner s'il en passa un peu à sa descendance.

Il avait eu, ai-je dit, quatre enfants : une fille, Henriette, dont je ne sais rien, et trois garçons qui, eux, devaient faire parler d'eux.

IV

LES FRÈRES CROS :
LE PEINTRE ET LE POÈTE

L'aîné, Antoine, était ce brillant étudiant en médecine qui séduisit et épousa la belle Brésilienne, fille de Manoel Odorico Mendes. Mariage assurément insolite. Je reviendrai dans un moment à Antoine Cros, mon arrière-grand-père maternel, car sa vie ne fut pas indifférente.

Le second fils, Henry Cros, peintre et sculpteur, eut du renom. Mince et pâle, le visage encadré d'une barbe légère, il ressemblait, au dire de ses contemporains, à un seigneur de la Renaissance, mais un seigneur qui aurait eu constamment la fièvre. Edmond de Goncourt le décrit comme « un garçon tout maigre, tout noir, tout barbu, avec une inquiétante fixité dans ses yeux noirs ».

Féru lui aussi d'Antiquité, il retrouva, ou crut retrouver, les procédés de peinture à l'encaustique des Anciens et de la pâte de verre des Égyptiens. Il n'en voulut jamais livrer le secret. Il fit les bustes ou les médaillons de Heredia, de François Coppée et de bien d'autres. Il reçut des commandes d'Alexandre Dumas. On peut voir de lui, dans l'escalier de la maison de Victor Hugo, place des Vosges, une grande fontaine de pâte de verre polychrome d'une singulière luminescence. Mais où sont passés ses grands bas-reliefs de l'Histoire de l'eau et de l'Histoire du feu ?

Il eut un atelier à l'École de Sèvres, attribué par le ministère des Beaux-Arts, en même temps qu'on le décorait de la Légion d'honneur.

Rodin a dit de lui : « Sa sculpture a la sérénité qui l'apparente à l'art grec ; c'est je pense le plus bel éloge qu'on puisse faire d'un artiste. Cros est l'un des hommes les plus glorieux de la statuaire du XIXe siècle. » Mais c'était sur sa tombe. Et Rodin ajouta, ce qui nuançait un peu le propos : « Il a passé inconnu. » Voulait-il dire qu'Henry Cros eût mérité d'être placé plus haut dans l'opinion de son temps ?

Il ne m'est parvenu de lui, en dehors de quelques masques de pâte translucide, que le portrait à l'huile qu'il fit de sa belle-sœur, mon aïeule brésilienne, dont je n'aurai jamais pu admirer la beauté que de profil, puisque ce fut ainsi qu'il la peignit.

Le cadet des frères Cros, Charles, Hortensius, Émile, est dans tous les dictionnaires. Poète et savant, lit-on dans l'un ; poète et inventeur, lit-on dans un autre.

S'il connut une notoriété certaine, encore que nuancée d'ironie, durant sa vie, la vraie célébrité ne lui vint qu'après sa mort, surtout quand les surréalistes l'inscrivirent parmi leurs précurseurs, ce dont je me demande si c'est là vraiment un titre de gloire.

En tout cas, il n'est pas d'ouvrage sur la bohème littéraire du Second Empire et des débuts de la IIIe République où maintes pages ne lui soient consacrées. Son nom apparaît dans plus de cent cinquante ouvrages. Et il a fait l'objet, dans les temps récents, d'études universitaires soigneuses et savantes.

Il vint au monde en 1842 à Fabrezan, localité voisine de Lagrasse, où les Cros possédaient, en plus d'une maison à belle façade Louis XIV et aux arrières voûtés plus anciens, deux vignobles, La Métairie blanche et Le Col du Portail. Ils y venaient traditionnellement pour les vendanges. Toujours aussi avisé dans ses affaires, et traversant une période de particulière impécuniosité, Simon vendit peu après le domaine estimé deux millions, au moment où un prodigieux essor de la viticulture aurait pu lui permettre une ressource régulière.

Comble de malchance, il fut victime d'un notaire véreux qui le dépouilla de tout. Et la famille retourna à sa gêne permanente.

Charles Cros était ce qu'on appelle de nos jours un surdoué. Eût-il vécu dans notre temps, il eût été de ces gamins qui désorganisent les systèmes informatiques ou se font des fortunes en pénétrant les arcanes des mécanismes boursiers.

Sans avoir fréquenté d'autre école que celle de son père, à Narbonne, il lisait à huit ans le latin et le grec ; à onze ans, il apprenait l'hébreu et le sanscrit, que personne dans sa famille ne connaissait ; à quatorze, caché derrière un pilier, il suivait, au Collège de France, les cours sur ces deux langues ; à seize, ayant passé les deux baccalauréats, il pouvait déjà les enseigner.

Il étudia les mathématiques et la musique à l'hôtel Lambert, dans l'île Saint-Louis, au milieu des réfugiés polonais qui s'y réunissaient. Apte à tous les langages, ce gesticulateur, qui, disent ses contemporains, agitait sans cesse les mains en parlant, trouva place de répétiteur à l'Institution des sourds-muets.

Il s'inscrivit en faculté de médecine, mais ne persévéra pas, ce qui lui permit tout de même de seconder son frère aîné Antoine, dont nous parlerons dans un moment, pendant l'épidémie de choléra qui sévit à Paris en 1865, et aussi lui laissa quelques notions de physiologie. Il alla se former au dessin dans l'atelier de son frère Henry ; il dessinait bien. Surdoué, et touche-à-tout.

Sa vie, assez brève, fut affectée d'un mouvement alterné. Il sautait sans arrêt de la littérature aux sciences, conduit par ses élans d'âme et ses intuitions d'autodidacte.

À vingt-cinq ans, tandis qu'il écrivait ses premiers poèmes, il présentait à l'Exposition universelle de 1867 un projet de télégraphe automatique, et il envoyait à l'Académie des Sciences une communication sur la « reproduction des couleurs, des formes et des mouvements » qui ne sera ouverte que neuf années après.

Dans le même moment, il devance ou supplante Anatole France, qui ne le lui pardonnera jamais, dans les faveurs de Nina Gaillard, ou Nina de Callias par mariage, dite encore Nina de Villard par sa propre décision. Petite personne brune, séduisante et lancée, qui avait le lit accueillant, elle se piquait d'écrire, se donnait pour républicaine, et tenait, vers la fin du Second Empire, un salon assez tapageur où le Parnasse finissant et le symbolisme naissant côtoyaient le monde des arts, et le demi-monde.

Charles Cros fut-il amené chez elle par Verlaine qu'il avait connu chez son frère Antoine ? Il s'y lia avec François Coppée et Villiers de l'Isle-Adam, qui en étaient les piliers, avec Édouard Manet qui la peignit dans sa *Dame à l'éventail.* Mallarmé y passa, et Richepin, et le peintre Forain, et tant d'autres qu'éclaira un moment la lumière de la célébrité. Charles Cros était sûrement plus distrayant qu'Anatole France, mais Nina de Callias fut l'orage de sa vie, comme il fut l'orage de la sienne.

En 1869, Cros, ayant commencé de publier ses vers, communiquait à la Société française de photographie une *Solution générale du problème de la photographie des couleurs*, invention qu'on lui reconnaît, et une étude sur *Les moyens de communication avec les planètes.* C'est qu'il fréquentait aussi chez Camille Flammarion.

Et tout continuera de la sorte.

Il déposa à l'Académie des Sciences une *Théorie mécanique de la perception de la pensée et de la réaction.* Mais pouvait-on prendre au sérieux un homme qui, collaborant à l'Album Zutiste, faisait aussi partie d'un groupe de noctambules qui avait choisi de s'appeler « les Vilains Bonshommes », et tenait ses assises dans un café de la rue Bonaparte ? On lui rendra son pli deux ans plus tard. Sa *Pile physiologique* et ses *Principes de mécanique cérébrale* n'auront pas de meilleur destin. Il devait s'intéresser aussi à la synthèse des pierres précieuses.

Il lançait des revues littéraires éphémères et publiait dans toutes celles qui fleurissaient alors. Il eut, pour financer ses laboratoires, des mécènes passagers, gentilshommes qui se piquaient de sciences, tels le duc de Chaulnes, ou dandys désœuvrés, comme le comte de Montblanc, qu'il avait entraînés, au cours de dîners joyeux et abreuvés, dans ses rêves de fortune et de gloire.

À l'entendre, chacun de ses écrits allait le rendre célèbre. Chacune de ses inventions allait le rendre riche.

Il était séduisant sans être beau, et persuasif parce qu'étourdissant. De grande taille, maigre, les cheveux très noirs, très abondants et frisés, le teint basané, les pommettes fortes, la lèvre ourlée d'une moustache comme on la portait en ce temps-là, il avait le regard extraordinairement brillant. Une sorte de feu astral brûlait en lui. Ses contemporains lui trouvaient un aspect exotique, « un musicien échappé d'un conte d'Hoffmann », écrit l'un d'eux, « un Hindou », écrit un autre. Le portrait photographique qu'a pris de lui son ami Nadar laisse penser qu'il y avait dans cette famille, comme dans beaucoup de ces régions traversées au Moyen Âge par les Sarrasins, des traces de sang arabe. En fait, il ressemblait fort à Molière.

Tous ceux qui connurent Charles Cros usent à son propos du mot de génie, mais toujours minoré par quelque réserve ou attendu : « génie incomplet », « génie dispersé », « génie malheureux », ou « génie brisé ». Il y avait en lui, en effet, le fil d'or du génie. Mais le fil seulement. Une partie de ce génie fut dépensée en paroles. Il était intarissable, comme souvent sont les autodidactes émerveillés de découvrir les hommes, les arts, les mondes, et qui sont traversés d'intuitions fulgurantes. Une conversation, j'imagine, à la Malraux. Séduisant, mais fatigant. Il pouvait aussi improviser magiquement au piano.

Son œuvre poétique la plus connue est *Le Coffret de santal*, un recueil encore marqué par le Victor Hugo des pièces légères, mais assez proche souvent de Baudelaire, et avec parfois des préciosités et des recherches verbales qui annoncent Mallarmé. Voici huit vers qui le résument :

Mes souvenirs sont si nombreux
Que ma raison n'y peut suffire.
Pourtant je ne vis que par eux,
Eux seuls me font pleurer et rire.

Le présent est sanglant et noir ;
Dans l'avenir qu'ai-je à poursuivre ?
Calme frais des tombeaux, le soir !...
Je me suis trop hâté de vivre.

Mais son invention la plus célèbre, et qui n'est pas mince, est celle du phonographe, qu'il avait dénommé le « paléophone », la voix du passé.

Au mois de mai 1877, il en avait adressé, à l'Académie des Sciences toujours, une description qui posait exactement le principe de ces appareils à aiguille, traçant des sillons sonores sur un support de cire, que nous avons connus et utilisés jusqu'au milieu de ce siècle et que la technique moderne a perfectionnés. Le pli ne fut ouvert, et parce que Cros avait insisté, que le 8 décembre de cette année-là. Neuf jours après, Edison déposait une demande de brevet.

Une légende familiale, que j'ai entendue dans mon enfance, voulait qu'Edison, ayant eu vent des recherches de Cros, soit venu à Paris pour le rencontrer, l'ait fait boire, ce qui n'était pas difficile, parler, ce qui était aussi facile, et lui ait dérobé son invention. Légende vraiment ?

Car le physicien américain, qui avait déjà d'autres découvertes à son actif, était comme Cros attelé depuis longtemps au problème de l'enregistrement des sons. Et les traces de son passage à Londres, la même année, portent témoignage qu'il était parvenu, lui aussi, à la solution.

Charles Cros avait réalisé son appareil dans une boîte à cigares. Il en fit la démonstration devant quelques amis de bamboche qui venaient de fonder avec lui un nouveau club, les *Hydropathes*, et qu'il invita à prononcer chacun un mot devant la boîte à cigares. Tous choisirent évidemment le mot de Cambronne, qu'ils entendirent répéter un instant après, de manière faiblarde et nasillarde, mais avec leurs voix bien distinctes et reconnaissables. Jules Laforgue, peut-être, était du nombre. Parmi eux se trouvait un futur membre de l'Académie française, Maurice Donnay, à qui l'on doit l'histoire.

Edison présenta son propre appareil à l'Académie des Sciences, fut acclamé, prit ses brevets et fit fortune. L'honneur de l'invention revint à l'Amérique.

Il n'échut à Charles Cros que d'avoir son nom donné à une Académie du Disque, mais longtemps après sa mort.

L'année du phonographe fut aussi celle de sa rupture avec Nina de Callias. De douleur ou d'humiliation, elle en perdit l'esprit, et mourut, sans l'avoir retrouvé, trois ans après.

Cros avait trente-six ans et le beau temps de sa vie était passé. Il se maria, choisissant pour témoins Manet et Théodore de Banville, avec une protestante originaire des Antilles danoises, d'un an son aînée, qui avait peut-être été gouvernante à la cour de Copenhague. Il l'entraîna dans ses rêves usés, son impécuniosité et ses déménagements incessants. Car il n'eut pas moins de dix domiciles en dix ans.

La seule marque publique de reconnaissance littéraire qu'il reçut fut un prix de l'Académie française de deux mille francs, que l'insistance d'Ernest Legouvé lui fit attribuer contre l'avis du Secrétaire perpétuel Camille Doucet. Amusante coïncidence : Legouvé fut l'un de mes prédécesseurs à mon fauteuil. Avec ce prix, Charles Cros dut tenir table ouverte pendant quelques semaines.

Les insuccès l'avaient incliné à la dérision. Il fallait bien qu'il inventât encore quelque chose. Il inventa le monologue, ce genre satirique qui fit fureur dans les cabarets de l'époque et dans les soirées mondaines. L'acteur Coquelin s'y fit une grande réputation, et en tira de copieux cachets. Le pauvre Cros recevait cent francs, une fois pour toutes, pour un monologue indéfiniment répété. Ce genre, saynète burlesque à un personnage moquant les travers bourgeois ou les situations absurdes de la vie, avec une touche d'abracadabra, a son prolongement dans les morceaux de chansonniers et des imitateurs d'aujourd'hui, de même que les cabarets de ce temps passé sont les ancêtres de nos cafés-théâtres.

Durant les dernières années de sa vie, Cros, chaque soir, quittait son capharnaüm de la rue de Tournon, et, maigre, frileux, la démarche étrange, l'air absent de lui-même, serré dans un pardessus élimé et chaussé de souliers de roulier mais coiffé d'un haut-de-forme rutilant, s'en allait à pied vers Montmartre pour y débiter, au « Chat Noir » ou en quelque autre taverne, *Le Hareng saur*, son premier monologue qu'on lui réclamait inlassablement, et qui fut longtemps sa seule célébrité. L'alcool le soutenait jusqu'à ce qu'il s'effondrât. Chez lui sa femme lui cachait le cognac.

Il finit aphasique, rançon d'avoir vécu parmi trop de braillards, et mourut, avant d'avoir atteint quarante-six ans, d'un mal de poitrine ou, comme on l'écrivit, « d'une décoordination générale des organes ».

Il venait d'envoyer à l'Académie des Sciences une dernière communication appelant l'attention sur « des erreurs dans les mesures des détails figurés sur la planète Mars ».

Il laissait dix mille francs de dettes. Il laissait aussi, parmi d'innombrables brouillons scientifiques, une note qui préfigurait les travaux d'Einstein.

Je ne sais de destin plus désolant ni de dons plus évidemment gâchés que ceux de Charles Cros, dont un excès d'aptitudes fut la malédiction. Quels astres contrariés devait avoir dans son ciel cet homme hanté par les étoiles !

Bien sûr, à mesure que se formait autour de son nom une sorte de gloire posthume, il devint le grand homme de la famille, et chacun voulait, de quelque manière, par un trait physique ou par quelque don, ressembler à l'oncle Charles.

Pour moi, cette partie de ma parentèle m'a toujours paru un peu inquiétante.

V

OÙ INTERVIENT ARTHUR RIMBAUD

Aux marges de l'histoire littéraire, il me faut inscrire encore une anecdote.

Durant les bombardements de Paris, en 1870, la maison où il habitait, rue de Rennes, ayant été en partie détruite, Charles Cros avait trouvé refuge, quelques jours, chez son ami Verlaine. Aussi quand ce dernier, l'année suivante, fit venir des Ardennes « l'adolescent génial », Rimbaud, qu'il ne savait où loger, il était bien normal qu'il demandât à Cros d'héberger son protégé.

Rimbaud ne séjourna chez Cros que deux semaines, le temps de salir suffisamment l'appartement de ses brodequins crottés, et d'arracher, dans une revue d'art, des poèmes de son hôte aux fins de s'en servir pour l'usage le plus trivial. Et puis, un beau matin, Charles Cros, qui se trouvait heureusement devant une glace, vit arriver derrière lui, en tapinois, Rimbaud armé d'un long couteau de cuisine qu'il s'apprêtait à lui planter entre les épaules. Il pria alors Verlaine de trouver un autre logis à ce charmant jeune homme.

Sans rancune, Cros n'en participa pas moins à la souscription qu'ouvrit Verlaine pour « le nourrisson des Muses », ce dont le bénéficiaire lui témoigna reconnaissance dans les deux circonstances que je vais dire.

Un jour, au café du Rat mort, où ils étaient tous trois à boire, Rimbaud demanda à Cros et à Verlaine d'étendre leurs mains sur la table, pour leur montrer une expérience, ce qu'ils firent, croyant à une plaisanterie. Cros n'eut que le temps de retirer les mains ; Rimbaud avait sorti un couteau de sa poche, et ce fut Verlaine qui eut le poignet entamé.

Une autre fois, à la Closerie des Lilas, Charles Cros et son frère aîné, le médecin, qui se trouvaient en compagnie de Rimbaud, s'éloignèrent un moment pour parler à des amis, à une autre table. Lorsqu'ils revinrent s'asseoir, le docteur Cros remarqua une trouble effervescence dans leurs verres de bière. Rimbaud y avait versé de l'acide sulfurique. La perversité chez lui était congénitale et persévérante.

Peut-être ferai-je sursauter beaucoup, mais je n'ai jamais fort donné dans le génie de Rimbaud, qui fut pourtant l'une des idoles de ma génération. Ce gamin à la muse brève avait certes des « illuminations », mais pas de musique en lui, et peu de mélodie en son verbe, et moins encore d'ordonnance en sa pensée.

Je me demande si, autant que ses poèmes d'adolescent en révolte contre tout et tous, ce ne sont pas ses instincts meurtriers, les scandales qu'il causa, le peu de durée de son inspiration et la dégringolade de son destin, de précepteur en garçon de cirque et de débardeur en trafiquant, qui ont fait son prestige auprès de jeunesses successives, toujours prêtes à prendre pour idoles des personnages hors série.

Mon jugement sévère a trouvé appui auprès de Roger Caillois, qui fut mon voisin quelques années à l'Académie, et qui était tout le contraire d'un esprit conventionnel ou gourmé.

« Rimbaud, a-t-il écrit, dédaigna de discipliner ses dons exceptionnels, de sorte que, si l'on s'applique à apprécier du seul point de vue littéraire les pages qu'il a laissées, il faut avouer que les plus nombreuses paraissent franchement détestables. On compte sur les doigts d'une seule main les pièces tout à fait satisfaisantes. » Et après avoir reconnu honnêtement qu'avec les *Illuminations*, Rimbaud apporte une « contribution originale » à la poésie de son temps, Caillois ajoute : « Il n'est pas sûr, toutefois, que cette œuvre, plus importante peut-être par sa postérité que par son mérite, continue de passer pour aussi merveilleuse qu'on s'est plu à l'affirmer. Il est trop clair que les malentendus auxquels donna lieu son obscurité ont encore plus fait pour le prestige de son auteur que la manière d'écrire qu'il y inaugura avec un bonheur intermittent. »

La pédérastie de Verlaine aura coûté cher à nos lettres, car c'est à partir de ce couple bizarre que s'est installée l'idée qu'il n'était de grand poète que maudit, ce qui est inepte. Mais, plus grave encore, c'est Rimbaud, ce jeune caractériel, ou plutôt l'adulation dont on entoura son génie bien court, qui fit déraper la poésie française pour la conduire au désert qu'elle est devenue. Un accident littéraire, mais un accident mortel.

VI

ANTOINE CROS, MÉDECIN LITTÉRAIRE ET ROI D'ARAUCANIE

De sept ans l'aîné d'Henry, le peintre, et de près de dix celui de Charles, le docteur Antoine Cros était, depuis la retraite du philosophe narbonnais, le chef véritable de la tribu.

Il avait de la prestance, de l'intelligence, de vastes connaissances, du feu intérieur, et ce don de parole qui était commun à toute la famille.

Peu après son mariage avec la fille du Virgile brésilien, il s'était installé dans un bel appartement de la rue Royale, aujourd'hui rue de Birague, près de la place des Vosges. Son salon connut vite une certaine notoriété.

Il y tenait soirées ouvertes, où quelques transfuges du faubourg Saint-Germain se mêlaient à la meilleure bohème de Montparnasse et du Quartier latin. Poètes, rapins et carabins s'y enfonçaient dans d'interminables discussions. Comme tous ces gens-là avaient besoin de se retrouver et de parler, d'échanger leurs idées, leurs projets, leurs plaisanteries, leurs amertumes ou leurs fureurs, dans un temps bourgeois où les guerres même ne changeaient rien à la stabilité des sociétés, et où la littérature et les beaux-arts étaient, avec l'aventure coloniale, les seules voies ouvertes aux rêves de gloire !

On vit dans le salon Cros, visiteurs passagers ou réguliers,

Alphonse Daudet, Albert Glatigny, Léon Dierx, Jean Aicard, Victorien Sardou, Catulle Mendès, Laurent Tailhade, Germain Nouveau, Jean Moréas, tous ces noms qui peuplent les anthologies mais dont quelques-uns seulement se sont inscrits vraiment dans l'histoire littéraire. Était-ce François Coppée qui avait introduit Verlaine chez Cros ? Ou la rencontre s'était-elle faite au chevet de Mathilde Mauté de Fleurville, future Mme Verlaine pour son malheur, et auprès de qui le docteur Cros avait été appelé en consultation ? Car Antoine Cros aimait à inviter chez lui ceux de ses patients auxquels il trouvait intérêt pour leur position ou leur talent.

Mais quand donc Antoine Cros, cet étrange médecin des poètes, trouvait-il le temps de soigner ?

Certes, il s'était dépensé avec un admirable dévouement, lors de l'épidémie de choléra qui sévit à Paris en 1865.

Certes, il s'était fait devoir, pendant la Commune, de demeurer à son poste de chirurgien-major.

Certes, il fut, sur la recommandation de son beau-père bien évidemment, le médecin de l'empereur Don Pedro II pendant les séjours de celui-ci en France. Il eut à soigner aussi Savorgnan de Brazza.

Certes, il publiait dans *La Synthèse médicale*, revue quelque peu dissidente qu'il avait fondée, et où une place était réservée à la parapsychologie.

Mais que ne faisait-il pas, en dehors de son métier ?

Il dessinait fort brillamment et l'on ne pouvait être surpris de rencontrer chez lui Gustave Doré. Du recueil de poèmes qu'il publia, *Les Belles heures*, je ne puis rien dire, car je n'en ai jamais eu d'exemplaire entre les mains.

Il participait à toutes les recherches plastiques de son frère Henry, à toutes les inventions de son frère Charles, leur apportait le secours de son savoir scientifique, leur cherchait des soutiens financiers ou les leur fournissait lui-même. Tout laisse supposer que ce fut lui qui, dès 1860, eut l'idée de l'enregistrement des sons.

Féru de philosophie, comme son père l'avait été, il composa un vaste ouvrage : *Le Problème. Nouvelles hypothèses sur la destinée des êtres*, où l'atome et les molécules ont une grande part, qui abonde en formules mathématiques, brasse la création du monde et l'évolution des espèces, échafaude une structure de l'âme en même temps qu'il en affirme l'immortalité, cherche à effectuer une synthèse du matérialisme et de l'idéalisme, élabore une morale, célèbre les religions comme « de magnifiques poèmes écrits en lettres de feu dans les âmes des hommes », tient que le culte donne la vraie nourriture spirituelle : « Il faut un grand culte pour faire un grand peuple... », et affirme enfin que « notre destinée est de collaborer éternellement avec Dieu dans sa création ».

Tout cela n'est pas absolument négligeable, même si, entre métaphysique, science, logique et poésie, il y règne un peu de confusion, et même si l'auteur, comme intérieurement averti, ne disait de son propre ouvrage, dans sa phrase terminale : « Il sera peu lu. Mon devoir était pourtant de l'écrire. »

J'ai été frappé notamment par cette idée que l'homme est collaborateur de Dieu, idée que, bien des années avant de parcourir le livre de cet ancêtre, j'avais à maintes reprises avancée, tout spécialement par opposition à l'existentialisme sartrien. « L'homme premier collaborateur de Dieu, sur la planète, jamais son remplaçant. » Y aurait-il aussi une transmission héréditaire des idées ?

Les frères Cros eussent été sans doute plus heureux dans d'autres époques, dans l'Égypte pharaonique, par exemple, ou la Renaissance médicéenne, ces deux temps de l'humanité où un homme pouvait être à la fois scribe, archiatre, calculateur, astronome, peintre, architecte, sans être accusé d'émiettement.

J'espère n'avoir puisé qu'avec mesure dans ce singulier patrimoine génétique.

Le salon d'Antoine Cros dura le temps que ce dernier eût mangé la dot d'abord, puis l'héritage de la belle et riche Brésilienne. Après quoi, il l'abandonna et partit vers d'autres amours, moins fortunées, et d'autres demeures, moins spacieuses.

Léonilla de Faria-Mendes subit cette adversité avec dignité. S'étant résignée à demander le divorce, elle refusa de rentrer en son pays natal. « J'ai commis une erreur ; je dois la payer. » Elle ne voulait pas se trouver à la charge de ses proches, ni, en donnant le spectacle de son naufrage, être un objet de pitié. Elle était une catholique de ferme croyance. Elle ne refit point son existence et la termina lentement, avec le peu qu'elle avait pu sauver de la prodigalité Cros, dans une petite maison de Viroflay.

Il devait arriver à Antoine Cros, pour couronner sa vie, c'est bien le cas de le dire, l'aventure la moins croyable et la plus cocasse, celle de devenir le troisième et dernier roi d'Araucanie.

VII

UN ROYAUME D'ILLUSION

De tous les personnages qui traversèrent le salon d'Antoine Cros ou s'y incrustèrent, le moins pittoresque assurément ne fut pas Orélie-Antoine Ier, roi d'Araucanie et de Patagonie.

C'était un avoué de Périgueux, du nom d'Orélie-Antoine Thounem, puis dit de Tounens, fils d'un boucher de Tourtoirac en Dordogne, mais se disant descendant de chefs puissants « avant la conquête romaine », qui entreprit, dans les années 1860, d'aller fonder une « Nouvelle France » du côté de la Terre de Feu. Après deux ans passés au Chili, pour apprendre l'espagnol et peut-être un peu du langage des Indiens, il réussit à rassembler quelques caciques de tribus mal soumises, se fit acclamer par eux après les avoir copieusement saoulés d'eau-de-vie, et, dans le même jour, se déclarant roi, promulgua une constitution très détaillée, en français. Après quoi il se fit cueillir, pendant qu'il dormait sous un arbre, par un caporal et cinq soldats chiliens. Il alla moisir pendant neuf mois dans les geôles, manqua de peu d'être enfermé dans un asile de fous, ce que son comportement rendait tout à fait justifié, et finalement fut rembarqué pour la France.

À Paris, il publia manifeste sur manifeste où il en appelait à la nation française, se fit brocarder par la presse, lança une souscription qui l'amena au bord de la correctionnelle, écrivit au pape pour se faire relever de l'excommunication qui le frappait comme franc-maçon, et puis repartit pour une deuxième expédition australe. Il avait tout de même réussi à assez intéresser, sinon le gouvernement, au moins quelques fonctionnaires, pour qu'on lui accordât passage sur un navire de guerre, le *D'Entrecasteaux*. Il passa cette fois par l'Argentine, car il avait décidé de joindre la Patagonie à son « royaume », laquelle Patagonie était tenue par les Argentins comme relevant de leur souveraineté. C'est-à-dire qu'il indisposait non plus un, mais deux pays. Franchissant, presque seul, des distances immenses, il parvint de nouveau à réunir quelques caciques, nomma des ministres qui ne savaient pas lire, fonda l'Ordre de la Couronne d'acier, dont il les fit dignitaires ; puis, s'apercevant que, décidément, il manquait de moyens, il revint à Paris.

Faisant sonner plus haut que jamais son titre de Roi d'Araucanie et de Patagonie, ou de « la Nouvelle France », et signant une abondante correspondance dans laquelle il annonçait à tout un chacun, présidents et ministres, la fondation de son État et *proposait fédération* aux pays d'Amérique du Sud, il défrayait une chronique railleuse. On le voyait arpenter les boulevards, le visage barbu et léonin, portant chapeau à larges bords, redingote noire et pantalons blancs. Il avait constitué un « Conseil », décorait ses amis de la Couronne d'acier, et leur distribuait des duchés aux noms étranges. Il se faisait ces amitiés-là au cabaret du Chat noir, où il se soutenait à l'absinthe.

C'est sans doute là qu'il se lia avec les frères Cros qui avaient le goût du rêve et de la farce. Ils entraient, glorieux, avec lui, dans les restaurants à la mode en réclamant « la table du roi ».

Orélie-Antoine s'en fut à Londres, où il négocia avec une banque anglaise, évidemment sans aboutir, un emprunt de cinq cents millions de livres ; il ouvrit, pour créer une

Compagnie de colonisation et d'exploitation, une souscription qui le mit derechef en coquetterie avec la justice française. Cet obstiné fit encore deux autres expéditions, mais avec quelques armes et munitions, en Argentine.

De nouveau jeté en prison, puis rapatrié, et réduit au pire dénuement, il alla mourir chez un neveu, boucher comme l'était son père, dans son village de Dordogne, où il était la risée des enfants. Il s'éteignit à l'hôpital, et le curé qui lui avait administré les sacrements donna le drap de son linceul.

Il y a du burlesque et du pathétique à la fois chez Antoine de Tounens. Ce genre de personnages, qui mettent de place en place un point de gaieté dans l'Histoire, ne sont pas forcément les moins dignes de pitié. Qui sait si, avec un peu plus de plomb dans la tête, il n'eût pas réussi ?

Avant de se retirer dans sa misère du Périgord, Tounens avait désigné pour successeur un prétendu cousin, Achille Laviarde, qui avait dû lui fournir quelques subsides, et qu'il avait fait prince des Aucas et duc de Kialéon. L'homme était de tout autre caractère, mais ne lui cédait en rien dans le bizarre.

Se disant descendant, mais par des voies imprécises, d'une grande famille irlandaise émigrée en France au temps de la reine Elizabeth, il était fils d'un filateur de la région rémoise, importateur de laines d'Argentine, qui lui fit donner, en plus de l'instruction qu'il recevait au Lycée impérial, des cours privés sur des matières aussi diverses que la numismatique, l'héraldique, la charpente, la teinture des étoffes, la fabrication des vins de Champagne, l'éloquence, le patinage, le bugle, l'équitation, l'escrime, les sciences occultes, le billard, la trompe de chasse, le vélocipède et l'exercice du canon.

Achille Laviarde, bonapartiste assez actif pour avoir assisté aux obsèques de Napoléon III à Chislehurst, était membre d'un nombre incroyable de sociétés philanthropiques, aux titres et buts aussi hétéroclites que l'avaient été ses études. Il avait sauvé deux personnes de la noyade, combattu comme volontaire en Tunisie, et distribué, en 70, des fusils aux francs-tireurs de son département.

Il était ce genre d'homme qui offrait des bannières aux orphéons, des coupes et des médailles dans les concours agricoles, et distribuait des machines à coudre aux familles nécessiteuses. Avec cela, il avait fait un peu d'aérostation. Une vitalité d'enfer.

Il se piquait aussi d'inventions. N'avait-il pas trouvé un procédé pour le bouchage du champagne, et une pâte pour le rodage des robinets à vapeur ? Tout cela n'a pas l'air vrai, pas plus que les missions diplomatiques qu'il avait accomplies pour la République de San Marin. Mais il était tout de même un des premiers actionnaires de *Moët et Chandon*, et il serait fait grand-maître honoraire et 97e du rite de Memphis et Misraïm, grade créé pour Garibaldi dont il fut, en cette loge, le successeur. Ce qui ne l'empêchait pas d'être dans les meilleurs termes, au moins épistolaires, avec des jésuites, des franciscains, des salésiens, et quelques prélats de la curie romaine.

Sous son « règne », le royaume d'Araucanie connut à Paris ses heures les plus tapageuses.

Achille Ier s'était inventé un uniforme d'amiral. Barbichu et ventripotent, l'estomac barré du grand cordon de la Couronne d'acier et la poitrine ornée des autres ordres qu'avait créés Tounens, il avait quelque grandeur dans le ridicule.

Sans cesse en mouvement, il ne se déplaçait qu'avec une escorte de diplomates plus ou moins honoraires, de chanteurs d'opéras, et de mages. Ainsi entrait-il dans les restaurants où le personnel le saluait, lui aussi, du titre de Majesté.

Son « conseil » et sa « maison » comptaient plus de cinquante personnes, y compris un archiviste et juge d'armes, un grand aumônier, un confesseur, un commandant de l'armée française, sans doute en retraite, pour aide de camp, et un capitaine d'état-major de l'armée suisse comme directeur des bureaux militaires. Ses actes officiels étaient contresignés de noms fort ronflants, certains appartenant à de célèbres familles. Il y a toujours eu des naïfs ou des désœuvrés partout.

Achille Ier tenait légation rue Lafayette où il recevait assez somptueusement les ambassadeurs, nouveaux à Paris, qui s'y laissaient prendre, comme celui du roi de Perse.

Il créa des postes consulaires d'Araucanie, notamment à Londres et dans diverses villes d'Italie. Des journalistes dûment payés défendaient « sa cause » dans les gazettes françaises et étrangères.

Sa longue lettre au démocrate Stephen Cleveland, pour le féliciter de son élection à la présidence des États-Unis, pourrait figurer dans une anthologie de la littérature d'imagination. « Le jour où il plaira au gouvernement des États-Unis de reconnaître officiellement l'autonomie arauco-patagone, cela me donnera une place dans les congrès américains... » Il est beau de ne douter de rien.

Achille Ier Laviarde eut aussi quelques ennuis avec la justice pour une douteuse affaire de décorations. Après quoi il mourut d'apoplexie, en 1902.

Quelques semaines ou mois après sa mort arriva à Paris une délégation de chefs indiens araucans, avec lesquels il y eut quelque difficulté de langage, et qui venaient rendre à leur roi les honneurs funèbres. Ce qui prouve que tout n'était pas affabulation dans les récits du malheureux Tounens.

Si je me suis arrêté un peu sur ces deux personnages et si j'ai été amusé à connaître quelques traits de leur rocambolesque histoire, c'est parce que Antoine Cros, sous le nom d'Antoine II, leur succéda. Tounens, dans son impécunieuse munificence, l'avait fait duc de Niacatel et institué garde des Sceaux. Au décès d'Achille, ce qui restait du « conseil » décida de lui confier cette couronne fantôme. Il avait soixante-neuf ans et venait de se remarier.

Au moins eut-il le bon goût de ne pas se prendre trop au sérieux.

En décembre 1902, la veille de la Nativité, Édouard VII, rendant un arbitrage qui avait été demandé à la cour de Saint-James par le Chili et l'Argentine, fixait les limites de partage de l'Araucanie et de la Patagonie entre ces deux puissances.

Antoine II éleva bien une vague protestation contre « cette usurpation et partage de ses territoires », et en appela « à la conscience de toutes les nations ». Mais les faits les plus notables de son règne paraissent avoir été la souscription ouverte par ses amis pour lui offrir une épée, et le banquet qu'il leur offrit lui-même, le jour de la fête nationale araucane, au restaurant Druel, choisi sans doute parce qu'il était situé avenue du Trône. Ainsi les dîners des Zutistes et des Vilains Bonshommes s'achevaient-ils en apothéose par ce festin royal.

Antoine Cros mourut à la Toussaint suivante dans sa maison d'Asnières. Ses obsèques, d'après une relation du temps, furent presque grandioses. Le deuil était conduit par Henry Cros, le peintre, dernier survivant des trois frères Cros, et par l'inévitable François Coppée qui était, parmi d'autres titres plus affirmés, grand-croix de la Couronne d'acier. Et la dynastie araucane s'arrêta là.

Cet accident de la petite histoire permit à Pasteur Vallery-Radot, qui ne manquait pas d'humour, lui non plus, de me dire, quand il me reçut à l'Académie française : « Monsieur, vous êtes fils de roi. »

Les mythes ont la vie dure. Il existe une assez abondante littérature, tant européenne que sud-américaine, sur les rois d'Araucanie. Un de mes contemporains, Jean Raspail, a même construit autour d'Antoine de Tounens un de ses plus brillants ouvrages, qui reçut le Grand prix du Roman de l'Académie. C'est l'histoire de l'homme qui se veut roi, qui se donne spectacle à lui-même de sa royauté, et le donne aux autres, mi-rieurs et mi-consentants, parce que le mythe du roi, fût-il de fantasmagorie, est un des plus forts du monde. Il suffit de voir se rengorger l'enfant, et même l'adulte, qui a tiré la fève dans le gâteau de l'Épiphanie, et que l'on coiffe d'une couronne de papier doré !

Et puis, en ce temps où se créaient les empires coloniaux, l'Araucanie, avec ses territoires immenses, à l'autre bout du monde, et pratiquement inconnus, avait de quoi faire rêver. Tounens souffrit fatigues, prisons et misère, pour avoir le droit de se rêver roi avec une ombre de vérité. Laviarde se rêva roi, en vaniteux cocasse. Et Cros prolongea pendant quelques mois le rêve, avec le sourire d'un vieil homme que sa jeunesse avait habitué à s'amuser de tout.

Mais cette histoire connut encore un prolongement imprévu. Il y a toujours du rebond et de la relève pour la mythomanie.

Quelque soixante ans après, me trouvant séjourner en Dordogne, chez André Maurois, celui-ci m'emmena un jour, comme but de promenade, visiter la tombe d'Orélie-Antoine de Tounens, au cimetière de Tourtoirac. J'y vis un monument tout récemment élevé et dû à la munificence d'un prince Philippe d'Araucanie, que Maurois me dit avoir rencontré lors de l'inauguration de ce tombeau.

J'eus la curiosité de connaître ce personnage qu'une littérature touristique locale donnait pour prétendant du trône austral. Croyant qu'il s'agissait de quelque descendant des Cros, qui se plaisait à prolonger le mythe, j'entrai en correspondance brève avec lui.

Je découvris que c'était un agent d'affaires qui n'appartenait ni de près ni de loin à la famille. Il n'avait, pour appuyer ses dires et sa « légitimité », qu'un document de pure fantaisie obtenu, au lendemain de la Deuxième Guerre mondiale, d'un petit-fils d'Antoine Cros, un vieil homme malade et ruiné, qui n'avait pas eu une attitude trop glorieuse pendant l'Occupation, et qui, par cette pièce sans la moindre valeur autre que divertissante, lui léguait sur la fameuse couronne araucane tous les droits qu'il ne possédait pas et que d'ailleurs personne n'avait.

À partir de quoi cet inconnu s'était fabriqué au long des années une fausse dynastie, et remettait la grand-croix de la Couronne d'acier à des naïfs qu'il voulait gagner à sa cause en flattant leur vanité. Il allait jusqu'à la conférer à des chefs d'État ou des princes véritables, dont le secrétariat peu attentif l'en remerciait, ce qui lui donnait du prestige.

Mythomane ou imposteur ? Les deux sans doute. La seule fois que je le vis, je m'amusai à le confondre en le mettant en présence de l'aîné des descendants d'Antoine Cros, qui, s'il y avait eu les moindres droits successoraux, eût été le véritable héritier. Le faux prince d'Araucanie, qui se donnait pour chef de maison, en ignorait complètement l'existence ! Nous en restâmes là.

Ce qui ne l'empêcha pas de persévérer dans ses affabulations, d'écrire ou faire écrire des brochures pour appuyer ses prétentions, de soutenir des procès contre ceux qui les contestaient, de continuer à distribuer croix et plaques de ses ordres illégaux, de fabriquer à Tourtoirac un faux musée dans une fausse maison natale d'Antoine de Tounens, et même de paraître à la télévision pour défendre les droits à l'indépendance des Araucos-Patagons.

Encore un qui, pour pouvoir se dire prince, aura vécu un rêve bâti sur du vent.

VIII

UN DÉTOUR PAR LA FLANDRE

Pourquoi la première Parque, en tirant mon fil, lui fit-elle faire une boucle par la Belgique ? Et surtout, pourquoi dit-on de Clotho qu'elle « tire le fil » de chaque existence ? Elle tire des brins de laine, de-ci, de-là, selon la volonté d'être et la combinaison mystérieuse de chacun, les mêle et les tord de ses doigts habiles, pour en confectionner un seul fil qu'elle passe à sa sœur Lachésis qui s'efforcera d'en assouplir les nœuds ou d'en réparer les faiblesses, jusqu'aux ciseaux inexorables d'Atropos.

Pour moi, ces floches qui deviennent une vie, elle alla les chercher avec une rare dispersion.

Le docteur Antoine Cros et Léonilla de Faria-Mendes, puisque c'est ainsi qu'elle avait été inscrite sur le registre des mariages, eurent trois enfants, tous nés dans leur demeure de la rue Royale : Térence, Laure et Juliette.

Le fils, Térence, qui à dix ans composait au piano des opéras, mourut très tôt, au sortir de l'adolescence, de maladie dite nerveuse, et peut-être d'avoir partagé trop jeune la bohème de ses oncles. Il avait brûlé très vite ce qu'il y avait de vie en lui.

L'aînée des filles, Laure, était un être de passion. Mariée à un journaliste, son ménage connut quelques désordres. N'alla-t-elle pas, avec un beau courage, témoigner devant la justice en faveur d'un jeune homme accusé d'homosexualité, ce qui, par les lois d'alors, était tenu pour crime ? « Il est mon amant », osa-t-elle avouer pour le sauver. Naturellement, son mari demanda immédiatement le divorce.

Juliette, la cadette, qui serait ma grand-mère maternelle, avait un tempérament tout contraire. Cœur placide, il lui suffisait d'être admirée. Jeune fille, elle était une beauté, selon les canons de l'époque, et le resterait jusque dans sa maturité. « Dents de perle et teint de pêche », selon les expressions du temps, traits réguliers et fins, port altier, formes rondes et généreuses : quand elle se mirait dans une glace, elle pouvait se penser royale. Elle dessinait et peignait fort agréablement, écrivait quelques poèmes et était fort musicienne. L'une de ses grandes amitiés serait le compositeur Jules Massenet. Sans doute est-ce cette vocation musicale qui la fit inviter, à vingt ans, chez Adolphe Samuel, directeur du Conservatoire de Gand.

De cet écart belge dans mon ascendance, il est le seul personnage remarquable, pour les raisons que je vais dire.

D'une vieille famille établie à Liège, il était né en 1824, douzième et dernier enfant d'un porcelainier dont la manufacture était prospère et réputée.

Il n'avait que cinq ou six ans quand une servante de sa mère le fit entrer dans une église. En revenant à la maison, il déclara tranquillement : « Maria m'a emmené voir l'église Saint-Paul ; c'est beaucoup plus beau que la synagogue. »

En 1830, le porcelainier fut ruiné, non par la révolution, mais par un associé voleur. Il se transporta à Bruxelles, où il tomba malade, et où il devait mourir, dix-huit ans plus tard, encore endetté.

Son fils et sa fille aînés avaient pris la charge de la famille, faisant en sorte que leur plus jeune frère pût suivre des études musicales pour lesquelles il témoignait d'une véritable vocation.

À onze ans, Adolphe Samuel écrit sa première sonate, et à

dix-neuf sa première cantate, une *Jeanne d'Arc*. Ayant remporté un prix de Rome, il part pour l'Italie et sur son chemin s'arrête à Florence. Là, sa première et seule visite fut pour le Palais Pitti. Arrivé devant la *Vierge à la chaise* de Raphaël, il fut cloué sur place, saisi d'une émotion émerveillée. L'instant d'après, il fut pris d'une fièvre soudaine et si forte qu'il ne put que regagner son logis, et y rester alité pendant une semaine. Il repartit pour la Ville éternelle sans emporter de Florence rien d'autre que le souvenir de cet éblouissement.

Il eut un début de carrière fort brillant. Il composa un opéra, trois opéras-comiques, plusieurs symphonies et plus de quarante cantates et mélodies. À vingt-cinq ans, il était joué à l'Opéra de Bruxelles.

Il donnait alors dans les idées de l'époque ; il se disait panthéiste, libéral, humanitaire. Il appartint même un moment à une loge maçonnique.

Mais voilà qu'à trente ans, il écrit dans son journal intime : « Ô Jésus ! Si j'avais vécu en ton temps, j'aurais tout quitté, père, mère, maison, métier, pour te suivre ! »

Cet homme-là était traversé d'éclairs qui, comme la foudre au tronc des arbres, lui laissaient des sillons sur l'âme.

La vie reprend, et il devient personnage presque officiel. À trente-cinq ans, sur commande royale, il compose la cantate pour l'inauguration de la colonne du Congrès à Bruxelles. Il reçoit la croix de l'Ordre de Léopold, et est nommé professeur d'harmonie au Conservatoire.

Il écrira des méthodes de solfège et d'accompagnement, et sera fait membre de l'Académie royale.

Il était en correspondance suivie et en relation d'amitié avec Berlioz, auquel il retenait un appartement à l'hôtel de Saxe, quand ce dernier venait à Bruxelles.

Adolphe Samuel s'était marié à une jeune fille originaire de Cologne, dont il eut quatre enfants.

Vinrent les heures difficiles, comme si la vie avait cessé de lui sourire. Les années ayant couru, c'était sur lui désormais qu'étaient retombées les charges familiales. Deux sœurs invalides et une mère très âgée auxquelles il devait apporter soutien. Il n'avait pas encore achevé d'acquitter les dettes paternelles. Et sa femme, de santé très fragile, devint elle-même assez vite une manière d'invalide.

Homme de devoir, de scrupule et de bonté, rigoureux pour lui-même et indulgent aux autres, Adolphe Samuel subvint à tant de besoins en donnant des leçons, des leçons, des leçons.

À cette époque où la musique, avec le dessin et l'aquarelle, faisait partie de l'éducation des jeunes filles, les familles de la bourgeoisie bruxelloise se disputaient ce jeune maître. En dehors de ses cours publics, il donnait jusqu'à quatorze heures par jour de leçons particulières. Un fiacre, loué au mois, le conduisait quel que fût le temps, de maison en maison, et l'attendait à la porte de ses élèves. Exténué, il en tomba paralysé des jambes pendant plusieurs mois.

Il avait conçu le projet de concerts populaires et fixé le prix du ticket à dix centimes, alors que le verre de bière en coûtait quatorze, afin, disait-il, « de détacher les ouvriers de leurs habitudes d'estaminet ».

Le premier qu'il organisa réunit neuf cents assistants. Une subvention alors lui fut accordée, qui lui permit de monter dix concerts par saison, ainsi qu'un festival annuel de trois jours, sur le modèle de ceux qui avaient lieu à Cologne et à Düsseldorf. Après quoi, il fut appelé à la direction du Conservatoire de Gand, qui devint sous sa conduite, de l'avis des experts du temps, l'un des meilleurs d'Europe. Et là sa vie reprit un cours plus heureux.

Mais, pendant vingt ans, il ne composa plus, se contentant, dans ses rares moments libres, de reprendre ses ouvrages de jeunesse pour les améliorer. Une certaine mélancolie s'était installée en lui.

Et soudain, à soixante-dix ans, au cours d'un voyage, une inspiration le visita : écrire une symphonie sur la vie du Christ.

Ce *Christus* pour orchestre, orgue et chant, en cinq parties, fut créé à Gand en 1894, puis donné à Bruxelles, et, selon les recensions du temps, souleva les acclamations en France, en Allemagne et en Angleterre. Il s'achevait par un hymne à la gloire de Dieu, fort saisissant et magnifique.

Se convertir en composant une symphonie n'est pas aventure courante. Un an après, Adolphe Samuel allait, ainsi que sa femme, demander le baptême à l'évêque de Gand.

Il devait mourir quatre ans plus tard. Ses toutes dernières paroles, alors qu'il entrait en agonie, furent : « À présent je comprends la fin de la seconde période du plain-chant ; c'est l'affirmation de notre foi. »

Il ne m'est parvenu de lui qu'une photographie passée et un fauteuil. La photographie est celle d'un vieil homme, de profil, assis à son piano ; il est coiffé un peu comme Leconte de Lisle, ses cheveux d'argent encadrant un grand front chauve, et retombant en ondoyant sur le col de sa redingote. Il a des traits d'un modelé très doux, et porte des lunettes cerclées d'acier. Le fauteuil est celui où il écrivait, un fauteuil d'acajou, d'un Louis-Philippe léger et très simple. Je m'en servis durant mes années d'étudiant et je l'ai placé dans ma salle d'archives.

Qu'est-ce donc que ma volonté de vivre, inconnue de moi-même, est allée prendre chez cet aïeul qui était tout habité d'harmonie et abritait un peu de sainteté ?

Je ne suis guère musicien. La musique ne m'est pas nécessaire. À la différence de tant de mes contemporains auxquels l'invention de Charles Cros a donné le besoin d'un accompagnement sonore, pendant qu'ils sont à travailler, la musique m'empêcherait plutôt de penser. Un concert symphonique est pour moi une épreuve car, ayant l'ouïe liée à la vision, j'isole du regard chaque instrument et n'entend, comme dominant les autres, que celui sur lequel j'ai les yeux fixés.

En fait, je ne suis sensible qu'à la musique qui prédispose l'âme à des mouvements essentiels : musique religieuse avant tout et en tous temples, y compris d'Asie, parce qu'elle est une voie d'accès au sentiment du divin ; musique militaire parce qu'elle invite à l'ardeur et à l'oubli de soi ; musique tzigane parce qu'elle dit, déchirante, la douleur dans la joie. Mais là où je ne puis clairement suivre une ligne mélodique, je deviens sourd ou suis pris d'un extrême ennui.

Mes prédilections sont fort limitées : les compositeurs du XVIIe siècle et du début du XVIIIe. Jamais je ne me lasse de Jean-Sébastien Bach. J'ai l'impression que ce sont de telles harmonies que les dieux de l'Olympe pouvaient entendre, quand ils écoutaient la musique des mondes tournant dans l'infini.

Peut-être est-ce à partir du jeune homme cloué devant la Madone de Raphaël qu'a cheminé en moi cette certitude que tout art est d'origine sacrée et n'a de sens et de destination véritable que comme représentation, visuelle ou sonore, du caractère sacré de l'univers.

Ce fut donc au Conservatoire de Gand, ce temple de la musique où tout s'organisait autour d'un grand prêtre bienveillant et admiré, que Juliette Cros, en 1888, fut accueillie, fêtée, comblée d'attentions. Elle était dans tout l'éclat de ses vingt ans.

L'un des fils d'Adolphe Samuel, Henri, tomba éperdument amoureux d'elle. Après de vagues études d'ingénieur, il venait de passer quatre ans dans l'armée française, parce que, au contraire de son père, il n'avait de vraie vocation pour rien. Mais il était gai, jovial, disert, charmant ; il charma. Bien qu'il fût de petite taille, la belle Juliette se crut amoureuse de lui ; elle n'avait jamais été adulée de telle façon. Ils décidèrent de se marier, sans imaginer à quel point ils étaient désaccordés, et les familles bénirent une si forte passion.

Le mariage eut lieu à Paris. L'ambassadeur du Brésil était témoin, pour la petite-fille d'Odorico Mendes. Le repas de noces fut donné au pavillon Louis XIV, avenue du Bois-de-Boulogne : dix plats, six entremets, six vins. Tels étaient les usages.

Le ménage semble avoir eu des débuts aisés, je ne sais comment, car il n'y avait d'argent ni d'un côté ni de l'autre. Ma grand-mère tenait salon ; elle avait « son jour » ou plutôt « ses jours », car elle recevait les premier et deuxième samedis de chaque mois, à cinq heures.

Son époux se lança dans la carrosserie automobile. C'était alors le début des voitures à moteur, et les gens fortunés qui, par goût du modernisme, en constituaient la première clientèle, les faisaient carrosser selon leur goût et l'usage sportif, urbain ou mondain auquel ils les destinaient. Une industrie de haut luxe. Les grands carrossiers eurent leur temps de célébrité, qui dura jusque entre les deux guerres, comme, après eux, les grands couturiers.

Dans ce métier, l'ingénieur, fils du grand musicien, connut un temps de succès, mais qu'il géra fort mal, car il était prodigue, noceur, et se voulait magnifique. L'éloignement se mit vite dans le ménage, car les deux tempéraments se découvrirent fort contraires ; il était aussi ardent qu'elle était froide, et aussi fantaisiste qu'elle était conventionnelle. Il dépensa en femmes et en fêtes au-delà de ce qu'il gagnait, et ses affaires périclitèrent.

Lassée d'être trompée, et de voir l'argent glisser vers des foyers parallèles, elle demanda le divorce, ce qui semblait devenir, de ce côté-là, une tradition.

Je crois que le couple était déjà séparé quand l'aïeule brésilienne vint mourir chez sa fille, en 1907.

Ma grand-mère conservait des admirateurs, mais sans guère s'y abandonner. Elle ne se remaria pas.

Pour vivre décemment, elle entra dans l'enseignement primaire. À mesure qu'elle avançait en âge, ses amitiés se réduisaient aux maisons où ses souvenirs lui permettaient encore de trôner. Elle se complaisait assez dans le rôle de la personne qui a eu de grands revers.

Quant à son volage et prodigue époux, il disparut pendant de longues, longues années. On ne parlait presque jamais de lui, sinon pour évoquer sa jeunesse gantoise, tandis qu'il s'enfonçait, séparé de ceux qui n'étaient presque plus les siens, dans la triste fin de vie d'un séducteur démuni.

Ils avaient eu deux enfants, un fils très espéré, et une fille, moins souhaitée, quand leur couple déjà se désunissait.

Il était entendu, dans l'esprit de ma grand-mère, que son fils reproduirait tout le génie des frères Cros. Entretenu dans cette idée, il suivit les cours des Beaux-Arts ; mais bien qu'il portât le large béret de velours et la cape qui étaient l'uniforme des rapins, il n'atteignit jamais au talent de son oncle Henry. Il aurait pu devenir un convenable portraitiste, s'il avait été meilleur gérant de ses capacités, et moins nourri d'illusions. Il aurait surtout pu être un remarquable copiste ; il était doué pour l'imitation.

Mais parce qu'il était censé réincarner aussi le grand homme de la famille, Charles Cros, il s'enticha d'inventions. De tous les brevets qu'il prit, et pour l'exploitation desquels il ne rencontra que des associés toujours défaillants, il ne sortit rien, pas la moindre aiguille de phonographe.

La fille du ménage Samuel-Cros, prénommée, comme sa grand-mère du Brésil, Léonilla, fut ma mère.

Ma vie allait parvenir à son émergence. Quand je contemple en moi-même, dans l'avant-être, ces étranges lignées, et, pendue aux murs du temps, cette galerie de personnages où je distingue tant de dons, mais aussi tant de destins gâchés, je reviens invinciblement à la question première et dernière : « Quel principe et quel possible chacun de nous a-t-il charge de manifester ? »

IX

À L'AUTRE BOUT DE L'EUROPE, L'EMPIRE OUBLIÉ

J'eus deux pères, l'un par le sang, qui disparut avant que j'aie pu inscrire en ma mémoire l'image de ses traits, l'autre, adoptif, à qui je dois tout, je veux dire tout ce que le premier, hors sa part de mes gènes, ne m'apporta pas ni n'aurait pu m'apporter.

Si je veux interroger l'ascendance de mon père naturel, afin de retrouver et suivre le double fil de mon avant-vie, il me faut enjamber le continent et aller aux frontières orientales de l'Europe.

Encore une longue et zigzagante histoire.

Il était de lointaine origine khazare, cet Anton Lesk qui, autour de 1875, vint s'installer sur les bords de l'Oural.

Mais d'abord, qui furent les Khazars ?

On oublie généralement qu'il exista, du VIIe au Xe siècle, un formidable empire qui allait du Caucase à Kazan, c'est-à-dire à la latitude de Moscou, et qui englobait les bassins inférieurs de la Volga et du Don : une vaste théocratie marchande dont la richesse n'avait guère d'équivalent dans l'univers. Quand on parle, par référence légendaire, des « siècles d'or » des Khazars, c'est à peine une image.

L'histoire des Khazars commençait loin. D'origine turque ou hunnique, ils avaient eu un rôle d'importance en Arménie, toujours disputée entre les Romains et les Perses.

Leur territoire était la route majeure entre l'Orient et l'Occident, par où passait tout le transit de la Caspienne à la mer Noire. On appelait la Caspienne elle-même « la mer des Khazars ».

Alliés des Perses, puis des Byzantins, ils furent écrasés par Attila, et la Khazarie devint l'apanage de son fils aîné. Le déboulé d'Attila n'avait fait qu'ouvrir une période d'énorme anarchie. Huns, Tatars, Turcs, Avars, Ouigours : les hordes déferlent sur ces espaces, les traversent, y refluent, ou s'y installent. Les Khazars, comme les Vénitiens dans leur lagune et pour les mêmes raisons, se réfugient dans les marais, autour des soixante-dix embouchures de la Volga.

Mais, au VIIe siècle, ils resurgissent en puissance ; ils dominent les Bulgares et les forcent à émigrer vers le Danube ; ils soumettent les Slaves agriculteurs ; ils annexent la Crimée ; ils contrôlent tout le trafic entre l'Asie et l'Europe. Leur puissance s'exerce jusqu'à la Baltique.

De nouveau alliés des Byzantins, ils fournissent à Héraclius une armée de quarante mille cavaliers. Ils reparaissent en Arménie et ils arrêtent sur le Caucase l'avance musulmane.

À l'époque, les Varègues qui, avec les Rurikovitch, devaient donner sa future armature à l'empire russe, n'étaient pas descendus plus bas que Novgorod.

La première religion des Khazars était polythéiste. Ils avaient probablement, comme les Bachkirs, douze dieux, ou *esprits*, un pour l'hiver, un pour l'été, un pour la pluie, un pour le vent, un pour les hommes, un pour les chevaux. L'esprit du ciel était le plus puissant.

La durée de règne des rois-prêtres, les grands khans ou kagans, était limitée à quarante ans. Imposant une taxe sur toutes marchandises transitant par leur territoire, quelques grands khans, gestionnaires et guerriers, amenèrent le peuple khazar au zénith de sa puissance. La Khazarie, défendue par d'énormes forteresses, devint le principal marché de la cire et du miel, des fourrures et du cuir, biens de première nécessité. Les marchands de toutes nations s'abritaient sous la protection et la « bonne foi » des Khazars.

Or, le mouvement de conversions au monothéisme ne cessait de s'élargir autour du bassin méditerranéen. En Khazarie, les rabbins arrivèrent avant les évangélistes, avec les juifs expulsés de Constantinople qui avaient trouvé là refuge accueillant et activités profitables.

Les Khazars tenaient à rester distincts de leur grand voisin byzantin. En l'an 740, la dynastie khazare choisit d'adopter le judaïsme comme religion officielle, pour des raisons parfaitement politiques, afin de donner une unité spirituelle aux populations diverses de leur empire. Ce sont les mêmes raisons qui, deux siècles plus tard, devaient amener le grand kniaz, Vladimir de Kiev, à faire comparaître devant lui un évêque de Constantinople, un évêque du rite romain, un nestorien, un rabbin, un imam, afin de s'instruire des diverses formes du monothéisme, et opter, choix sans doute décidé par avance, pour le césaro-papisme byzantin.

Donc, les Khazars devinrent, au milieu du VIIIe siècle, une théocratie de rite juif. Mais ce judaïsme-là était d'une parfaite tolérance, acceptant la religion de tous ceux qui participaient à la prospérité du pays, et tout disposé aux mariages mixtes. L'exemple venait de haut.

Une fille de khan, unie à Constantin Copronyme, ne devint-elle pas impératrice d'Orient, et son fils Léon IV, dit le Khazar, n'occupa-t-il pas pendant cinq ans le trône de Byzance ?

Bien que les troupes khazares, qui comptaient parmi les meilleures de l'époque, fussent parvenues à défaire en bataille le fameux Siméon de Bulgarie, elles ne purent résister à la montée en puissance des Slaves. Elles ne purent empêcher les princes de Kiev, que leur conversion à l'orthodoxie allait bientôt rapprocher des Byzantins, de bloquer les routes marchandes. « Ne payez plus rien aux Khazars », avait proclamé Sviatoslav, le père de Vladimir.

Or, l'empire des khans n'avait pas de productions propres. Il ne tirait sa richesse que du transit et du commerce. Ce fut la cause de son déclin.

L'année où, en Occident, Hugues Capet était proclamé roi de France, la Khazarie devenait une principauté vassale de Kiev, et, en 1046, elle disparaissait définitivement.

La Russie s'est fondée sur les ruines de l'empire khazar. Kiev même est un nom khazar qui signifie « bord de l'eau ».

Si j'ai esquissé l'histoire de cet empire oublié qui doit son retour en mémoire à Arthur Koestler (*La Treizième Tribu*), c'est non seulement parce qu'il fait rêver, mais aussi parce qu'il nous oblige à regarder, d'autre manière qu'on ne le fait ordinairement, les juifs d'Europe orientale. Le terme d'antisémitisme, forgé à leur encontre, est un pur non-sens. Il y avait fort peu, en Khazarie, de sang sémite.

Jamais la diaspora, si prolifique eût-elle été, n'aurait produit aussi nombreuse descendance. Elle serait restée dans les proportions qu'elle eut en Tunisie, au Maroc, en Andalousie ou dans la vallée du Rhône, les *sépharades*, mais jamais n'aurait pu atteindre, sans l'aventure khazare, aux cinq ou six millions que se comptaient encore les juifs dits *ashkénazes* en Russie au XIXe siècle.

Les gouvernements des tsars, comme si une hantise atavique habitait l'inconscient national envers ces dominateurs de jadis, ne cessèrent de les repousser vers les frontières. Huit cents ans après la chute des derniers khans khazars, les juifs, exceptés ceux auxquels on accordait le titre de « marchands de la première catégorie », n'avaient autorisation de résidence que dans les marches occidentales, de la Baltique à la mer Noire : Lituanie, Pologne, Ukraine, d'où, depuis des générations, ils s'écoulaient comme un fleuve très lent vers les pays de l'espoir, l'Allemagne, l'Autriche, la France.

Staline même fit déporter en Sibérie tous les historiens soviétiques qui osaient traiter le sujet des Khazars. Il lui était insupportable que la Russie dût quoi que ce soit au judaïsme.

Deux tempéraments se formèrent chez les juifs de Russie. Chez certains, des siècles de ghetto, de misère, de brimades, de mépris, de pogroms, avaient fini par donner cette image à peine caricaturale du juif à longs favoris, l'échine courbée et l'épaule triste, sous un chapeau pelucheux et une lévite noire, renfermé dans une religiosité exigeante et méticuleuse, seule justification de son malheur. Faute de pouvoir s'enraciner dans une terre, ils s'enracinent dans le Livre.

Mais à côté subsistait l'autre tempérament, hérité d'une Khazarie légendaire, mais toujours présente dans des veines au sang puissant, le tempérament du juif des steppes, organisateur, voyageur et guerrier, manieur de richesse, bâtisseur de puissance, et assez peu observant en matière de religion, sinon pour quelques traditions.

Ce sont ces arrière-neveux de Khazars qui ont fait, en Europe, des carrières ou des fortunes étonnantes. Et ce sont eux qui, contre toute évidence, ont construit l'État d'Israël.

X

UN CARAVANSÉRAIL SUR L'OURAL

Donc, Anton Lesk descendait des Khazars. Les rares images qui me sont parvenues de lui et de ses frères montraient des hommes coiffés de bonnets d'astrakan blanc, et enveloppés de grandes houppelandes de soie à rayures multicolores, comme aimaient en porter les peuples de l'Asie centrale. Ils avaient, barrés de fortes moustaches, des traits de Turkmènes, ces mêmes traits qui donneraient à Joseph Kessel, leur petit-fils et petit-neveu, ce masque insolite, rudement taillé, ce visage beau et puissant en sa jeunesse, creusé en ses vieux jours, qu'il promena à travers le monde.

Anton Lesk était né vers 1850, à Vilna, dans cette marche lituanienne où le gouvernement tsariste, comme je l'ai dit, s'efforçait de repousser les juifs. Mais il était parti de bonne heure de Vilna. Il avait fait un peu de journalisme, avait suivi quelques études d'agronomie, et s'en était allé vers l'Est se constituer une rapide fortune en exploitant de grands domaines terriens du côté de la Volga, dans le gouvernement de Samara qui était encore, à l'époque, un boulevard militaire pour contenir les mouvements des nomades des steppes. Comme il était interdit aux juifs de posséder des terres en propre, il avait dû avoir recours à des prête-noms qui l'avaient à demi ruiné, mais à demi seulement. Il avait pu sauver de ses profits agricoles assez de moyens pour fonder, plus à l'est encore, sur l'Oural, à Orenbourg, un négoce qui devint rapidement vaste et prospère.

Il m'avait fallu approcher soixante-dix ans pour connaître le Brésil et y venir, comme en pèlerinage, au berceau de mes ancêtres les plus occidentaux. J'en avais quatre-vingt-trois quand se présenta l'occasion d'accomplir mon vieux rêve d'aller fouler, de l'autre côté de la planète, la terre qui m'offrit la moitié de mon sang.

Quelle visite, quel accueil, qui composèrent, à un âge où de tels bonheurs sont inattendus, l'un des plus beaux moments de ma vie !

Je fus amené à Orenbourg par Viktor Tchernomyrdine, ancien Premier ministre de la Russie post-communiste, et fondateur du géant ensemble énergétique *Gazprom*, le grand homme de cette région.

J'y étais précédé par la réputation que me vaut, par grâce du sort, d'avoir, en Russie, le plus grand nombre de mes lecteurs étrangers. Il a été calculé que, toutes éditions officielles ou pirates additionnées, il y avait été tiré plus de vingt-trois millions de volumes des *Rois maudits*. Sans pratiquement de droits d'auteur ; mais qu'importe ! Au temps de la grande pénurie, il fallait déposer quinze kilos de vieux papiers, journaux ou livres, pour recevoir un ticket qui donnait droit à acheter un tome de mes romans. Certaines chances obligent à l'immodestie. Il n'est guère, en la chère Russie, de maison, de bureau, d'institution, de boutique même où, quand j'y entre, on ne me tende à signer un exemplaire, souvent défraîchi, de mes ouvrages ; et il m'est arrivé que les agents de police, quand je passe en voiture, me saluent.

Orenbourg me reçut comme un enfant du pays, qui y revenait. Ma femme et moi fûmes couverts de cadeaux, notamment de ces châles arachnéens, aux dessins merveilleux, que font, avec un art immémorial et unique, les femmes de là-bas.

Les réceptions se succédaient, jusqu'à six par jour, et toujours avec une table servie. La tradition veut qu'autour de la table, chaque convive mâle prenne la parole pour porter un toast à l'invité ; auquel celui-ci doit à chaque fois répondre. Six hommes, six toasts ; neuf hommes, neuf toasts ; heureusement, la vodka d'Orenbourg est une des meilleures du monde, à cause de la pureté des eaux. L'atavisme sans doute me permit de soutenir ce régime. Les soirées s'achevaient fort avant dans la nuit par un concert improvisé de chansons populaires. Je m'expose à la risée de mon lecteur si j'ose rapporter la conclusion que mes hôtes donnèrent à mon voyage : « Pouchkine est venu deux jours à Orenbourg ; Tolstoï est venu deux jours à Orenbourg ; Druon y est resté trois jours. » Et pourtant, j'ai entendu et lu cela !

Orenbourg fut fondée au premier tiers du XVIIIe siècle pour contenir les Kirghiz. Une capitale du sud, à la fois militaire et commerciale. Elle montra sa nécessité en résistant victorieusement à l'insurrection de Pougatchev, le faux tsar, qui l'assiégea vainement en 1773-1774. Elle est située sur l'Oural, fleuve pas très large mais émouvant car il est la frontière entre deux continents. Ses eaux de cristal coulent, transparentes, le long de forêts de bouleaux. L'Europe s'arrête là. Sur l'autre rive commence l'Asie.

Orenbourg conserve des rues bordées de belles maisons de bois, toujours habitées, aux encadrements de fenêtres sculptés et peints de couleurs vives, ainsi que quelques beaux édifices néoclassiques du XIXe siècle. Alors qu'elle compte aujourd'hui plus de cinq cent mille habitants, elle n'en avait que soixante mille au temps de mon aïeul Lesk. Il s'y dressait douze églises orthodoxes, une catholique, un temple protestant, quatre mosquées, une synagogue.

Elle avait théâtre, jardin public, plusieurs collèges, des casernes, un arsenal. Avec sa vieille Cour du commerce, à la fois forteresse et entrepôt, elle était la plus importante place d'échange de la Russie méridionale, une résurgence en quelque sorte des siècles khazars. Plus de cent caravanes y arrivaient chaque année, venant de Boukhara, de Khiva, de Tachkent ou d'ailleurs. On y voyait même quelques marchands des Indes ou de la Chine.

Les établissements d'Anton Lesk tenaient à la fois du grand magasin occidental et du caravansérail, puisque les caravaniers kirghiz, afghans, mongols, venaient y apporter, au pas lent de leurs chameaux poudreux, tous les produits d'Orient, cuirs, laines, peaux d'agneau, soieries, cuivres ciselés, épices, objets d'argent et pierres précieuses, tandis que d'autres rayons offraient l'outillage des champs, l'appareillage ménager, les tissus d'Europe, les chandelles, les semences, le sucre, et tout ce que la France, l'Allemagne, la Bohême, l'Italie pouvaient offrir aux besoins et aux désirs : armes, bijoux, vêtements, pianos et lustres.

J'imagine qu'il y avait là quelque ressemblance avec les grands entrepôts de Chypre au temps des Lusignan, ou avec les salles en rez-de-canal des palais vénitiens, quand la Sérénissime commandait à tout le commerce de la Méditerranée.

Anton Lesk avait des succursales jusqu'à Tachkent et Samarkand, tenues par des frères, neveux ou cousins. Il était un marchand de la *première catégorie*, cette classe d'hommes riches qui avaient rang dans la hiérarchie tsariste, que le petit peuple appelait servilement « Votre Noblesse », et dont les pelisses de loutre, les nuits bruyantes chez les Tziganes et les roubles distribués à poignées emplissent le roman russe. Si cet homme-là était parti vers l'Ouest et avait ouvert banque à Vienne, il aurait fini baron du Saint Empire.

Les Archives d'Orenbourg m'ont donné les plans et les images conservés de la grande demeure privée qu'il s'était fait bâtir au coin de la rue des Ingénieurs et de la rue de la Noblesse. Mécène, il avait créé une école de musique, et il réunissait dans son salon l'*intelligentsia* locale ou de passage, férue des idées nouvelles.

Il était fort détaché de la religion, sinon athée, et d'opinions libérales, c'est-à-dire inclinant vers un socialisme non révolutionnaire. Ses enfants, y compris les filles, fréquentaient le lycée d'État, et il envoyait ses fils terminer leurs études en Allemagne. Durant le torride été, il emmenait parents, amis et une nuée de serviteurs dans la vaste datcha qu'il s'était fait construire sur l'autre rive du fleuve, en Asie.

C'est par sa seconde fille, Raïssa, que je reçus du sang de la steppe.

Raïssa Antonovna, ou Raïssanton comme on l'appela par abréviation, avait dans sa jeunesse un visage d'icône. Et elle garda jusque dans son vieil âge, époque où je la connus, une grande noblesse de traits.

Si elle n'avait pas reçu de son père le don de la fortune, au moins lui avait-il légué son caractère déterminé.

Elle s'était distinguée au lycée, où les jeunes filles étaient rares, celles surtout qui décidaient comme elle d'apprendre le latin. Elle avait la passion du théâtre. Mais qui n'avait pas alors, en Russie, où les troupes d'amateurs fleurissaient partout, la passion du théâtre ? Dans cette société oppressante et rigide, où rien n'arrivait en province, au long de l'interminable hiver, que l'écho d'une révolte ou d'un attentat, la scène était la seule illusion de liberté. Vivre d'autres vies... Mais de là à devenir vraiment actrice, comme elle le souhaitait ? La perspective ne plaisait guère à la famille.

Raïssa entreprit alors des études de pharmacie. Pourquoi ? Parce que la loi permettait aux pharmaciens, fussent-ils juifs, de s'installer en toute ville de l'Empire. Ainsi pourrait-elle aller à Moscou, ou à Saint-Pétersbourg, et tenter la carrière théâtrale.

Un amour contrarié, sur lequel elle ne voulut jamais s'expliquer, et les difficultés aussi qu'elle vit poindre, lui firent renoncer à son rêve. Elle bifurqua vers la médecine. Elle avait résolu d'aller porter aide aux premières colonies sionistes que le baron Edmond de Rothschild avait fondées en Palestine. Elle n'était aucunement croyante, mais sans doute ses déceptions d'adolescente l'avaient jetée vers le dévouement. Elle aspirait à une vie hors du commun. Elle l'eut.

Emportant manteaux de fourrure, tapis, samovar, argenterie, comme il était d'usage alors chez les Russes qui voyageaient, elle partit à vingt et un ans pour Genève afin d'y préparer ses diplômes. Elle y connut le monde des émigrés russes, la plupart opposants politiques, ou carrément socialistes révolutionnaires, et se lia particulièrement avec le plus célèbre d'entre eux, leur maître à penser, le critique Plekhanov, premier théoricien du marxisme, mais qui condamnait le terrorisme et était en tout adversaire de Lénine.

La jeune Raïssa eut le déplaisir d'apprendre que le diplôme de médecin suisse n'était pas reconnu en Palestine, et qu'il lui fallait celui de médecin français. Reprenant tout son attirail de voyageuse slave, elle vint s'inscrire à la faculté de Montpellier, et c'est là qu'elle fit la connaissance d'un autre étudiant russe, correspondant lui aussi de Plekhanov, et auquel elle devait lier sa vie.

L'étudiant, Samuel Kessel, venait de Lituanie, comme les Lesk, mais d'un tout autre milieu. Rien à voir avec les marchands de la première catégorie. Sa catégorie de naissance, à lui, c'était la misère, la peur et la boue. Un pauvre commerce d'aubergiste *casher*, dans une rue du ghetto d'une toute petite ville. La mère était courte et grasse, autoritaire et bornée, d'une religiosité superstitieuse et toute en gestes. Ses enfants ne devaient recevoir d'autre instruction que les psalmodies de l'école rabbinique, et quand elle apercevait un livre russe entre leurs mains, elle le leur arrachait et le jetait au feu comme un écrit du diable. Le père… le père avait l'esprit plus ouvert, mais il était fils et petit-fils de rabbins. Des juifs à l'épaule courbée. Et pourtant leurs ancêtres n'avaient sûrement pas crucifié le Christ, ce péché qui servait de prétexte au mysticisme et à la cruauté russe pour les persécuter.

Le petit Samuel et ses frères avaient des visages de Kalmouks, aux yeux étroits et enfoncés, aux pommettes très saillantes, posés sur des corps brefs, assez lourds et gauches. Des Khazars encore.

Tous les hommes de cette famille, après l'assassinat d'Alexandre III et les féroces pogroms qui en furent la conséquence, émigrèrent, le père et l'un des fils pour l'Afrique du Sud, un autre pour l'Amérique, laissant dans son auberge enfumée une grosse femme dévote qui n'inspirait ni amour ni tendresse.

Le rêve du petit Samuel Kessel, c'était la France. Quelle conversation tenue devant lui, quelle lecture en cachette, ou quelle prédestination avait mis en son cœur la France, une France idéale, synonyme de liberté, de bonheur, de lumière, objet de tous ses désirs et de tous ses espoirs ? Il avait fait son instruction clandestinement, grâce à de petits camarades de la bourgeoisie aisée du ghetto qui lui prêtaient des manuels qu'il dissimulait soigneusement, ou qui lui répétaient ce qu'ils avaient appris en classe.

Alors qu'à dix ans il ne connaissait que le yiddish et l'hébreu rabbinique, à douze il possédait déjà assez de russe pour pouvoir donner des leçons à des débutants. Deux ans plus tard, il étudiait, toujours en cachette, le latin et le grec. Une capacité linguistique qui n'est pas sans rappeler celle de Charles Cros enfant.

Sans avoir suivi aucun enseignement régulier, il allait, à dix-sept ans, se présenter, à Pskov, au baccalauréat dont il réussit toutes les épreuves, mais dont on lui refusa le diplôme, parce qu'il était juif. Alors, n'ayant que quelques roubles en poche, il partit pour Kovno, où il trouva une place de précepteur. Ce n'était que le début du voyage. Car il avait décidé qu'il serait médecin, en France. Mais pour aller étudier en cette France idéale, il fallait savoir le français. Il l'apprit seul, en lisant *Les Travailleurs de la mer* avec un dictionnaire d'un côté et de l'autre une grammaire. Et à dix-neuf ans, avec quarante francs pour tout pécule, il débarquait à Paris, l'année où venait de mourir Victor Hugo.

Deux années comme saute-ruisseau chez un avoué, pour gagner la maigre subsistance qui lui permettait de s'inscrire aux cours de la faculté de médecine ; deux hivers dans une soupente glaciale où il ne se nourrissait, littéralement, que de pain et d'eau. Aurait-il été déporté en Sibérie, qu'il n'aurait pas connu un régime plus dur.

Le résultat fut qu'il se mit à cracher le sang. Phtisie, tuberculose ; il fallait avoir des gènes de Kalmouk pour y résister. Mais sa santé en resterait à jamais altérée.

On parla de lui, en vantant son travail universitaire, au baron Hirsch, ce philanthrope qui, né à Munich et passé par Bruxelles, avait fait une très grande fortune à Paris en construisant les chemins de fer turcs. Une pension du baron permit à l'étudiant de Kovno d'aller à Montpellier, pour s'y soigner, ou y mourir. Il y passa quatre ans, en grande partie à l'hôpital, mais poursuivant ses études en faculté et préparant une thèse de psychiatrie.

Il jouait aux échecs avec Paul Valéry, et continuait de correspondre avec Plekhanov.

Arriva la beauté byzantine, qui lui avait fait demander, par lettres, quelques informations sur la vie et les études à Montpellier. Prude et distante, dispositions qui ne l'auraient pas particulièrement désignée pour le théâtre, elle marqua peu d'attention à ce jeune homme assez laid et qu'elle trouvait dépourvu de séduction. Elle ne le remarqua que lorsqu'elle le vit au chevet d'une amie malade, et ne s'intéressa à lui que lorsqu'il eut une rechute d'hémoptysie. Elle se fit alors soignante elle-même du jeune médecin, et puis l'épousa. Raïssa Antonovna avait trouvé sa vocation : le dévouement austère.

XI

LA PLANÈTE EN DIAGONALE

Les fiancés partirent de Montpellier pour aller se marier à Orenbourg. Neuf mille kilomètres. La capacité qu'avaient les Russes du XIXe siècle de traverser et retraverser l'Europe, s'installant pour des jours et des jours dans des trains qui crachaient la suie, mais leur semblaient le comble de la vitesse et du confort, est à nos yeux confondante. Que de gares entrevues, dans des nuages de fumée, que de halètements de machine et de crissements de freins ! C'est sans doute un caractère des peuples vivant sur d'immenses espaces que d'être si aisément disposés aux longs voyages. Aller d'un bout à l'autre du continent était aussi naturel pour les Russes que pour les Américains de franchir l'Atlantique.

Les noces furent célébrées non sans faste. La mariée avait vingt-trois ans, l'époux vingt-neuf. L'opulent marchand qu'était Anton Lesk accueillit avec sympathie le gendre inconnu, un peu lourd, que lui amenait sa fille. Il le jugea pour ce qu'il était, intelligent, studieux, opiniâtre. Il voulut établir le jeune couple. Mais Raïssa Antonovna refusa la dot que son père se disposait à lui constituer. Farouche fierté, point d'honneur excessif, ou contamination des idées révolutionnaires ; elle épousait un homme pauvre ; ils vivraient de leur travail, ne devant rien qu'à eux-mêmes.

Là-dessus arriva un courrier du baron Hirsch demandant au docteur Kessel de devenir le premier médecin de la colonie juive que le philanthrope avait fondée en Argentine, vers le Rio de la Plata. Samuel Kessel était redevable au baron Hirsch d'avoir pu poursuivre ses études. Il se tint pour moralement obligé de répondre à cette offre, encore que sa thèse, qui portait sur les « Obsessions et Impulsions », ne l'avait pas particulièrement préparé à être médecin dans la pampa.

Et voilà les nouveaux mariés partis pour l'autre côté du monde, sur une nouvelle terre d'épreuves, peuplée seulement de gauchos et de colons disséminés sur des territoires infinis.

Tandis que le médecin, dans une carriole de fortune, s'en allait visiter des malades ainsi dispersés, la fille du marchand de première catégorie attendait, seule au long des jours, dans une bicoque d'un inconfort total, au milieu d'un quasi-désert où la brutalité des gauchos l'obligeait à garder constamment un revolver à portée de la main. Une manière de *Far-West*, un *Far-South* que balayaient les trombes des orages tropicaux.

Ce fut dans une bourgade voisine, un peu plus sûre, que Raïssa Antonovna mit au monde son premier fils, Joseph Élie, en russe Yossip Ilya.

Le docteur Kessel avait un don tout particulier pour oublier ses papiers et perdre ses passeports. Il oublia de même de déclarer la naissance à la mairie locale. On ne s'en avisa qu'après plus d'une semaine, si bien que Joseph Kessel conserva toute sa vie un état civil raccourci de dix jours.

La légende d'Héraclès veut que, dans ses premiers jours, un serpent se soit glissé dans son berceau. Dans la voiture d'enfant où Raïssanton promenait son nourrisson, ce fut un énorme scorpion qu'on trouva. Le rapprochement vaudra souvent, pour Joseph Kessel, avec le mythe héracléen, dans ses exploits et ses violences, comme dans ses faiblesses.

Au bout des trois ans qui liaient le médecin à la colonie Hirsch, la jeune famille repartit pour la Russie. Raïssa était de nouveau enceinte, et aux deux tiers de sa grossesse. Traversée de l'Océan, débarquement à Gênes, transbordement pour Marseille, et puis le train, Paris, Berlin, Varsovie, Moscou, et Orenbourg enfin.

Ainsi, avant d'avoir quinze mois, Joseph Kessel, dont le destin ferait l'un des plus grands voyageurs du siècle, avait déjà parcouru la moitié du globe. Mais dans quel état arrivait-il ! Un sevrage qu'il n'avait pas toléré, des nourritures avariées sur le bateau et les piqûres des moustiques en avaient fait un petit moribond, un squelette d'enfant, sans regard, sans voix, une image de la désolation que portait une mère épuisée.

Le lait d'une ânesse et l'air de la steppe le ressuscitèrent. Mais comme les tragédies semblaient lui faire escorte, il manqua de périr dans un incendie qui détruisit une partie de la datcha d'Asie. Des enfants de la famille avaient joué à la guerre autour de la tombe d'un chef kirghiz enterré là avec son cheval. « Ce sont choses qui attirent le malheur ! » leur avait dit une servante. Trois jours plus tard, la maison flambait.

Ce sinistre provoqua chez Raïssa Antonovna un accouchement de quelques jours prématuré, et elle mit au monde, le 20 mai 1899, un second fils, qui fut, en mémoire d'un grand-père, prénommé Lazare.

Ainsi, le père que je n'ai pas connu naquit sur la terre d'Asie, au lendemain d'un incendie.

Le séjour dura trois ans et demi, pendant lesquels Raïssa Antonovna et ses deux enfants bénéficièrent de l'aisance familiale, tandis que Samuel Kessel était le plus souvent éloigné, retournant en faculté afin d'obtenir, à trente-cinq ans, le diplôme de médecin russe, qu'il n'eut d'ailleurs pas. Mais il retomba malade du cœur, et le ménage repartit vers la France, la France, perpétuel espoir, constante promesse de paix et de bonheur.

Raïssa Antonovna n'emmena que son premier enfant,

laissant l'autre aux soins de sa famille. Cette femme avait de curieux comportements. Elle n'aima en fait que son fils aîné, d'une passion maternelle exclusive et totale, nourrie d'une admiration extasiée pour le premier être qu'elle avait engendré, passion qui se muerait, avec les années, en une mansuétude infinie pour tous les excès et les déportements de son bien-aimé Yossip, et tous les drames qu'il sèmerait sur son chemin.

Renonçant à se fixer à Paris, où la montée des escaliers lui faisait cracher le sang, le docteur Kessel acheta, pour une bouchée de pain, le cabinet d'un médecin provincial. Pour qui avait supporté d'exercer dans la pampa, l'Agenais n'avait rien d'effrayant. Mais quoi de plus insolite que ce ménage russe, dont l'enfant portait caftan et bonnet de fourrure, s'installant à La Capelle-Biron, dans le Lot-et-Garonne ! Quoi de plus paradoxal que ce médecin malade de la poitrine, qui allait, sous la haute capote d'une carriole, en conduisant un bidet aux pâturons poilus, ausculter des paysans gascons ?

Et pourtant les deux ans de La Capelle-Biron furent un temps heureux. Yossip pour ses parents, Joseph à l'école communale où il fut inscrit, le petit Kessel, en quelques mois, sut parler et lire le français aussi bien que le russe. À quatre ans et demi, il était parfaitement bilingue. C'est dans Pouchkine que son père lui apprenait les mots de sa langue natale, cependant que l'instituteur lui décernait un prix d'excellence, tant il récitait bien les fables de La Fontaine.

Le second fils, Lazare, qu'on appelait Lola, avait rejoint. Dire qu'il avait voyagé dans les jupes de sa grand-mère n'était pas une image. Evlentia Lesk, qui allait chaque année prendre les eaux en Allemagne, avait dû le dissimuler sous ses vêtements au passage de la frontière, car elle avait tout bonnement oublié de le faire inscrire sur son passeport.

Les Kessel, pas plus que les Lesk, ne savaient rester en place. Un ami russe, ancien compagnon d'études au temps de sa misère, lui ayant offert de lui céder sa clientèle, près de Paris, voilà le docteur Kessel quittant le Lot-et-Garonne pour aller s'installer à Montlhéry.

Une autre population, une autre école, et un autre enfant. Un troisième fils, prénommé Grégory, ou Georges, était né, celui-là, à l'ombre de la tour fameuse et sinistre qui marquait la limite du domaine royal, au temps des premiers rois capétiens.

Survinrent alors, à l'occasion de leur cure annuelle en Allemagne, les parents Lesk aux mains généreuses, accompagnés des oncles et des tantes d'Orenbourg.

Fut-ce la visite de cette riche tribu, qui dut s'apitoyer sur la pauvreté décente dans laquelle vivaient les Kessel ? Fut-ce leur état de santé ? En plus de ses poumons atteints et de son cœur qui battait la chamade, le docteur Kessel avait un début de glaucome, et Raïssa souffrait de crises de paludisme. La nostalgie de la Russie les reprit. L'année suivante, ils étaient repartis pour l'Oural. Un rythme biennal paraissait commander leurs errances.

Et de nouveau ce fut Orenbourg, la maison opulente, peuplée de serviteurs et de nourrices, et la datcha d'Asie aux horizons infinis.

Trois ans d'enchantement, en tout cas pour les enfants.

Au long des années que j'ai partagées avec Joseph Kessel, je l'ai si souvent entendu égrener ses souvenirs d'alors, il les a si souvent évoqués dans ses ouvrages, et ses biographes y ont fait si longuement référence, que j'ai l'impression, y revenant, d'un peu rabâcher.

Combien de fois, au détour de sa conversation, surgissaient les images, à jamais gravées dans sa première mémoire, de cette ville mi-orthodoxe et mi-musulmane, aux églises à bulbe d'or et aux minarets superbes ! Caravanes de l'Ouzbékie et de l'Afghanistan, chameaux au pas balancé, marchandises étranges, petits chevaux tartares, moujiks en bottes de feutre, chants religieux, rixes d'ivrognes...

Kessel se souviendra toujours d'Orenbourg comme d'une ville d'émerveillement et de miracle. Il y écoutait les contes de la vieille Russie, les récits légendaires de Yermak et de Stenka Razine, les grands attamans cosaques. Une part de son talent viendra de là, et son goût aussi de la démesure.

Admis au lycée privé, Yossip portait l'uniforme des collégiens russes, à casquette plate et ceinturon. Il se montrait fort doué, maîtrisant russe et français.

Et le docteur Kessel avait enfin obtenu ses diplômes de médecin russe. Mais où exercer ? À Tachkent, à Samarkand, en pleine Asie centrale où des Lesk géraient les succursales du grand magasin d'Orenbourg ? Avec sa santé plus que fragile, le paludisme de sa femme et la faiblesse cardiaque qu'on avait décelée chez son dernier-né, Grégory dit Georges, l'entreprise était fort hasardeuse. Et les émeutes de 1905, à Saint-Pétersbourg, avaient déclenché une vague de répressions, dans tout l'Empire, qui faisaient planer une menace sur les milieux socialisants.

Alors, une fois encore, on repartit pour la France, la France bien-aimée, le refuge de l'âme.

XII

DEUX ADOLESCENCES RUSSO-FRANÇAISES

Dans la pathologie du ménage Kessel s'ajoutait à des maux réels une part de manie ambulatoire, qui poussait ces malades permanents à la recherche d'un climat favorable à leur santé chancelante et tenace. De même, ces exilés volontaires, dès qu'ils s'éloignaient de leur pays, avaient besoin de retrouver une société russe.

Nice convenait on ne peut mieux à cette double quête. Depuis le milieu du XIXe siècle, la haute noblesse pétersbourgeoise et moscovite, avec tout ce qui accompagne les déplacements saisonniers de la fortune, passait ses hivers dans cette douceur méditerranéenne. Comme l'impératrice Eugénie avait lancé Biarritz, dans le même temps, l'impératrice Alexandra Fedorovna avait lancé Nice, et une véritable colonie slave s'y était formée, qui prospérait dans les années 1900. Quelques bulbes dorés se dressant au-dessus des tuiles roses des toits niçois en étaient le symbole. La promenade des Anglais eût pu, aussi justement, s'appeler la promenade des Russes.

Les Kessel se fixèrent là cinq ans, durant lesquels les deux fils aînés accomplirent leurs études secondaires au lycée Masséna, cependant que le dernier, dont il était entendu depuis sa naissance qu'il avait le cœur faible, lissait ses boucles châtaines avec une nonchalance charmante qui deviendrait partie de son caractère.

Dans cette ville de luxe et de facilité, Raïssa Kessel se livrait à sa passion de la parcimonie, alors que la générosité d'Anton Lesk, qui mettait autant d'insistance à donner qu'elle en mettait à refuser, eût permis à la famille une existence aisée. Mais Raïssa avait fixé au minimum la pension que son père lui servait ; elle entendait subsister de la maigre clientèle, toujours à recommencer, de son invalide mari. Elle comptait au centime près la moindre dépense ménagère, et reprisait les vêtements usés jusqu'à leur corde. Apparaître à ses propres yeux comme la déesse de la privation était sans doute la compensation à un destin manqué. À défaut d'avoir été l'actrice qu'elle s'était rêvée, ou encore une héroïne politique, elle se complaisait à créer les conditions d'une abnégation qui l'autorisait à s'admirer.

Elle s'admirait également dans son fils aîné, Joseph, qui glanait tous les prix au lycée. Appétit de tout apprendre pour tout connaître, dons évidents pour les lettres, cet enfant se développait comme un petit colosse et débordait d'énergie. Son cadet, qui le suivait comme une ombre dans ses études comme dans ses farces de collégien, était-il moins doué ? Apparemment pas, mais la mère ne s'en souciait guère. Son premier-né continuait d'occuper entièrement son cœur et de capter tout ce que cette nature austère pouvait avoir de tendresse et d'indulgence.

Au lycée Masséna, Joseph Kessel bénéficia, pendant les trois années menant au premier baccalauréat, d'un professeur de lettres classiques tout à fait hors du commun, Hubert Morand, un éveilleur d'esprit, qui lui fit prendre conscience de sa vocation littéraire. Tous les adolescents, ou presque, à condition qu'ils lisent, ont envie d'écrire. Cela fait partie des ambitions imitatives. De là à devenir écrivain, il y a une marge immense. Il faut le don, et qu'il soit distingué, et qu'il soit guidé.

Kessel ne citera jamais aucun maître que Hubert Morand, et le nom de celui-ci n'aura survécu que par cet élève qui, atteignant à la gloire, lui rendra toujours hommage de gratitude.

Est-ce Morand qui conseilla que l'aîné des Kessel allât faire son année de philosophie à Paris ? Ce fut en tout cas le prétexte à un nouveau déménagement.

La famille se transporta dans la proche banlieue parisienne, à Bourg-la-Reine, où il y avait une petite colonie russe.

Joseph Kessel alla préparer son second baccalauréat au lycée Louis-le-Grand, tandis que Lazare était inscrit au lycée Lakanal à Sceaux.

Merveilleuse vitalité de la jeunesse qui, en plus des heures d'étude, dévore les bibliothèques, visite les musées et les monuments, et trouve encore le temps, pour tromper son impatience de vivre, de se lancer dans des entreprises auxquelles l'encourage l'indulgente attention des adultes !

La passion du théâtre, qui avait habité l'adolescence de leur mère, reparut chez les deux frères. Avec quelques camarades, recrutés dans leurs lycées respectifs, « Kessel aîné et Kessel cadet » – comme il y avait Coquelin aîné et Coquelin cadet – fondèrent à seize et quinze ans une compagnie de théâtre. Dans leur troupe figurait, d'une taille déjà proche du géant, un autre futur écrivain, fils d'un premier président de la Cour des comptes, Raymond Payelle, et qui ne serait pas sans célébrité sous le pseudonyme de Philippe Hériat.

L'étonnant fut que ces comédiens dont la moustache était encore à pousser se produisirent, avec des pièces de Courteline et de François Coppée, sur des scènes publiques. Les maires de la banlieue ouvrière leur faisaient bon accueil, car les représentations étaient gratuites.

Ces jeux se terminèrent le 4 août 1914. La guerre venait d'éclater. Craignant que ne se répétât l'invasion de 1870, Raïssa Antonovna repartit pour Nice, emmenant son mari malade et son impatiente progéniture.

Joseph aurait voulu s'engager aussitôt, mais il n'avait

que seize ans et demi. Son désir de servir, de participer de quelque manière à l'héroïsme, le fit admettre comme aide-infirmier à l'hôpital militaire qu'on venait d'installer dans un hôtel sur les hauteurs de la ville. Et son frère Lazare le suivit, toujours comme son ombre.

Blessures ouvertes, chairs lacérées, plaies d'où coule le pus ou que tapisse la vermine, amputations, odeurs des fièvres et des gangrènes, cris, râles et délires, yeux creusés des agonisants, mains qui s'accrochent longuement, désespérément, inutilement, à quelque main compatissante, au seuil du trépas : bien que cet hôpital fût loin du front et qu'on n'y envoyât, par convois, que les blessés encore transportables, tout ce que Tolstoï avait décrit dans *Les Récits de Sébastopol* était là, atrocement visible et palpable.

L'épreuve était rude pour deux adolescents épris de poésie et de théâtre. La robustesse de l'aîné, son goût de l'héroïsme, et le sentiment d'être invulnérable qui déjà en lui équilibrait les légitimes effrois, lui firent passer sans dommage cette traversée de l'horreur. Il participait à l'épopée.

Il n'est pas sûr qu'il en fut de même pour Lazare, plus jeune, de nature plus fragile, et qu'une éducation hors de toute religion laissait sans aucune défense de l'inconscient contre les questions essentielles que soulève, à cet âge, le spectacle de la mort. L'hôpital de Nice eut avec lui, sans que personne, et d'abord lui-même, s'en doutât, un blessé de plus, dans les régions profondes de l'âme.

Nouveau retour à Paris, au début de 1915, dans un appartement plus que modeste de la rue de Rivoli, pas la rue de Rivoli aux belles arcades et aux beaux appartements, entre la Concorde et le Palais-Royal, mais la rue de Rivoli des vieux quartiers, des immeubles anciens et gris abritant de petits métiers et de petits destins.

Là, ce ne fut plus la parcimonie, mais vraiment la pénurie. La guerre avait interdit le transfert de l'argent russe, et la pension que Raïssanton recevait, avec une dignité blessée, mais qui pourtant lui était bien nécessaire, n'arrivait plus. D'ailleurs le généreux Anton Lesk allait mourir ce printemps-là, et ses fils ne se montreraient guère disposés à partager avec leur sœur lointaine un héritage sur lequel l'Histoire, de toute manière, mettrait bientôt une croix. Envolée la fortune de l'Oural !

Aussi malade que ses malades qui étaient, pour beaucoup, aussi pauvres que lui, le docteur Kessel ne tirait que de bien maigres ressources de ses consultations. Il était bon, il était patient, et la vie lui avait appris, depuis la Lituanie, à se satisfaire de peu.

Tout autre était le tempérament de ses enfants, surtout de l'aîné. À dix-sept ans, avec un formidable appétit de vivre, Joseph Kessel rêvait de gloire, de puissance, d'aventures, d'argent, de luxe ; et il avouait volontiers, plus tard, qu'il avait ressenti cette période de misère familiale comme une maladie.

Mais il n'avait aucune révolte contre la société, comme il en va si fréquemment ; il voulait seulement s'y tailler une place, ce qu'il fit en usant de ses dons et de sa robustesse.

C'est dans le même temps que la lecture des *Frères Karamazov*, qui l'exalta, lui procura ce qui serait longtemps sa devise : « Tout est permis. » Avec tous les ravages qui s'ensuivraient.

Il passa dans un temps exceptionnellement bref sa licence de lettres. En même temps, il avait repris avec son frère Lazare leurs représentations théâtrales où l'aplomb suppléait le métier.

La guerre avait dépeuplé Paris de tous les hommes en âge de porter les armes. Les scènes parisiennes n'avaient plus que de vieux comédiens chevronnés qui jouaient les Rodrigue, et de jeunes amateurs auxquels on faisait, si de besoin, endosser le pourpoint de Don Diègue.

Aussi les deux apprentis dramaturges parvinrent-ils, au prix de quelles démarches et de quels efforts, à monter chez André Antoine, le fondateur du Théâtre Libre, un spectacle patriotique et de bienfaisance. Quelques gloires chevronnées de la déclamation, qui ont laissé leur nom dans les fastes de la Comédie-Française, comme Paul Monnet ou de Max, avaient prêté leur concours, et le mathématicien Paul Painlevé, député et futur chef de gouvernement, présidait la séance.

Les circonstances, et l'indulgence dont bénéficie la jeunesse quand elle est ardente, firent à cette représentation un aimable triomphe. Les vieux augures, s'ils n'aperçurent pas chez l'aîné des frères Kessel les promesses de son talent littéraire, distinguèrent dans le second des dons d'acteur exceptionnels. André Antoine parla de vocation, et de Max, célèbre et emphatique tragédien d'origine roumaine, s'offrit à donner au jeune homme des leçons d'art dramatique. Ce jour-là, le destin passa.

Un peu plus tard, sur la recommandation de Hubert Morand, son professeur de Nice, Joseph Kessel entrait au *Journal des Débats*. Vieille maison, institution pour mieux dire, qui avait plus d'un siècle d'existence. On y utilisait toujours la table où s'étaient assis Chateaubriand, Mérimée, Hippolyte Taine ; et certains vieux rédacteurs, dans leurs étroits bureaux, écrivaient encore à la plume d'oie. Quotidien d'influence plus que d'information, il était surtout lu des milieux politiques, diplomatiques et de la finance. Sans être exagérément réactionnaire, mais l'étant avec intelligence, c'était le journal des talents sérieux et des fortunes solides.

Son propriétaire était le comte de Nalèche, clubman de haute taille, à la vêture élégante, et dont le coupé, attelé de chevaux luisants, était mené par un cocher en livrée. Il possédait, à l'angle des rues Vaneau et de Chanaleilles, un fort bel hôtel particulier qui avait abrité les intrigues des dames du Directoire. Mme de Nalèche y vivait assez retirée, mais crainte.

Quelques obus allemands, tombés dans le faubourg Saint-Germain, ayant forcé de détourner le parcours des autobus par la rue Vaneau, elle obligea les services de voirie à étendre une couche de paille sur les pavés, afin d'amortir le passage des lourds véhicules, et qu'ils n'ébranlassent point son hôtel.

Ainsi allait la vie, alors qu'à deux cents kilomètres, toute une génération française se faisait faucher comme moisson dans une guerre sans fin.

Quand, quarante ans plus tard, ami des nièces et héritières de la comtesse de Nalèche, je visitai l'hôtel de Chanaleilles avant qu'il ne fût acquis par un armateur grec, je vis, toujours en place et dans une étonnante fraîcheur, les rideaux passementés qu'avait fait poser Mme Tallien.

Étienne de Nalèche aurait été assez surpris, mais plus amusé que choqué, s'il avait su que le jeune homme aux cheveux longs, qui faisait chez lui ses premières armes de journaliste en commentant les nouvelles de Russie et en publiant quelques contes d'inspiration également russe, avait décroché un engagement de figurant à l'Odéon où chaque soir, tantôt hallebardier, tantôt sans-culottes et tantôt grognard de l'Empire, il ne se signalait guère que par sa haute taille, sa forte carrure et sa particulière maladresse.

Le docteur Kessel s'en affligeait. Journaliste et comédien, ce n'étaient pas là, à ses yeux, des carrières honorables. Pour lui, parti de si loin, et qui avait, au prix de sa santé, eu tant de mal à conquérir ses diplômes, il ne voyait qu'une voie à un garçon si doué : l'agrégation et l'enseignement. Un fils professeur eût été la récompense et l'honneur de son cœur épuisé et de sa vie fléchissante. Mais il était trop faible, trop fatigué pour lutter contre les ambitions torrentueuses qui emportaient les deux frères.

À l'automne 1916, l'année de Verdun, ceux-ci se présentaient ensemble au Concours du Conservatoire d'art dramatique, institution pleine de grands usages parce qu'elle était l'antichambre de la Comédie-Française.

Joseph, reçu sans éclat, avait choisi le pseudonyme de d'Hourec, francisation du mot russe *dourak* : imbécile, que son père l'avait mis au défi de prendre.

Lazare, félicité par le jury unanime, s'était, en souvenir de la Sibérie où il avait vu le jour, forgé le pseudonyme de Siber.

C'est sous ce nom qu'il connaîtrait une très fugace célébrité.

XIII

LA DERNIÈRE ÉTAPE

C'est dans un collège de genre particulier, destiné à former au métier de l'illusion et à la profession du délire, que s'acheva mon en deçà, et que se nouèrent les deux fils de ma vie tirés, l'un de l'Équateur brésilien, et l'autre de la steppe russe ; c'est au Conservatoire d'art dramatique que mes géniteurs se rencontrèrent.

Métier de l'illusion, puisqu'il s'agit de faire croire pendant quelques heures au public, entre des châteaux de carton et des forêts de tulle, à l'existence de personnages imaginaires, aussi irréels que les velours et les bures, les taffetas et les dentelles dont on les affuble. Profession du délire puisque ceux qui l'exercent sont voués à n'être jamais eux-mêmes, à simuler tantôt les rois et tantôt les rebelles, tantôt les bourgeoises et tantôt les pauvresses, tantôt les lâches et tantôt les héros, à passer sans arrêt d'une peau dans une autre, à fournir corps, voix et gestes à des passions ou des ridicules qui ne sont pas les leurs, à mourir assassinés en sachant ne pas se blesser dans leur chute, pour se relever aussitôt et recueillir des applaudissements espérés.

Il ne faut pas s'étonner si, sortis de scène, tant de comédiens sont encore en représentation, donnant des ordres au vent ou jetant leurs amours en pâture aux passants. Il n'est pas sans risque de vivre toujours en étant le double de ce qui n'existe pas.

On m'a souvent demandé si, dans ma jeunesse, je n'avais pas été tenté de devenir acteur. Jamais l'idée ne m'en effleura. Jamais je n'aurais supporté d'entrer dans d'autres personnages que le mien, et de prononcer des mots écrits par quelqu'un d'autre. L'atavisme, là, ne joua en rien.

La vocation des deux êtres qui m'engendrèrent ne fut qu'une circonstance pour les réunir, le dernier tour du divin potier.

J'ai dit comment les deux frères Kessel étaient entrés au Conservatoire, par la passion du théâtre qui les animait depuis leur enfance, le cadet surtout.

Ma mère s'y trouvait déjà. Elle avait passé son concours d'admission avec quelque éclat. Le fameux Mounet-Sully devait dire d'elle qu'elle était « habitée ». Au vrai, la petite-fille de la poésie brésilienne, de la folie languedocienne et de la musique flamande avait plutôt la passion d'elle-même, et voyait dans la tragédie le chemin pour devenir l'héroïne romantique et glorieuse qu'elle se rêvait.

Or, dans sa famille aussi, qui se croyait bourgeoise et ne l'était guère, monter sur les planches était regardé comme peu honorable, et la seule voie admissible était celle du Conservatoire, qui menait, en principe, à la Comédie-Française.

Entre une mère qui ne l'aimait pas et un père sans présence, ma mère n'avait pas eu une enfance heureuse.

Pour échapper à une existence qu'elle jugeait médiocre, elle se maria tôt, avec un dessinateur, Roger Wild, qui n'était pas sans talent. Encore un personnage au destin bizarre. De père suisse, il s'était trouvé, à la suite de je ne sais quel drame, abandonné dans les rues de Paris. À dix ans, il avait été recueilli dans une maison close où il rendait de menus services et faisait les courses de ces dames qui le choyaient. Ce fut là qu'il grandit avant d'entrer dans une académie de dessin. Ma mère s'aperçut vite qu'il ne comblerait pas ses aspirations au sublime.

Au début de la Grande Guerre, il s'engagea, comme chaque homme valide se sentait obligé de le faire.

Dans le monceau de correspondances et de papiers que ma mère laissa derrière elle, quand elle mourut presque centenaire, et que je dus trier avant d'en livrer au feu la plus grande partie, je trouvai la liasse des lettres, quasi quotidiennes, qu'il lui envoyait des arrières du front dans les années 1915-1916.

J'en ai ouvert quelques-unes, geignardes et désespérément répétitives. Le signataire se plaignait de tout, de la pluie, de l'ennui et de petites maladies. Il faut se garder de laisser après soi les lettres insignifiantes.

Bientôt la distance se mit entre eux, qui se terminerait, après ma naissance, par la séparation. Encore qu'elle fût allée, une ou deux fois et non sans difficulté, le retrouver dans son cantonnement.

Je n'ai rencontré ce premier mari de ma mère qu'une fois dans ma vie, près d'un demi-siècle plus tard. Il était venu faire un crayon de moi, pour quelque hebdomadaire littéraire, à l'occasion de mon élection à l'Académie. Étrange tête-à-tête où, pendant une heure, j'eus à garder la pose devant cet homme, d'âge déjà, dont j'avais quelques mois porté le nom, et qui avait reçu commande de fixer les traits de celui qui aurait pu être son fils. Feignant d'ignorer ce que nous savions l'un de l'autre, nous ne nous appelâmes que « Monsieur » et nous contentâmes de banalités.

J'appris en 1987, par le carnet des journaux, son décès, à quatre-vingt-treize ans. Il avait, d'après le faire-part, fondé famille plus heureusement.

Ma mère était petite, mince, vive, très brune, et animée d'une ardeur qui se lisait dans les yeux. Elle voulait susciter les ferveurs et était avide de louanges et d'hommages. Elle aimait paraître. Elle se plaisait à se déplacer, empanachée d'une aigrette blanche, à l'arrière d'une voiture ouverte, prêtée par l'atelier de carrosserie de son père, et conduite par un chauffeur noir.

Bien qu'elle s'appliquât plus tard à me présenter sa jeunesse comme traversée seulement d'un grand et tragique amour, dont j'étais le fruit, elle eut des années assez mouvementées. Je n'ai jamais songé à l'en blâmer ; je lui reproche seulement des dissimulations, et d'avoir voulu se parer, pour se rendre admirable à mes yeux, d'une image de retenue qui n'était pas vraie. Rien ne reste caché toujours, et les rideaux du mystère finissent par s'écarter. Des recoupements se font, des personnages d'autrefois resurgissent qui vous parlent comme si l'on savait, alors qu'on ne savait pas. Il ne reste de l'image idéale que les cendres d'un amas de mensonges…

Le Conservatoire n'était pas une école de vertu, et la guerre, comme toutes les guerres, avait libéré les mœurs. À soixante lieues de Paris, la mort fauchait des dizaines de milliers de jeunes hommes, chaque mois. À ceux qui revenaient permissionnaires, comme à ceux qui allaient partir, tout semblait permis. Les carcans de la morale bien-pensante sautaient. Une certaine griserie était nécessaire, quand tant d'horreurs s'accomplissaient.

Ma mère ne vivait pas seulement dans le milieu du théâtre. Elle fréquentait aussi les cafés de Montparnasse où se rencontraient les peintres et les littérateurs qui seraient les célébrités des temps à venir. Pourquoi m'en parla-t-elle si peu ?

Elle était courtisée par le sculpteur Zadkine, par un esthète, André Germain, qui était le fils du fondateur du Crédit Lyonnais. Elle avait croisé la route du jeune poète américain, Alan Seeger, qui devait mourir au front après avoir écrit un poème qui figure dans toutes les anthologies : *I have a rendez-vous with death.*

J'ai retrouvé deux curieuses et touchantes lettres postées sous la même enveloppe, l'une de Picasso, l'autre d'Apollinaire, qui, la sachant souffrante, s'inquiétaient de sa santé. Elle plaisait.

Elle eut une liaison, si l'on peut appeler liaison ce qui ne lie pas, avec l'aîné des deux Kessel, celui qui avait le moins de talent pour la scène, mais une apparence et une force de jeune buffle. Elle était son aînée de cinq ans. Si elle avait imaginé qu'ils pourraient former couple dans la vie, elle avait fait une de ces erreurs de jugement dont elle serait coutumière. D'ailleurs, il partit bientôt, dès qu'il eut l'âge de l'engagement, pour les armées et l'aviation, où il eut la noble conduite qu'on sait. Peut-être lui reprocha-t-elle de lui avoir préféré la guerre et la France.

Jamais, et même quand elle sut que je savais, elle n'évoqua devant moi cet épisode de sa vie, que je n'appris d'ailleurs que lorsque j'eus passé la soixantaine. Et jamais Joseph Kessel, au temps même où nous étions le plus proches, où nous partagions l'aube et la nuit, les risques et les peines de l'exil, et où les soirées abreuvées portaient aux plus totales confidences, jamais il n'y fit allusion devant moi. Simplement, quand le nom de ma mère était prononcé, poussait-il ce soupir qu'on a au souvenir des femmes qui sont créatrices de drames.

Son âme ardente, elle la porta à l'autre Kessel, à Siber, d'un an plus jeune, et surtout beaucoup plus fragile.

XIV

LE SUICIDE DE RUY BLAS

Qui était-il cet adolescent, qui n'eut jamais pour moi ni présence, ni image de père, et pour lequel ce mot même me sembla toujours insolite et difficile à employer, si même la langue ne m'en offrait aucun autre ?

Lorsqu'il me fallait le désigner, j'usais de son pseudonyme de théâtre, *Siber*, ce qui ajoutait à l'irréalité, ou bien j'usais, j'use toujours, d'une périphrase. Il est malaisé de nommer l'inexistence.

Lazare Kessel avait dix-sept ans quand commença sa liaison avec ma mère, vingt et un quand il se tua. Entre les deux, je passai, comme on traverse, en se hâtant, une route dangereuse.

Ceux de ses compagnons de collège ou de Conservatoire que j'ai connus au cours de ma vie me l'ont tous dépeint de la même et lyrique manière. Il leur avait laissé le souvenir d'une exceptionnelle beauté qu'environnait une gloire juvénile et qui semblait porter une étincelle de génie.

Ainsi me le décrivirent Philippe Hériat et Marcel Achard. L'historien Pierre de Lacretelle, frère aîné de l'académicien, et qui devait devenir pour moi, vers la fin de sa vie, un précieux collaborateur, rencontra Siber le jour même de son suicide, lui parla un moment, lui trouva l'air un peu égaré, mais ne se douta de rien.

Quelques photos conservées montrent un jeune homme aux beaux traits, en effet, et au regard infiniment douloureux. Mais seule celle qui fut prise sur son lit de mort coïncide vraiment avec les souvenirs de ses amis. Un profil d'une parfaite découpure, une chemise blanche largement ouverte sur un cou de marbre : c'est le héros romantique des illustrations de *Werther* ou des *Nuits* de Musset ; c'est l'*Hamlet* absolu, au tomber du rideau. « *The rest is silence…* »

Cette image vint sous mes yeux près de soixante ans après, dans une liasse de papiers qui me fut déposée, à la disparition de Joseph Kessel, comme si je devais être dépositaire de ces fragiles vestiges.

Banales archives de l'adolescence : carnets scolaires ; quelques brouillons de poèmes ou de tragédies, imitations hugoliennes ; quelques chapitres d'un roman sans titre et sans début ; quelques croquis aussi, qui ne manquaient pas de patte ; deux lettres de vacances à son dernier professeur de français, dans lesquelles il commente ses lectures. Il est enthousiasmé par *Le Rouge et le Noir*, admire Maupassant, juge médiocrement *Cruelle énigme* de Paul Bourget.

Il se plaint aussi de ce que son père exige qu'il passe son bachot de philosophie avant de se présenter au Conservatoire. Il a marché trois kilomètres, avec son frère, pour aller applaudir leur idole, le tragédien Paul Mounet, qui se produisait à Deauville, et ils sont revenus en déclamant des vers, le long de la plage.

Quelques notes, hâtivement jetées sur des papiers quadrillés arrachés à un cahier de classe, indiquent un certain désordre de l'âme.

Tel jour il dit se sentir devenir fou, et décidé à exiger de son père qu'il le retire du lycée pour le placer dans une maison d'aliénés parce que des idées fixes le poursuivent sur la réalité du monde extérieur. Tel autre il annonce que dans huit jours il ne serait plus de ce monde. Il parle de voler le revolver dans la table de nuit de ses parents et d'aller se tuer dans une ruelle, ou près d'une voie ferrée, ou dans les champs. Mais que deviendra son moi ? Il envisage toutes les formes possibles de l'au-delà. « Sera-ce un autre monde de représentation ? Ce monde sera-t-il plus ou moins douloureux ? Ou bien l'anéantissement complet des matérialistes ? Ou l'Enfer et le Paradis des religions ? » Et puis, se demandant quelle idiotie l'a poussé à écrire ces « élucubrations », il dit : « Dimanche prochain je ne me tuerai peut-être pas. » Il devait avoir seize ans. Mais quel adolescent un peu intelligent n'a pas traversé une période de doute métaphysique ? Et lequel n'a pas imaginé de renoncer à vivre ? Ou bien faut-il apercevoir dans ce témoignage échappé au temps une vraie prédisposition suicidaire ?

C'est encore du nom de L. Kessel que le jeune homme signe, en 1917, son engagement chez Réjane, pour jouer un petit rôle dans *Madame Sans-Gêne*, à raison de huit francs par soirée. Siber, ensuite, ne dura que trois ans, le temps de ses études dramatiques.

Il s'y fit réprimander pour manque d'assiduité, mais en sortit, en présentant une scène de *Ruy Blas*, avec le premier prix d'excellence de drame et de comédie, aux applaudissements d'un jury auquel il était interdit d'applaudir, et que présidait l'académicien Marcel Prévost.

Le théâtre, les événements du théâtre avaient alors beaucoup plus d'importance qu'aujourd'hui ; ils justifiaient même l'existence d'un quotidien spécialisé, *Comœdia*. La presse donna large place à ce triomphe. L'administrateur de la Comédie-Française avait immédiatement engagé le jeune Siber qui devait débuter à l'Odéon. Le fameux de Max, prince du cabotinage, lui avait dit, mot qui valait ce que valent les mots de théâtre : « Après toi, je ne pourrai plus jamais jouer Hamlet. » Pouvait-on imaginer un plus beau départ de carrière ?

Deux mois plus tard, dans un petit hôtel du Quartier latin, il se tirait une balle dans le cœur.

Les journaux, à nouveau, lui accordèrent leurs colonnes.

À tous, cette fin paraissait inexplicable. Les uns relataient que, quelques heures avant de se donner la mort, le jeune comédien avait emprunté deux cents francs à un ami et était allé s'acheter un revolver. D'autres, moralisateurs, incriminaient la neurasthénie dans laquelle se complaisait la jeunesse de l'immédiat après-guerre et allaient jusqu'à écrire que cette mort était de mauvais exemple. Le très conservateur *Journal des Débats* du bon M. de Nalèche fit paraître une information fort digne assortie de condoléances également fort dignes. Mais le meilleur titre, à coup sûr, fut celui de *L'Humanité* : « Le suicide de Ruy Blas. » Et le silence retomba.

Ma mère, évidemment, trouva dans ce drame l'occasion de magnifier son personnage de tragédie, inconsolable victime d'une grande passion brisée. Elle en reportait la culpabilité sur la famille Kessel, sur le frère aîné qui n'aurait pas porté secours à son cadet, sur les parents qui, en la tenant très à distance, auraient poussé leur fils au désespoir. Elle avait résolu d'oublier que ce sublime amour était finissant, que son amant avait cessé de vivre avec elle depuis plusieurs mois, et ne lui était plus d'aucune fidélité. Elle arborerait, à travers une longue existence, une blessure qui grandissait son destin.

Parmi les étranges signes que vous fait parfois l'en deçà, je me rappelle avoir rencontré, après la défaite de 1940, chez des amis en Agenais, une très belle femme d'à peine quarante ans, très séduisante, élancée, qui était réfugiée de Paris. Beaux traits, belle voix un peu voilée, ce qui ne lui donnait que plus de charme ; de la noblesse dans l'allure, et aucune afféterie. Elle était d'origine russe.

Durant une longue promenade que nous fîmes dans la campagne, d'un pas très naturellement accordé, elle me confia de manière discrète, presque allusive, qu'elle avait été la maîtresse ?... la fiancée ?... du beau Siber, avant ?... après ?... qu'il se fut éloigné de ma mère.

Elle laissait entendre un projet de mariage. En tout cas,

elle gardait au cœur un souvenir lumineux, et la déchirure d'une espérance tranchée. En me regardant, en me parlant, elle revivait un passé.

Je n'ai jamais revu cette femme ; mais elle m'avait touché l'âme et je ne l'ai jamais oubliée.

À chacun sa vérité…

Les Kessel, pour leur part, estimaient que ma mère avait joué un rôle funeste ; et peut-être n'avaient-ils pas complètement tort.

Tout suicide pose aux vivants des questions aussi douloureuses que vaines.

Naturellement, on me cacha, toute mon enfance, la manière dont était mort ce géniteur qui n'était qu'un nom. Il avait été enlevé, me dit-on, par l'épidémie de grippe espagnole. Mais ma mère poussa trop longtemps le mystère. La révélation me serait forcément faite un jour. J'avais près de dix-huit ans quand, de manière fortuite et brutale, j'appris la vérité, de la façon que je dirai. Ce n'est pas un bon âge pour apprendre que celui qui vous transmit la vie a mis fin à la sienne.

J'en reçus une blessure à l'âme dont, en vérité, seule la guerre, c'est-à-dire la menace immédiate de la mort, me guérit. Mais alors, j'étais plus âgé déjà que celui qui m'avait engendré.

Le caractère, comme le corps, sécrète ses défenses. Et les gens qui traînent, comme une peine à peine secrète, le suicide d'un père ou d'une mère, en y voyant l'excuse de leurs erreurs ou de leurs échecs, mettent là, je crois, un peu de complaisance.

Mais que de questions insondables pendant quelques années, je m'étais moi-même posées ? Pourquoi se tuer à l'orée de la gloire ? Par certitude que rien ne sera jamais aussi beau, et pour ne pas déchoir ? Le triomphe serait-il aussi difficile à supporter que l'insuccès ? Quel choc avait pu fêler le cristal ?

La lettre que laissa, avant de mourir, ce héros romantique n'apporte aucune réponse.

Lettre étrange, d'une courte page, adressée « À ceux qui m'aiment, s'ils m'aiment vraiment et *non croient m'aimer* », et tracée d'une écriture inexplicablement différente de son écriture habituelle, comme si quelqu'un d'autre s'était glissé en lui pour lui guider la main.

« Quand vous saurez, n'ayez pas la moindre parcelle de chagrin. Car ces minutes ultimes sont les *premières de ma vie* où j'ai connu enfin l'apaisement et le bonheur, profonds, immenses et absolus. Ces quelques moments de joie et de sécurité totales valent, croyez-moi, dans leur brièveté, la durée d'une vie entière, lorsqu'elle est celle d'un incessant supplicié de l'angoisse, d'un crucifié de chaque instant, d'un martyr des nerfs.

« Donc pas une larme. Mais de la joie, de la grande joie pleine et infinie, pareille à la large vague de bonheur qui me surélève en ce moment…

« Cela à ceux qui m'aiment pour moi, et non pour eux. »

Et il signait, de nouveau, « Lazare ».

Cette exaltation, ce ravissement devant la mort ouvre des abîmes à la pensée. Ce n'est ni la mort par désespoir, ni la mort par griserie de la gloire… « ce serait un beau jour pour finir… » Ce n'est pas la mort par non-coïncidence avec l'image qu'on a, ou voudrait avoir de soi. C'est la mort par hâte d'en finir avec l'angoisse, l'angoisse de vivre et donc l'angoisse de mourir… Cela porte un nom en pathologie : le raptus anxieux.

Sans doute cet Hamlet foudroyé était de toujours destiné au *« not to be »*.

Rien n'indique que ma récente et fragile existence ait tenu aucune place ou ait pesé de quelque façon dans sa pensée. Aucun témoignage, aucun mot tracé, aucun vestige ne m'a laissé apercevoir qu'elle lui ait été à joie ou à peine, qu'elle ait compté en rien, ne fût-ce que pour un regret, dans son geste final. En somme, je suis resté extérieur à ce destin bref, tracé par une interne fatalité.

Je me trouve là devant une sorte d'abstraction génétique.

Quelque ressemblance évidente, physique ou de caractère, devrait-elle m'obliger à dissiper cette impression ?

J'irai plus loin. Physiquement, je ne ressemble vraiment à personne de ceux à travers qui mon être est venu au jour.

Bien sûr, une ligne, une expression, sous une certaine lumière ou à un certain âge… Mais jamais on ne put vraiment dire de moi, sauf pour complaire à quelque membre de ma parentèle : « Il est le portrait de sa mère, de sa grand-mère, de tel oncle… »

Je me rappelle, avec amusement, les notables de São Luís du Maranhão comparant gravement mon profil avec celui du Virgilio brasileiro statufié sur leur place, et concluant : « Il a son nez. » Tout le monde aussi a deux oreilles.

Avec plus d'ironie encore, il me souvient qu'en mon enfance maints visiteurs étaient frappés de ma ressemblance avec un général en uniforme du Second Empire dont le portrait était pendu dans le salon ; c'était celui d'un grand-père… de mon père adoptif !

Je pense que mes travers et mes qualités sont, de la même manière, originaux. Ceux qui m'ont connu pardonneront à mes défauts, songeant à ce qu'ils auraient pu être, issu de cette kyrielle de rêveurs, d'agressifs, de bizarres, d'instables, éparpillés en tant de lieux, et ils mesureront la lutte que j'ai menée contre les résidus de leurs gènes pour devenir qui je fus.

Il n'y avait aucune probabilité, statistiquement parlant, pour que je vienne au monde, aucune raison pour que soient réunis les gènes si dispersés qui m'ont constitué. La volonté d'être, mystérieuse, est préalable à tout. Si c'est la part de Dieu qui nous est remise, en ai-je été digne ?

On comprendra aussi que j'aie eu souvent le sentiment d'être mon propre géniteur. Je ne succède pas.

LIVRE DEUXIÈME

JE N'AI PAS AIMÉ L'ENFANCE

I

JUPITER AU FOND DU CIEL

Je naquis au son du canon, dans les premières heures du 23 avril 1918.

Cette nuit-là, comme les nuits précédentes, les Allemands tiraient sur Paris, avec une énorme pièce d'artillerie, qu'on appelait « la grosse Bertha », d'une portée de plus de cent kilomètres, que la puissante offensive qu'ils avaient lancée sur l'Oise leur avait permis d'amener jusque-là, dans l'espoir de démoraliser la capitale.

Chaque nuit donc, et jusqu'à ce que Ferdinand Foch, nommé à la tête de toutes les armées alliées, arrivât à faire reculer le front, des obus partis à l'aveugle éventraient quelques maisons, et quelques dizaines de victimes étaient conduites dans les hôpitaux, ou dans les morgues.

À la clinique où ma mère accouchait, tous les malades en état de se déplacer avaient été conduits vers l'abri. Mais l'on ne pouvait évidemment y faire descendre une parturiente. Elle resta donc dans les étages.

Ainsi, tandis que je prenais mes premières gorgées d'air, je fus environné du sourd fracas de la guerre.

Est-ce pour cela qu'elle m'a toujours paru inscrite dans les fatalités naturelles de l'humanité, les réalités inévitables, et que j'ai toujours attendu qu'elle se produisît quelque part, ce qui n'a d'ailleurs jamais manqué d'advenir ?

Certes, on peut, on doit souhaiter la disparition des conflits : c'est un vœu pieux. Heureux les pacifistes ; mais mieux vaut ne pas s'en remettre à eux pour détourner ou contenir les guerres.

Le 23 avril est la date de naissance de Shakespeare, celle de sa mort aussi, et celle également, la même année, de la mort de Cervantès. C'est un voisinage un peu lourd dans les éphémérides.

Si mon premier prénom, celui de mon baptême, fut oublié dans la déclaration de ma naissance, qui m'obligea plus tard à une énième rectification d'état civil, en revanche l'heure, 3 heures 15 du matin, semble avoir été correctement relevée.

On sait que les Anciens se fondaient sur l'instant du premier cri, sur cette première manifestation d'existence, pour prendre les astres d'un nouveau-né. Toutes les quatre minutes, en effet, les aspects célestes changent à l'horizon oriental.

Ma carte astrologique, établie d'après cette heure matinale, ne présente pas de décalage avec les traits de mon caractère et les événements principaux de ma vie.

Les rationalistes méprisent ou moquent l'astrologie parce que les origines très lointaines de cette science, qui resta réputée comme telle jusqu'au XVIIe siècle, échappent à l'investigation historique, et parce que ses méthodes d'interprétation ne coïncident pas avec nos schémas expérimentaux. Des études statistiques plus poussées qu'elles ne l'ont été jusqu'à présent, non seulement en astrologie individuelle mais en astrologie mondiale, pourraient, se fondant simplement sur les résultats, la faire reprendre plus au sérieux.

L'astrologie ne doit pas être confondue avec la voyance, la magie ou l'occultisme qui sont domaines également peu explorés. Elle n'a rien à voir avec « la bonne aventure », et, à condition de se garder des charlatans qui l'ont déconsidérée, elle est un système de repérage des tendances de chacun, et des périodes fastes ou néfastes de son existence, qui peut nous être encore de service autant qu'elle le fut pour les hommes de l'Antiquité. Elle me fut utile à diverses reprises, et je compte avoir ailleurs l'occasion de m'en expliquer.

Au moment de ma naissance, le Soleil entrait dans le signe du Taureau ; la constellation ascendante à l'orient était celle du Verseau, et Jupiter trônait au fond du ciel.

Astrologie et mythologie sont inséparablement liées ; elles sont les deux faces d'une même cosmogonie. Pour l'une comme pour l'autre, Jupiter est le principe du pouvoir, de l'autorité sous toutes ses formes, de l'ordonnance des choses, de l'hospitalité, de l'amitié, de la diplomatie. Dans les arts littéraires, il gouverne le roman plutôt que le théâtre, lequel relève du Soleil. Jupiter régit les familles et les dynasties, il préside à leur histoire véritable ou fictive.

Jupiter donc soutenait mon ciel natal, et j'ai toujours eu pour lui attrait et révérence. Au cours de mes voyages, j'ai visité ses temples. À combien de capitoles ne suis-je pas monté ! J'ai toujours placé en mes demeures quelqu'une de ses effigies antiques. Instinctivement ou délibérément, j'ai souvent accordé mes travaux avec ses fonctions ou ses attributs.

N'ai-je pas été porté à écrire *Les Mémoires de Zeus* ?

Le rythme duodécimal de la révolution céleste de Jupiter m'a tantôt inspiré une salutaire patience, qui n'était pourtant point dans mon tempérament, et tantôt conforté dans mes décisions. Il m'a servi aussi dans les avis dont j'ai pu quelquefois faire bénéficier des hommes d'État, qu'ils soient au pouvoir ou hors du pouvoir.

Mais le carré que Mars formait avec ce Jupiter natal signalait les inimitiés nombreuses, les hostilités même, qui se lèveraient sans cesse sur ma route, compensées toutefois par des amitiés fortes, des protections puissantes, qui m'aideraient dans les combats que j'aurais à mener, avec d'ailleurs une certaine propension à les livrer.

Un autre carré, de Saturne au Soleil, laissait prévoir, dissimulés sous l'activité de Jupiter, certains freins, certaines obstructions à la marche de la destinée, entraînant quelque pesanteur de l'âme et des périodes de mélancolie, au sens propre du terme, la noire humeur. Saturne, n'ayant pu dévorer Jupiter, se venge d'avoir été détrôné par lui et lui fait obstacle chaque fois qu'il revient en situation de l'obscurcir.

En revanche, beaucoup plus encourageants étaient les aspects dynamiques et d'essor fournis par la conjonction du Soleil et de Mercure en Taureau, et par la disposition de Jupiter en trigone avec l'ascendant au Verseau, signe dans lequel siégeait également Uranus.

J'étais donc né sous une double signature Taureau-Verseau, une harmonique terre-air, ce dont on pouvait déduire une cohabitation entre l'attachement aux valeurs de tradition, le goût de l'enracinement, la persévérance dans l'effort, et, non pas opposées mais complémentaires, des capacités d'imagination, une aptitude aux novations, et une recherche des valeurs de l'avenir.

Mais tout cela n'était que la carte informatique. Encore fallait-il que se construisît l'ordinateur, c'est-à-dire la personne.

II

ARCHÉOLOGIE DE LA CONSCIENCE

Je n'ai pas aimé l'enfance. Je n'ai pas aimé *mon* enfance. Peut-être est-ce dû aux tribulations que j'eus à connaître dès mes premières semaines.

Comme il est enviable, le poulain qui, à peine sorti du sac maternel, se dresse sur ses échasses flageolantes, mais se dresse ! L'enfance humaine est une longue attente ; elle est dépendance, elle est servitude.

Est-il vrai que ma mère, m'allaitant, et assez fière de se montrer dans sa gloire de jeune génitrix, m'amenait dans ses bras aux cours du Conservatoire ?

J'en voudrais douter si n'en témoignait un billet paru dans un hebdomadaire de l'époque, sous la signature d'un critique dramatique, et selon lequel je me tenais fort tranquille pendant les classes, sauf lorsque s'élevait la voix du tragédien Mounet-Sully, qui me faisait hurler.

Histrio, actor, comoedus, tragoedus, artifex, scaenicus : les Latins de l'époque classique disposaient de cet éventail de termes pour désigner divers interprètes de théâtre. Ce fut sur les représentants de ces étranges catégories que j'ouvris les yeux ; ils furent les premiers spécimens de l'espèce humaine qu'il m'ait été donné de contempler. Et c'est à leurs regards que je fus exposé. Nul, je pense, n'aura entendu plus tôt que moi les stances du Cid, les imprécations de Camille, les lamentations de Bérénice et les tirades de Figaro.

Cette fréquentation fut de courte durée. Les exigences de l'art dramatique se révélant incompatibles avec celles de la puériculture, je fus bientôt confié à ma grand-mère maternelle. Une sorte de mise en dépôt.

Il doit y avoir, pour chaque individu, un âge de prédilection. Certains se complaisent, jusqu'à la fin de leurs jours, dans la mémoire de leur enfance, comme dans la contemplation d'un paradis perdu. Je pense que j'étais fait pour être adulte, car c'est sans plaisir aucun qu'il me faut me rappeler que je fus cette ébauche d'homme, si petit, si démuni, incapable d'autonomie et subissant la fatalité naturelle de la croissance, tandis que commençaient à se former images, repères, reconnaissance des choses, éléments d'idées, attraits, désirs et répulsions.

Les premiers souvenirs sont de deux sortes ; il y a ceux qu'on vous a racontés, et ceux que l'on ne peut pas vous avoir racontés.

Est-il vrai que le premier mot intelligible que je prononçai ne fut pas « maman » comme il est habituel, mais « je veux », ou plus probablement « veux », assorti d'un coup de poing minuscule sur l'abattant de ma haute chaise de bébé ? Souvenir raconté, mais qui me ressemble assez.

En revanche, le premier souvenir qui m'appartient en propre, celui que nul n'a pu me fabriquer et que j'aurai toujours transporté au fond de ma mémoire, ce souvenir me représente l'antichambre de l'appartement de ma grand-mère. Je m'y trouve auprès d'une grande table hollandaise en bois noir plus haute que moi. J'y contemple ma mère déployant devant elle une grande feuille de papier blanc, très lisse, dont elle confectionne un paquet, et disant : « C'est pour Siber. »

Je pouvais au plus avoir atteint deux ans car, au-delà, le destinataire aurait disparu. Or celui-ci, ce jeune homme qui m'avait transmis la vie, ou qui avait exaucé ma volonté de vivre, je devais l'avoir vu maintes fois. Il m'avait certainement tenu dans ses bras. Et pourtant aucun trait, aucune silhouette, aucune perception de sa présence, ne resterait fixé en moi, rien que cette grande feuille blanche immaculée, et ce nom de théâtre prononcé, pour attester à ma propre mémoire que nous avions été ensemble, un moment, sur la terre.

L'actrice Mary Marquet, une géante, qui avait été la maîtresse d'Edmond Rostand, puis celle du ministre André Tardieu, et qui fut sociétaire de la Comédie-Française, avant de connaître une certaine célébrité dans la dernière partie de sa carrière en jouant les rôles de femme-dragon, a raconté dans ses souvenirs que ma mère, sa contemporaine, se serait réfugiée chez elle la nuit qui suivit le suicide de Siber, en lui disant : « Je ne veux pas que mon enfant dorme à côté du cadavre de son père. » C'est pure affabulation de comédienne. Ils ne vivaient plus ensemble.

Ce qui est vrai, c'est que ma mère était alors déjà divorcée de son épisodique mari, divorce assorti d'un désaveu de paternité. Bien avant de savoir ce qu'était un état civil, j'en avais déjà changé. Ainsi, que ce fût dans l'enregistrement officiel de mon existence ou dans le tréfonds de mes souvenirs, toute assise paternelle était biffée, effacée. Un vide, une absence ; un manque sans doute.

Est-ce dans le moment dramatique du suicide que ma mère inventa de me dire que Siber – puisqu'elle ne l'appelait jamais autrement – était mort de la grippe espagnole ?

En tout cas, cela fut très tôt, avant que l'idée de mort eût aucun sens, aucune réalité pour moi, puisque là non plus il ne reste rien en ma mémoire de cette annonce. Assez tôt aussi pour qu'on se crût obligé de me répéter indéfiniment ce mensonge, de maintenir cette fiction, jusqu'à mon adolescence, où la vérité me serait brutalement révélée.

L'archéologie de la conscience est étrangement fragmentaire. Il y manque des vestiges essentiels, tandis qu'on trouve, dans un terrain voisin, un tesson, une piécette qui a échappé à tous les éboulis et toutes les usures.

Première singularité : le petit enfant se voit lui-même ; il se voit même de dos, en telle place, en tel lieu, ce qui n'arrive plus à partir d'un certain stade de la croissance. C'est comme si l'âme était extérieure au corps, et attendait que celui-ci ait pris assez de volume pour pouvoir s'installer à l'intérieur.

Je me vois, ou plutôt je me revois me voyant, dans l'appartement de ma grand-mère, proche de l'église Saint-Lambert, dans ce quartier de Vaugirard qui gardait encore quelques traits du village qu'il avait été.

Je me revois au balcon d'où l'on entendait chanter un coq dans le voisinage.

Je me revois devant l'un des vieux admirateurs de ma grand-mère, qui grimpait les étages pour venir lui présenter ses hommages, un excellent homme, Adolphe Chérioux, maire de l'arrondissement et qui, assez replet, la chaîne de montre barrant son gilet noir, était l'image même du notable de la IIIe République.

Je me revois de dos, devant une fenêtre, à l'arrière du logis, qui donnait sur une cour d'école maternelle où de grands marronniers venaient de se couvrir de petites feuilles vert tendre. Et j'entends, derrière moi, quelqu'un dire : « C'est le printemps. »

Mon univers s'étendit bientôt jusqu'aux fortifications qui dataient du temps de Louis-Philippe, et où l'on me menait prendre l'air, comme on disait, et jouer sur les hauts talus herbus. Elles avaient peu servi durant la guerre de 1870, et plus du tout pendant celle qui venait de s'achever. Elles disparaîtraient avant peu.

Comme j'avais appris le printemps devant une feuillaison nouvelle, j'appris ce qu'était un jardin dans celui, touffu et odorant, du céramiste Lachenal, autre ami de ma grand-mère, un contemporain de Gallé, et dont les vases, les coupes, d'un bleu craquelé éclatant, après avoir connu de l'engouement, furent méprisés même des brocanteurs pendant deux générations, pour reprendre avec le temps quelque valeur. Il avait son atelier du côté de Montrouge ; la glycine, la clématite et le chèvrefeuille y grimpaient de toutes parts, entourant les portes de la maison et des hangars. Les dames prenaient le thé en s'abritant sous les ombrelles blanches.

Ma mémoire a également conservé l'image d'un vieux monsieur de haute taille, aux cheveux blancs coupés en brosse, et au regard très bleu, chez qui je fus conduit, car il ne se déplaçait guère. Il s'appelait Charles Ville et avait mis en musique des poèmes élégiaques de ma grand-mère. Mais ce qu'il y avait de plus remarquable en sa personne, et que je remarquai, c'était la longue cicatrice qui traversait l'une de ses joues. Un coup de lance, reçu dans la plus célèbre charge de la guerre de 1870. Je peux donc dire que j'ai vu, de mes yeux vu, un cuirassier de Reichshoffen. Ce fut ma première rencontre avec l'Histoire.

Je découvris la campagne, les longs vallonnements verts, la chaleur splendide de l'été et la senteur des chevaux, au pied des Pyrénées où ma grand-mère, toujours elle, m'avait emmené dans un séjour de vacances.

De cette première perception de l'été me reste aussi la présence plantureuse et tendre d'une grosse jeune fille rieuse, qui se plaisait à me tenir contre elle. Cette Cybèle paysanne, cette Cérès opulente, avait des bras roses et un corsage confortable.

L'automne me l'enleva, m'arrachant à ce paradis champêtre, et je fus ramené dans l'appartement de Vaugirard, au-dessus des marronniers qui se défeuillaient. De la chambre de ma grand-mère s'échappaient des senteurs médicamenteuses, eucalyptus et benjoin, alors que de la chambre de mon oncle, qui continuait par impécuniosité de vivre là, venaient des odeurs de caoutchouc, de colle et de térébenthine. Cette pièce était un capharnaüm de chevalets, de palettes, de toiles, d'outillage et instruments divers, cette pièce où le petit-neveu de Charles Cros entretenait son illusion d'en avoir hérité le génie. On respirait aussi les fragrances de parfums à la mode répandues par sa femme, musicienne, follement éprise de soi, qui passait ses heures d'ennui au piano. Leur ménage durerait peu.

Des servantes se succédaient sans que je retinsse le visage d'aucune. En revanche, je me rappelle les ramoneurs, qui n'intervenaient qu'une fois l'an. Je me vois les regardant travailler devant les cheminées où ils lançaient leur cri, et attendaient la réponse de leur compagnon sur le toit.

Ma mère passait presque chaque jour, rapidement. Quelque effort de lyrisme qu'elle déployât ensuite pour persuader chacun, et d'abord son fils, qu'elle avait été, dès mon premier âge, une mère d'un dévouement exemplaire et constant, elle se contentait fort bien de ces apparitions fugaces. Et quand elle ne venait pas, une servante, m'ayant vêtu d'un costume de velours vert, parce que le vert était censé s'accorder au blond acajou, qu'on disait vénitien, de mes cheveux, me conduisait à elle.

Elle avait un pied-à-terre dans le même quartier, passage des Favorites. Je l'y trouvais étendue, vêtue de robes soyeuses et fumant des cigarettes d'Orient à bout doré, sur la couverture de fourrure d'un divan bas. Elle y apprenait ses rôles.

Elle était dans ce qui resterait pour elle sa période glorieuse. Elle appartenait à la troupe du Vieux-Colombier ; elle y jouait Shakespeare, chez Jacques Copeau, qui, dans ce hangar qu'il rendrait illustre, allait ouvrir l'âge de la primauté des metteurs en scène.

Elle tournait dans les films de Marcel L'Herbier, autre novateur dont le nom demeure dans l'histoire du cinéma parmi ceux qui en firent un art. Elle lisait et relisait les appréciations élogieuses que lui réservaient les critiques. *Comœdia* était sa nourriture quotidienne. Sa photographie apparaissait dans les revues au papier glacé consacrées au spectacle. De ce début, cette esquisse de célébrité, elle ne se remettrait jamais.

Pour ma part, je garderai mémoire du jour où elle me fit partir parce que entrait un monsieur aux cheveux très noirs et à l'accent étranger qui venait lui parler d'un projet de film. Il fallait que la chose m'eût été désagréable pour que le souvenir s'en inscrivît.

III

CHOISIR SES SOUVENIRS

Pourquoi ma mère se plut-elle, un jour, à m'amener dans un studio de cinéma ? Je me revois, errant dans cette usine à images, encombrée de poutrelles, et contemplant, la tête en l'air, l'immense Raymond Payelle, un géant à la parole suave qui était alors ami de cœur de Marcel L'Herbier.

Il appartenait à une famille de hauts magistrats dont il faisait le chagrin. Avoir un fils acteur, et homosexuel de surcroît, c'était à l'époque plus que n'en pouvait supporter un procureur général à la Cour des comptes.

Sa carrière de comédien, où il ne brilla guère que dans les seconds rôles des pièces d'Édouard Bourdet, s'arrêta quand il entama celle de romancier, avec cette fois un vrai talent et un vrai succès, mais pas sous son nom, ce qui aurait pu mettre un baume sur les blessures familiales. Il choisit de signer Philippe Hériat des ouvrages écrits avec une lenteur studieuse et précise. La postérité retiendra au moins *La Famille Boussardel* qui peint, sur un siècle, la bourgeoisie de la plaine Monceau, un très remarquable roman de société, avec ce que le genre implique d'ironie décapante et cruelle.

Philippe Hériat n'oublia jamais notre première rencontre, et, si souvent que nous nous vîmes au long des années, il me la rappelait volontiers, toujours suçant ses mots, de cette voix précieuse qui étonnait, en haut de cette tour surmontée d'un large visage de gros chien, comme en ont parfois aussi les nains.

Je me demande s'il s'était jamais habitué à ce que j'eusse grandi. Je doute en tout cas, s'il avait été déjà membre des Goncourt quand je publiai *Les Grandes Familles*, qu'il eût voté pour moi.

Si je note la ressemblance avec les chiens qu'ont souvent dans leurs traits les géants et les nains noués, c'est parce qu'un nain de ce type, précisément, auquel L'Herbier aimait à faire jouer les utilités bizarres, se trouvait ce jour-là dans l'usine à images. Chacun craignait que j'eusse une réaction d'étonnement et fisse, de ma claire voix d'enfant, quelque remarque gênante à son propos. Or, si je montrais, Hériat dixit, assez d'arrogance avec les grandes personnes, je n'eus aucune parole déplacée devant cet être bizarre, à torse et tête de colosse, qui se déplaçait sur de minuscules jambes arquées, et agitait de petits bras tordus.

Lorsqu'on me complimenta ensuite de ma sage retenue, je répondis tranquillement : « Pourquoi ? C'est un nain, voilà tout. »

Je n'ai pas oublié non plus Marcel L'Herbier, homme sombre, mince et compassé, à la figure étroite, qui prenait son personnage fort au sérieux. Il régnait autour de lui, sur le plateau, une atmosphère de respect.

Qu'il s'inscrivît dans ma mémoire précoce, il n'y avait rien là que de naturel. Plus étonnant fut que je m'inscrivisse, à cet âge, dans la sienne, peut-être à cause de la manière dont je l'avais salué. J'entendais chacun l'appeler « L'Herbier… L'Herbier ». On me dit : « Va dire bonjour à L'Herbier. » Je m'approchai donc et dis : « Bonjour, L'Herbier ! » Sursaut de celui-ci. On me réprimanda. « Voyons, on dit Monsieur L'Herbier. Va t'excuser. » Je repartis, et très poliment prononçai : « Je t'excuse, Monsieur L'Herbier. »

Nous n'eûmes pas d'autre occasion de nous revoir, pendant un demi-siècle. Or, quand, dans les dernières années de sa vie, et alors que j'étais ministre des Affaires culturelles, il eut à s'adresser à moi, il sut faire une allusion discrète, un peu entortillée, à cette lointaine et fort inégale entrevue. Le destin nous ménage de telles surprises !

En fait, je n'enregistrai, dans la suite de jours généralement sans importance, que ce qui m'apparaissait déjà comme exceptionnel et, au sens propre, mémorable. J'ai choisi mes premiers souvenirs.

Ainsi je me rappelle l'anguleuse maigreur de l'acteur Édouard de Max, qui avait eu une si déterminante intervention dans la vie de Siber. Il était étendu dans son lit de malade, quelques jours avant sa fin. Il s'en allait de tuberculose. Il avait le profil décharné qu'on voit à Lamartine sur ses derniers portraits, et la voix, théâtrale et nasale, de Malraux dans ses derniers discours. Il fit reproche à ma mère de m'avoir amené dans cette visite qu'elle lui faisait, et qui serait la dernière. « Ce n'est pas bon pour un enfant de venir auprès de quelqu'un dans mon état… » Sur quoi, il prit sur sa table de chevet, encombrée de médicaments, un billet de cent francs, et munificent et indifférent, comme s'il n'allait plus avoir besoin de rien, me le donna en disant : « Tu t'achèteras un ballon et un stick. » Avec une telle somme, j'aurais pu, à l'époque, vider une boutique de jouets. Un ballon, je comprends. Mais pourquoi un stick ? Quelle idée de ma petite personne s'était-il faite, dans sa demi-conscience, pour qu'il pensât à m'offrir cet accessoire d'officier de cavalerie ? Ou bien voulait-il, par un mot insolite, s'inscrire dans mon souvenir ? Il y réussit.

Les Kessel étaient fort peu présents dans ma jeune vie.

Joseph, ou Jef, n'avait pas encore accédé à la notoriété littéraire qu'il connaîtrait bientôt ; mais il s'était déjà fait place dans le journalisme, par ses reportages sur l'Irlande en révolte, et, entre ses voyages, commençait à construire sa légende dans les boîtes de nuit russes.

Je ne dus voir qu'une fois son père, le docteur Kessel, enfoncé dans son fauteuil, petite barbe en pointe, tout gris, pommettes saillantes, yeux éteints. Je ne le vis que comme il me voyait, à travers une brume ; il devenait aveugle.

On allait me montrer, de temps en temps, à Raïssanton qui m'attendait sur le banc d'un parc. Parc Monceau, parc Montsouris ? Je ne sais. Une fois, elle me donna un serin, dans une petite cage. Et voilà tout, pour ce qui aurait pu m'être une famille.

Ah si ! Je fus conduit auprès de la première femme de Joseph Kessel, Sandi, qui allait mourir de tuberculose, elle aussi. Une belle jeune femme pâle, alitée sous une couverture de fourrure blanche. Jef avait désiré qu'elle connût « le fils de son frère », comme il me désignait. Il était là, près de moi, comme une grande ombre dense.

Autre décor : le Café de la Paix, au coin de la place de l'Opéra. J'y étais parfois amené par ma mère, pour voir mon parrain, qui tenait là ses assises, à onze heures du matin, devant un verre de porto blanc.

Il ne justifiait en rien ni son prénom de chevalier romain, ni son patronyme. C'était une dérision, qu'il figurât sur les annuaires comme : Saint, Maurice. Il appartenait à la puissante dynastie industrielle des « Saint frères », fabricants de sacs et bâches qui, depuis des décennies, emballaient la moitié de ce qui se produisait en France. Il devait avoir déjà plus de cinquante ans.

Boulevardier d'une laideur pâle et cossue, qui hantait les coulisses de théâtre, il passait pour fort riche, et l'était en effet, mais ne le demeura point, car il dilapida si bien ses avoirs, entre les femmes, auxquelles il ne faisait pas grand mal, le jeu et les spéculations boursières, que sa famille, dont il était le mouton noir, finit par lui mettre un conseil judiciaire.

Son chapeau melon, gris perle, beige clair ou noir selon les saisons, reposait sur les deux renflements que lui avaient laissés aux tempes les forceps qui l'avaient tiré au jour. Il portait constamment dans les poches de son gilet des pierres précieuses enveloppées de papier de soie et qu'il faisait miroiter aux yeux de ses futures et vaines conquêtes. La convoitise qu'il voyait briller en leurs yeux lui procurait grande satisfaction ; et si elles protestaient, faiblement, en minaudant : « Oh ! non, c'est trop ; je n'oserais pas ! », alors il rempochait dignement ses « cailloux ». On racontait qu'une de ces « petites dames » était parvenue à lui faire « cracher » un million, somme énorme, pour un enfant qu'elle lui avait promis de lui donner, et s'était fait faire par quelqu'un d'autre.

Toutes ces bizarreries, bien sûr, je ne les appris que plus tard ; mais je pus les accrocher au pâle personnage du Café de la Paix.

Si ma mère avait pensé me pourvoir d'un généreux protecteur, en me faisant tenir sur les fonts baptismaux par ce noceur prodigue et pingre à la fois, elle se trompait du tout au tout. Mais ce parrain me fit tout de même un cadeau assez précieux en me fournissant l'essentiel des traits de Lulu Maublanc, l'un des protagonistes des *Grandes Familles.*

Ainsi, atteignant cinq ans, je m'étais déjà constitué une assez belle collection de figures et de souvenirs.

Or, il m'advint, précisément le jour de mes cinq ans, une déception profonde, un de ces drames enfantins, risibles, mais chargés dans l'instant d'une importance qui les rend inoubliables.

Durant les semaines précédentes, on m'avait ressassé : « Sois sage ; tu vas bientôt être un homme… Il faut te conduire comme un homme… À cinq ans on est un homme. » Et cela m'était assez entré dans l'esprit pour que, le matin de mon anniversaire, dès qu'éveillé, je me précipitasse vers un miroir en pied, impatient de constater ma transformation. Quelle ne fut pas ma déconvenue de me retrouver semblable à ce que j'étais la veille !

« On m'a menti ! » hurlai-je. Et pendant une heure, soutenu par une colère furieuse, je répétai : « On m'a menti ; on m'a menti ; je ne suis pas un homme. »

Jamais je n'ai bien supporté les promesses non tenues.

Or, ce printemps-là m'apporta, compensation merveilleuse, un cadeau que je tiens pour sans égal.

Enfin apparut dans ma vie un homme parfaitement honorable, parfaitement estimable, et qui allait me traiter, le premier, en futur adulte. Je lui dois d'être qui je suis, c'est-à-dire de m'avoir rendu capable de ce que j'ai accompli. Plus va le temps, plus s'accumulent les ans, et plus je chéris sa mémoire et son nom. Il s'appelait René Druon.

IV

UNE MÈRE DE TRAGÉDIE

Été 1991

Je venais d'écrire les pages qui précèdent, quand ma mère est morte au printemps, presque centenaire.

On s'est peut-être étonné des jugements que j'ai portés sur elle. Son décès ne saurait me les faire modifier. L'indulgence soudaine envers les disparus est une convention pieuse dans laquelle entre une part d'hypocrisie. Le trépas n'efface pas tout. Il n'efface ni les blessures, ni les désillusions.

Non que je n'aie aimé ma mère. Tout au contraire, je l'ai chérie, je l'ai adorée durant mon enfance, ma jeunesse et même les débuts de mon âge mûr.

J'ai longtemps cru pouvoir attendre des femmes, vainement, qu'elles témoignassent des vertus qu'elle se donnait pour posséder, exemplairement.

Merveille du théâtre ! Elle était le sublime au féminin. Fille, amante, épouse, mère, et toujours dans des situations de tragédie dont elle se contemplait l'héroïne, il n'était pas d'accablement du sort qu'elle n'eût connu, et auquel elle n'eût fait face avec toute la grandeur de la passion romantique, du désespoir racinien ou de l'abnégation cornélienne. Ne fit-elle pas tout pour me persuader, et persuader chacun, et se persuader elle-même, qu'elle avait sacrifié pour moi une carrière de grande actrice ?

Mais on ne peut maintenir indéfiniment l'illusion. Vient un moment où la façade se fissure, où le montage s'écroule, où les repeints s'effacent pour laisser apparaître sur le tableau le portrait véritable.

Les sentiments de ma mère à mon égard changèrent du tout au tout lorsqu'elle ne vit plus dans mes yeux le reflet de sa fausse image, lorsqu'elle sut que je savais que le spectacle était truqué.

Elle avait dans son ciel les astres d'Agrippine, de la mère impérieuse pour qui son fils n'est qu'un instrument d'accomplissement personnel, qui ne le veut roi que pour régner elle-même, et qui lui devient hostile dès lors qu'il s'affranchit d'elle.

Tout ce qui m'advenait d'heureux ou d'agréable lui était dû, puisqu'elle était l'auteur de mes jours. Qu'on me remît un prix littéraire, que je remportasse une élection ou fusse appelé à une fonction publique, elle aurait dû être là, pour que témoignage lui fût rendu de son importance initiale. Les articles qui m'étaient consacrés étaient toujours incomplets dès lors qu'ils ne comportaient pas mention ou éloge de sa personne. Sensible seulement aux apparences, elle aurait voulu vivre ma vie, devant moi.

Tout ce que je faisais pour elle, et je fis beaucoup, en tous ordres, n'était jamais assez. Elle excellait à vouloir qu'on se sentît coupable à son égard.

J'étais l'objet d'un constant reproche, allusif en ma présence, exprimé devant la petite cour d'homosexuels et de folliculaires qui la flattaient et la grugeaient. Avec le grand âge, sa frustration obsessionnelle finit par se muer en une sorte de haine.

Les soucis qu'elle pouvait me causer par son désordre, sa prodigalité, sa passion du jeu, ses dettes permanentes, ses fréquentations hasardeuses, étaient pour elle une manière de revanche, une taxe qu'elle m'imposait.

Ce type de mère est un caractère présent à toutes les

époques. Autre référence historique : Olympias, la mère d'Alexandre le Grand, qui pesa si fort sur celui-ci et lui créa tant de difficultés qu'il en vint un jour à s'écrier : « Cher loyer pour neuf mois de logement ! »

Ma mère me donna à diverses reprises les signes d'avoir assez complaisamment envisagé que je puisse mourir avant elle, et de s'être imaginée dans un dernier rôle tragique, celui de la femme inconsolable de la disparition d'un fils célèbre dont elle aurait eu le devoir d'organiser la mémoire. N'eut-elle pas ce mot révélateur adressé à ma femme Madeleine, peu après notre mariage : « Puisque c'est vous l'héritière, maintenant » !

Au demeurant, elle était pour qui l'approchait un personnage pittoresque, attachant, nourri de souvenirs et gardant jusqu'à la fin une rare alacrité de l'esprit, de même qu'une étonnante fermeté de plume.

C'est à moi qu'étaient réservés les aspects les moins plaisants de sa nature.

J'en ai souffert doublement. J'ai souffert pour elle de l'insatisfaction permanente à laquelle un vice de l'âme la condamnait. Et j'ai souffert de ne plus pouvoir continuer à l'aimer comme je l'avais aimée.

Je reviens à celui qui fut le pilier de ma jeunesse.

V

UN NOM DONNÉ

Lorsqu'il vous est fait cadeau d'un nom, et qui n'est pas fort répandu, il est bien naturel d'en rechercher l'histoire.

Druon est un vieux nom des pays de Flandre, que l'on rencontre dans les chansons de geste, les dictionnaires des saints, et même dans le Guide bleu de Belgique.

Ses premières graphies, Druon, Droon, Drogon, sont aussi incertaines que l'est son origine.

Faut-il le rapprocher des anciens parlers de Galles et de Cornouailles, où *drud*, *druth*, signifiait hardi et volontaire ?

Ou bien venait-il du Sud, par le jeu des migrations militaires et commerciales ? En dialecte génois, *druo* voulait dire dense, et *dru*, en piémontais, avait le sens de fertile.

Il n'est pas invraisemblable de le rapprocher d'une des formes du terme grec qui désignait le chêne : *drus*, *druos*, *druôn*. C'est même l'hypothèse la plus plausible. Les rites sacrés des *druides* étaient les mêmes que ceux des prêtres de Dodone. Et les relations dans le monde antique, entre les clergés des lieux d'oracle, étaient beaucoup plus étroites, beaucoup plus fréquentes que nous ne sommes portés à l'imaginer. Les mots voyageaient avec les pèlerins. Si Samothrace, dans la mer Égée, pouvait être reliée à Erice en Sicile, pourquoi le sanctuaire de Dodone, dans la montagneuse Épire, ne l'aurait-il pas été avec les sanctuaires celtiques ?

Le premier Druon qui apparaisse dans l'histoire, ou plutôt la légende, est un géant féroce, Druon Antigon, qui terrorisait le port d'Anvers, et coupait la main droite des mariniers qui ne pouvaient lui payer tribut. Ce fut un intrépide adolescent qui en vint à bout ; il lui trancha le poignet. Un bronze démesuré, à Anvers, célèbre cet exploit, et dresse face à face le Goliath du Nord, rendu manchot, et le David flamand élevant haut la main coupée de son adversaire. L'affaire dut se passer dans les temps obscurs qui suivirent la désagrégation de l'empire romain.

Le deuxième Druon qui ait laissé mémoire est un bâtard de Charlemagne. Druon était né de Régine, la deuxième des trois concubines successives qu'eut Charlemagne, après son troisième veuvage. On sait sa date de naissance : 17 juin 801, six mois après le couronnement, à Rome, de l'empereur d'Occident.

Le successeur que Charlemagne s'était choisi, Louis, son troisième fils, ne justifia guère, au moins en ses débuts, le surnom de Débonnaire qui lui resta attaché. Ayant ordonné de crever les yeux de son neveu Bernard, roi d'Italie, qui s'était révolté, il fit tonsurer ses demi-frères, afin que l'état de clerc les empêchât de devenir d'éventuels rivaux. Mais il veilla sur leur éducation.

Il fit de Druon, qui lui montrait de la fidélité, d'abord un chanoine, puis l'évêque de Metz, et ce à la demande des Messins eux-mêmes. Ainsi, Druon devenait, à vingt-deux ans, le plus jeune prélat de toute la chrétienté. Dix ans plus tard, il recevait la dignité d'archichapelain, qui lui donnait autorité sur toutes les affaires ecclésiastiques de l'Empire. *Magister sacri consilii*, *ambasciator*, *archiepiscopus*, il serait fait, à quarante ans, vicaire pontifical, c'est-à-dire le représentant du pape dans toutes les régions situées à l'ouest et au nord des Alpes. Il aurait auparavant restauré Louis le Débonnaire, un moment déchu, en lui reposant sur la tête la couronne impériale. Et lorsque Louis tomba mortellement malade, Druon vint chaque jour le visiter en habits sacerdotaux, l'accompagnant jusqu'en ses derniers moments.

Homme d'étude et de savoir, veillant aux écoles et à l'instruction, il était célébré par les poètes ; il mit en honneur le chant messin, précurseur du chant grégorien.

Le prestige qu'il tirait d'être fils de Charlemagne, joint à ses qualités personnelles, fit de lui le médiateur par excellence entre le pape et le clergé, entre Gaulois et Germains, entre l'Empereur et sa parentèle, entre les fils de l'Empereur. Il ne fut pas étranger à la préparation du Traité dit des Trois Frères, signé à Verdun en 843, et renouvelé l'année suivante, à Thionville, dans une assemblée tenue sous sa présidence. Il eut par là une action décisive sur le destin de l'Europe.

Ce puissant personnage avait des plaisirs simples ; il mourut à cinquante-quatre ans, en tombant dans une rivière au bord de laquelle il pêchait à la ligne.

Le troisième Druon dont l'histoire, à tout le moins locale, ait conservé trace fut un saint du Douaisis qui vécut au XIIe siècle.

D'après le chroniqueur Jacques de Guise, qui rédigea les *Annales du Hainaut*, saint Druon naquit en 1118, dans une branche cadette des seigneurs d'Épinoy, eux-mêmes alliés par mariage aux seigneurs d'Antoing. La grosse forteresse d'Antoing, qui commandait aux pays de Tournai et de Saint-Amand, de part et d'autre de l'Escaut, fut un long moment jointe à la seigneurie d'Épinoy, avant de passer, plus tard, aux princes de Ligne.

Une tradition populaire, qui vaut bien la tradition écrite, fait naître saint Druon à Carvin, au lieu-dit le Puits de saint Druon.

Or les sires de Carvin, qui avaient la chevalerie, portaient les mêmes armes que les d'Épinoy, et Druon semble avoir été le patronyme.

Le chroniqueur écrit que les parents du saint « étaient illustres et fort riches, mêmement les principaux d'Épinoy, d'aventure que la même seigneurie leur appartenait en ce temps-là ».

Son père mourut avant sa naissance ; et sa mère en lui donnant le jour. Les femmes, alors, réchappaient rarement d'une césarienne.

L'orphelin se trouvait l'héritier de terres assez vastes pour exciter l'envie. On lui révéla, lorsqu'il eut dix ans, les circonstances de sa naissance ; et ses cousins le persécutèrent en ne cessant de lui répéter cruellement qu'il était le meurtrier de sa mère. Il en conçut une extrême culpabilité qu'il porta toute son existence, et dont il pensa ne pouvoir se racheter que par le service de Dieu et la pénitence. Il dispensait en aumônes le peu d'argent que lui donnaient ses tuteurs, et sa piété touchait le cœur des villageois.

L'abrégé de la vie et des miracles de l'illustre confesseur de Jésus-Christ saint Druon, en faveur des habitants de Sebourg et des pèlerins qui y viennent de toutes les parties du monde chrétien – car tel est le titre complet de son hagiographie tardive – le décrit dans son adolescence comme un jeune homme « doué de tous les avantages de l'esprit et du corps, qui avait de quoi paraître dans le monde avec agrément… La noblesse du sang, une haute naissance lui ouvraient le chemin aux honneurs… »

Or ce jeune homme si brillant se défit un jour de tous ses biens, et, couvert d'un habit de mendiant, s'en alla au hasard des chemins. Il fut recueilli à Sebourg, village distant de deux lieues de Valenciennes, par une excellente dame, la veuve Le Haire, chez qui il devint berger, et qui incarna sans doute pour lui la mère qu'il n'avait pas connue. Mais ce séjour lui paraissant trop doux, il décida de partir en pèlerinage pour Rome. Il revint, repartit. Par neuf fois en vingt ans, il parcourut à pied le chemin qui va de l'Escaut au Tibre, jusqu'à ce qu'une maladie lui interdît les longs voyages.

Les habitants de Sebourg lui construisirent alors, selon son vœu, une manière d'habitacle contre leur église. La foudre ayant frappé le clocher, et le feu s'étant mis à l'édifice, Druon refusa de quitter cette cellule, disant qu'il remettait à la volonté de Dieu de le faire périr dans les flammes ou de l'épargner.

L'église s'effondra, mais la cellule resta intacte, et Druon ne parut pas avoir été incommodé par la fumée ni la chaleur du brasier.

Dès lors, il devint « l'homme de Dieu », celui qu'on venait visiter de toute la région, par lequel on se faisait bénir et à qui l'on apportait des offrandes qu'il s'empressait de distribuer aux pauvres.

Il vécut de la sorte maintes années encore, et mourut là vers soixante-dix ans.

Les habitants de Carvin-Épinoy, son lieu de naissance, s'en vinrent chercher sa dépouille pour la ramener dans la sépulture de sa famille. Mais quand le char arriva à la limite de Sebourg, le corps, selon une légende qui vaut aussi pour d'autres saints, se fit si pesant que le char fut comme cloué au sol et que les quatre forts chevaux qui le tiraient furent impuissants à le mouvoir. On revint donc, avec grande pompe de clergé, vers l'église, où on enterra saint Druon, près des fonts baptismaux. Ce ne fut pas son dernier miracle.

Car bientôt les prodiges se multiplièrent autour de sa tombe. Une femme du village, à laquelle une luxation du bras ne laissait ni repos ni sommeil, fut conduite par la dame Le Haire, qui vivait encore, auprès du tombeau de son ancien protégé. Et quand elles furent devant, la pierre se leva, renversant les fonts baptismaux. La femme plongea dans le sépulcre son bras malade, et quand elle le retira « il était aussi sain que l'autre », et toute souffrance avait disparu.

Les malades affluèrent alors, qui apportaient à l'église de Sebourg présents en argent ou en orfèvrerie.

Ferrant de Portugal, comte de Flandre et de Hainaut, qui fut l'ennemi de Philippe Auguste au temps de Bouvines, voulut s'approprier ces richesses. Il envoya un de ses prévôts pour déménager le trésor de Sebourg en promettant, à ce prix, de faire canoniser Druon par l'autorité pontificale. Mais lorsque le convoi franchit l'Escaut à Condé, le pont se rompit, et tous les gens d'escorte y furent précipités.

Le même comte de Flandre fit alors transporter le corps du saint à Binch, pour l'exposer au peuple et en tirer revenu. Mais les guérisons cessèrent aussitôt de se produire ; aussi, après neuf ans, on estima plus judicieux de le remettre dans l'église de Sebourg, où ses vertus miraculeuses retrouvèrent leur efficacité.

De toutes les guérisons qui s'opérèrent là, la plus célèbre fut celle, dans les dernières années du XIIIe siècle, d'un autre comte de Hainaut, Jean d'Avesnes, également comte de Hollande, qui souffrait atrocement de la gravelle. Plusieurs de ses écuyers lui ayant assuré qu'ils avaient été guéris de la même maladie par l'intercession de saint Druon, Jean de Hainaut résolut de se rendre à Sebourg. Et lorsqu'il fut devant le tombeau, et qu'il eut fait son vœu, « il jeta sur la place trois pierres grosses comme la noix aveline que nous appelons noisette barbée, lesquelles il laissa en l'église pour mémoire du miracle, y ajoutant un très riche et précieux drap d'or pour faire des ornements d'autel ».

Saint Druon fut inscrit au martyrologe romain à la date du 16 avril, jour de sa mort.

Regardé comme le patron des bergers, ses statues le représentent en habits de pâtre, un agneau à ses pieds. Protecteur du petit bétail, il est également invoqué pour la bonne délivrance des mères, les maladies des reins et de la vessie. Outre Carvin et Sebourg, on lui dédia des chapelles ou des autels dans une dizaine de paroisses du Douaisis, du Cambraisis et jusque dans le diocèse de Reims. Beaucoup étaient lieux de pèlerinage. Saint Druon avait ses litanies en latin, son cantique en français ; et des confréries de saint Druon existèrent jusqu'au début de ce siècle à Cambrai, à Lille, à Tournai, à Douai et à Valenciennes.

Parce que j'avais cité saint Druon dans *Les Rois maudits*, je reçus un jour de Maurice Thorez, le plus célèbre des secrétaires généraux du parti communiste, et qui était né dans la région, une curieuse lettre où il m'écrivait qu'il avait souvenir d'être allé en procession, dans son enfance, à la chapelle Saint-Druon à Carvin. Cette procession avait lieu le lundi de Pentecôte, et l'on tirait du puits de saint Druon une eau qui avait la propriété de guérir les animaux, et dont les habitants du village gardaient toujours une petite provision dans leur maison afin d'en asperger les pièces, en cas d'orage.

Aujourd'hui, c'est à Vis-en-Artois, où la chaire est sculptée de moutons, que le culte de saint Druon semble s'être le mieux conservé. On continue d'y sortir sa statue, le lundi de Pentecôte.

Nul ne s'étonnera si je confesse porter toujours sur moi une image ou une médaille de ce protecteur homonyme.

VI

UNE LIGNÉE DE NOTABLES

Après avoir produit un saint, qu'advint-il des Druon de Carvin, ou d'Épinoy, durant les siècles qui suivirent ? Furent-ils à Bouvines, à Courtrai, à Mons-en-Pévèle, et de quel côté sur ces champs de bataille ? Appartenaient-ils aux comtes de Flandre, de Hainaut ou d'Artois, ou aux rois de France ? Ils semblent avoir persévéré, mais non prospéré, sous les dominations successives de la Bourgogne, de l'Autriche et de l'Espagne. Faute de pièces ou de registres, rien ne les signale jusqu'aux traités des Pyrénées et de Nimègue, c'est-à-dire au rattachement du Hainaut valenciennois au royaume de France.

Comme d'un tronc caché par les brumes du temps, apparaissent alors, dès la fin du XVIIe, trois branches solides : les Druon de Busigny, les Druon du Cateau, et les Druon de Saint-Amand.

La branche de Busigny, la plus ancienne, est surtout remarquable par les longévités qu'on y relève. Quatre-vingts, quatre-vingt-six, et même quatre-vingt-quatorze ans sont des âges, exceptionnels pour l'époque, qu'atteignent souvent les propriétaires terriens, échevins et prêtres qui la composent.

Les Druon du Cateau entrent discrètement dans l'Histoire grâce à une Françoise-Adélaïde Druon, fille d'un conseiller du roi, qui sera la mère du général baron Cambronne, premier grenadier de France, illustre pour un mot sonore, prononcé sur le champ de bataille de Waterloo, avant qu'on ne l'emporte tout sanglant dans l'ambulance.

Sa descendance fut nombreuse, car on a pu compter, sur cette souche Cambronne-Druon, quelque mille mariages, parmi lesquels des alliances avec les Soult de Dalmatie, les Henri Martin, les Odilon Barrot, les Quentin Bauchart. Ces gens étaient nés pour donner leurs noms à des rues.

C'est à la branche de Saint-Amand qu'appartenait mon père adoptif. Son fondateur était un chirurgien, Jean-Jacques Druon, venu s'établir, en 1672, dans cette localité dont les eaux thermales avaient fait la réputation.

Un arrière-petit-fils, Charles-Isidore, né au début du règne de Louis XVI, achète une étude de notaire, à Douai, pour son fils Édouard-François, qui s'y marie avec Louise-Hippolyte de Reyniac, fille du colonel commandant la place.

Curieux homme que ce colonel de Reyniac, dont le nom fleure l'Aquitaine, mais qui naquit du côté de Liège, portait couronne de marquis sur son blason, et laissa tomber sa particule à l'entrée de la Révolution pour la ramasser à la sortie.

Accordez-moi de m'arrêter un moment sur lui, car il est exemplaire des destins militaires de l'époque.

Il s'était engagé à seize ans, en novembre 1792, comme soldat au 1er bataillon belge de l'armée du Nord. Trois mois plus tard, il était déjà sous-lieutenant dans cette armée qui prendra le nom illustre de Sambre-et-Meuse. Il récolte sa première blessure, à la main gauche, en fondant sur l'ennemi avec vingt-cinq hommes pour lui reprendre un drapeau. Nouveau coup de sabre, à la main droite cette fois, et coup de baïonnette dans le bras gauche, la même année, lors d'une sortie de la garnison de Maubeuge.

On le retrouve dans l'armée d'Italie, où il sera promu lieutenant en 1800. À Tortone, il prend aux Autrichiens une pièce d'artillerie, dans une affaire où ils laissent cinq cents prisonniers.

Reyniac fait partie de l'armée de Rome, puis de l'armée de Naples, puis de l'armée des Grisons. C'est en Suisse qu'il reçoit une autre blessure à la main gauche. Ses cicatrices commençaient à devenir une carte de l'Europe.

En 1804, il est proposé pour « l'emploi de capitaine ». Il est fait membre de la Légion d'honneur en 1807. Deux ans après, c'est à Bamberg, en Bavière, que ce sabreur prend un nouveau coup, à la cuisse gauche.

En 1811, dans l'armée d'Allemagne, il est promu chef de bataillon. « M. le capitaine de voltigeurs Reyniac est d'une bravoure et d'une intrépidité au-dessus de toute expression. »

J'ignore pour quel nouveau fait d'armes il reçut la croix d'officier de la Légion d'honneur sur le champ de bataille de Smolensk. Il fit toute la campagne de Russie, et la tragique retraite de la Grande Armée.

Sa croix de Saint-Louis, en 1815, prouve qu'il n'a pas pris part aux Cent-Jours.

On pourra se demander comment un homme qui s'était engagé pour la République et avait suivi l'Empereur jusqu'au bout de l'Europe, pouvait, avec autant de courage et de fidélité, servir la Monarchie. Vrai soldat il servait la France et obéissait sans état d'âme à ses gouvernements successifs.

Promu colonel, il fit encore la guerre d'Espagne, en 1823, la guerre de Chateaubriand.

J'ai son portrait en buste, replet, le crâne un peu déplumé, le teint rose, où il figure en uniforme, cravaté de la Légion d'honneur.

Léonard-Joseph de Reyniac ne passa jamais général et la place de Douai fut son dernier commandement. Au moins ce soldat sans fortune eut-il l'apaisement avant de finir ces jours, en 1840, de marier l'une de ces filles à un comte de Brémoy, et une autre, Louise-Hippolyte, à ce jeune notaire de la ville, Édouard Druon, dont la famille ne manquait pas de biens.

Édouard et Louise-Hippolyte eurent deux filles et un garçon, Emmanuel, né en 1842, qui reprit à vingt-huit ans l'étude notariale, et suivit en tout l'exemple paternel, puisqu'il épousa la fille d'un autre commandant de la place, le général Porion.

VII

UNE VILLE HÉRITÉE

Je n'ai jamais vécu à Douai. Je n'ai pas vu s'y succéder les saisons. Je n'ai hanté ni ses collèges ni ses boutiques. Je n'y suis guère allé que pour des enterrements où mon enfance s'insérait dans une file de vieux messieurs, très longs, très dignes, en pelisse noire par-dessus l'habit de cérémonie, le chapeau haut de forme entouré d'une bande de drap noir, mais chaussés de grosses bottines montantes parce que les chemins de cimetières, dans le Nord, sont souvent boueux. Leurs épouses, également hautes et longues, portaient manteaux de loutre et avaient le visage caché sous de grands voiles de crêpe.

Et pourtant cette ville est mienne ; je lui appartiens par souvenirs hérités qui ont composé ma propre mémoire ; j'y ai pris place dans une lignée, et nulle cité autant que celle-ci ne m'est ancestrale.

Je dois dire que Douai m'a rendu cette affection, et qu'elle n'a jamais manqué de faire état de chaque circonstance un peu marquante de ma vie, comme d'un honneur qui lui survenait. J'ai été traité en « enfant de Gayant », expression qui n'a aucun sens pour qui n'est pas de naissance ou d'ascendance douaisienne.

Gayant est un géant d'osier, vêtu d'un costume de chevalier médiéval, avec panache de plumes sur le heaume, glaive en sautoir et bouclier rond, que l'on promène lors des fêtes de la ville. Il mesure plus de huit mètres, et il faut une douzaine d'hommes solides, cachés sous la jupe qui prolonge sa cuirasse, pour le porter.

Il n'en faut guère moins pour déplacer Marie Gayant, sa femme, qui atteint facilement au deuxième étage des maisons, et pèse ses deux quintaux et demi. Ils vont suivis de leurs trois enfants, de taille décroissante, Jacquot, l'aîné, qui porte déjà l'épée, Fillon, la fille, et Bimbin, le dernier-né, en robe et bourrelet de bébé, qui montre ses yeux louchons à huit pieds du sol.

À l'origine, c'est-à-dire au XVIe siècle, Gayant fut l'œuvre de la corporation des « manneliers », qu'on appelle ailleurs vanniers, les faiseurs de mannequins. Ce sont ces géants qui ont fait surnommer les Douaisiens les « ventres d'osier ».

En 1667, lors de la prise de Douai, le 6 juillet, par Louis XIV, Gayant et les siens furent sortis pour accueillir le roi. Et depuis lors, c'est dans la première semaine de juillet, pour commémorer la fin de l'occupation espagnole, que les cinq géants, suivis du char de la Fortune, parcourent les rues de la ville, au son du tambour, dans un grand concours de foule. La liesse populaire, ou ducasse, pouvait durer trois jours.

La devise de Douai est : « Gloire aux vainqueurs. » Ses armes, un D majuscule entouré de gouttes de sang. Qui furent ses fondateurs ? Les officiers gallo-romains qui aménagèrent en ce site une forteresse ? Les ingénieurs du VIIIe siècle, aux techniques déjà fort avancées, qui surent, déviant des ruisseaux et asséchant les marais, fabriquer une rivière, la Scarpe, navigable à partir de là, à laquelle la ville dut sa prospérité ?

Philippe Auguste lui donna sa charte ; Fernand de Portugal lui en donna une autre ; Philippe le Bel la remit dans le giron royal d'où elle ressortit au temps de Charles V.

Douai, drapière, marchande et céréalière, Douai, active,

laborieuse, opulente souvent, fut longtemps disputée entre les rois de France et les comtes de Flandre. Son élégant beffroi dit sa fierté d'avoir été tant convoitée, et ses clochetons semblent rire d'avoir vu les assauts de Charles le Téméraire se briser contre ses remparts. Ses cours de justice, son parlement, ses facultés, ses collèges, les œuvres d'art engrangées dans ses monuments et ses demeures nobles, la vie surtout qu'y menait sa haute bourgeoisie la faisaient appeler, sous l'Ancien Régime, l'Athènes du Nord.

Oui, je connais Douai, et porte à son histoire cette attention que l'on ne peut avoir que pour un patrimoine immatériel.

Je sais que l'église Saint-Pierre, paroisse des Druon, ce grand édifice composite au soubassement ogival, au clocher renaissant, à la nef remaniée au XVIIIe siècle, conservait deux petits marteaux de fer qu'on disait avoir appartenu à saint Éloi.

Je sais qu'à la première Restauration, M. Becquet de Mégille fut désigné comme maire, qu'il fut destitué par le commissaire de l'Empereur durant les Cent-Jours, réinstallé par ordonnance du roi à la deuxième Restauration, et qu'il était encore en fonction aux débuts de la monarchie de Juillet.

La ville comptait alors près de vingt mille habitants, et les trente membres du conseil municipal étaient choisis parmi les cent citoyens les plus imposés du canton. Il y avait quelque honneur, en ces temps censitaires, à payer des impôts !

Il y avait aussi de l'agrément à être militaire en une telle garnison qui comptait quatre casernes dont deux d'artillerie, un immense arsenal, trois magasins à poudre et une fonderie de canons. Les officiers y étaient fêtés et les troupes bien accueillies, pour des raisons exprimées avec une aimable franchise dans une délibération du conseil municipal, en 1830 : « Il n'est personne qui ne puisse évaluer dans cette ville combien un régiment de plus met d'argent en circulation... »

Le Druon de Saint-Amand, Édouard, né sous le Premier Empire et qui s'était établi notaire à Douai, avait donc épousé Louise-Hippolyte de Reyniac. Ils eurent deux filles et un garçon. La fille aînée fut mariée à un Cloux de la Coudre, l'autre à un Bailliencourt, dit Courcol. Le fils, Emmanuel, né en 1842, et qui reprit à vingt-huit ans l'étude notariale, suivit, comme je l'ai dit, l'exemple paternel, en épousant la fille d'un autre commandant de la place, le général Porion.

Ce dernier venait de Picardie. Une rue d'Amiens, qui débouche sur la cathédrale, porte son nom.

Il était homme de belle prestance. Son frère, Charles Porion, peintre de batailles et de solennités, dont les musées de Versailles et de Compiègne conservent quelques toiles, l'a représenté en grand uniforme de divisionnaire.

C'est avec le portrait de ce militaire qu'on me trouvait, durant mon enfance, une évidente ressemblance. Et aujourd'hui que mes cheveux sont blancs, comme l'étaient les siens, je dois bien avouer qu'il y a bien entre nous, surtout quand je porte le costume d'académicien, un air de famille. Au vrai, je ne ressemble à personne d'autre qu'à cet aïeul, dont je n'ai pas une goutte de sang !

Le général Porion avait été, en sa jeunesse, aide de camp du fils de Louis-Philippe, le malheureux duc d'Orléans qui se tua dans un accident de voiture sur l'avenue de Neuilly où ses chevaux s'étaient emballés.

Après maintes campagnes, Porion fut de nouveau officier d'ordonnance, mais de l'empereur Napoléon III cette fois. Durant le siège de Paris, en 1870, Porion combattit dans les rues de Vanves et de Clamart et commanda la défense du Mont Valérien.

Il avait un fils et une fille. Le fils, qui embrassa comme lui l'état militaire, devait faire sa carrière aux colonies. Il fonda, sur le Niger, le « cercle » de Bamako, qui est devenu la capitale du Mali ; il servit sous Gallieni, à Madagascar.

Quant à la fille du général, Louise, qui se maria avec Emmanuel Druon, elle était d'une exceptionnelle beauté.

Dans ses *Souvenirs* sur Douai à cette époque, une de ses contemporaines, Mme Camescasse, la décrit « mince, avec des yeux bleus à reflets d'acier et une coiffure poudrée qui rappelait celles de l'époque de Louis XVI ; elle éclipsait toutes les Douaisiennes, même les plus jolies, pendant les hivers où, jeune fille, elle se rendait dans le monde ».

Je marque un temps d'arrêt sur Mme Camescasse. Née dans la hobereauterie locale, Valentine Luce de Legorgue se maria à l'un des premiers préfets de police de la IIIe République. Mais même dans les palais de la haute fonction publique parisienne, elle garda la nostalgie de sa ville natale, et elle a laissé des mémoires qui sont un chef-d'œuvre de mondanité provinciale.

Tout y passe, familles, alliances, éducation, institutions religieuses, traditions, vie des salons et des châteaux avoisinants, courses de chevaux, concerts, boutiques, réjouissances et funérailles.

Comme Mme Camescasse n'a pas d'art, elle est vraie.

Grâce à elle, je peux m'imaginer les repas de « retour de noces » qu'elle décrit, et dont elle fournit l'entier menu. Trente-cinq plats au dîner donné, en 1845, par les Pinguet, brasseurs, en l'honneur de six jeunes ménages mariés dans les mois récents. « On se mettra à table à trois heures. » Le Madère et le Meursault étaient de 1815, le Saint-Julien et le Volnay de 1794, le Margaux de 1719, et le Nuits-Saint-Georges de 1715. Tout cela accompagnait bouillon, hors-d'œuvre, rognons, cochons de lait, filet de bœuf, gigots, vol-au-vent, matelotes d'anguilles, jardinières de perdrix, poulardes, chevreuils, faisans, brochets, jambon d'Anvers, langues fourrées de Troyes et foies gras de Strasbourg. Les homards, Dieu sait pourquoi, venaient avant les desserts et sorbets. Comment se trouvait-il des femmes qui puissent, en ce temps-là, rester à peu près minces ?

Je vois ces dames de Douai choisissant leurs gâteaux, le dimanche, ou se rendant à l'Hôtel de Ville pour la loterie des « pauvres honteux ». Le mot est moins affreux qu'il n'en a l'air ; il signifiait que le nom des assistés était tenu secret, afin qu'ils n'eussent pas à révéler la honte de leur misère.

Je vois aussi les longues croix de paille qu'on pendait à la porte des maisons où venait de se produire un décès, et les grands « billets de mort » en papier épais, qu'un commissionnaire glissait sous les portes, en manière de faire-part.

Par souvenirs hérités, je marche dans ces rues où je n'ai pas vécu. Je passe devant ces grandes demeures, et j'entends la musique qui s'en échappait, les soirs de bal. Je sais qui sont les danseurs. Je sais que Mlles Druon et Mlle Porion étaient entraînées dans les valses et les mazurkas par M. Dupont, qui créerait une des grandes banques du Nord, par le lieutenant Oscar de Négrier, futur général qui gagnerait à la France le Tonkin, ou par M. de Bailliencourt dit Courcol.

Curieux patronyme que celui-là, avec ce seul *dit* de toute la noblesse française. Il remontait à Bouvines ou Courtrai, à un de ces jours de bataille où le roi, assez mal en point devant les coutiliers flamands, avait appelé à son secours un chevalier de Bailliencourt, à la tête fort enfoncée dans les épaules, et sans doute un peu bossu, en lui criant : « À moi, Courcol ! » Le roi avait dit « Courcol », et ce surnom, traversant les siècles, resta attaché, comme une marque d'honneur, à une descendance particulièrement prolifique. Rodolphe de Bailliencourt, notaire douaisien lui aussi, avait épousé une des sœurs d'Emmanuel Druon.

Le temps était à la prospérité dans cette région, grâce à l'exploitation de la houille, principale et quasiment unique source d'énergie pour toutes les industries d'alors. De nouvelles compagnies minières se créaient, dont Emmanuel Druon était le notaire.

Il avait pris sa charge en 1870, l'année de son mariage, et durant cette première année, en dépit de la guerre, les gains de son étude s'élevèrent à cent mille francs. Cent mille francs or.

C'est en cette année-là, qu'il acquit, tout près de l'église Saint-Pierre, l'hôtel de la rue des Blancs-Mouchons, une belle bâtisse du XVIIIe siècle, de brique et de pierre, sur une base en grès du pays, et à la façade très classique.

Elle lui convenait bien, car il était homme de distinction et d'ordonnance. Il avait beau visage et belle taille, des cheveux assez fournis et ondulés, strictement partagés par une raie médiane, et qui blanchirent tôt ; il se tenait fort droit, et nul ne se souvint de l'avoir jamais vu autrement qu'en redingote. La présidence de la chambre des notaires du Nord lui échut très normalement.

Il avait, ainsi que sa femme, beaucoup de goût et de discernement pour les objets d'art et le mobilier rare. L'inventaire de leur succession compte des pages et des pages. Quand j'y relève « attribué à Cranach… attribué à Michel-Ange… », parmi les commodes Régence, les cartels en vernis Martin, et ses services de la Compagnie des Indes, j'imagine aisément cette demeure de grand notable. Tout cela, qui fut divisé par les partages, s'enfuit sous l'effet des nécessités. Il me reste l'inventaire, pour en rêver.

Dans cet agréable décor, Louise Druon, immuablement belle et toujours accompagnée de deux caniches chocolat qui complétaient son image, tenait salon littéraire. Elle aimait la musique, la poésie avec ferveur, était fort au courant de ce qui se publiait, et il ne lui déplaisait pas qu'il y eût chez elle des discussions philosophiques de bon ton. Elle devinait et encourageait les talents.

Je pense qu'Auguste Angellier, universitaire qui fit la plus grande partie de sa carrière à Douai, fréquenta la rue des Blancs-Mouchons. Poète, il mériterait d'être moins oublié, ne serait-ce que pour les cent soixante sonnets de *À l'amie perdue*, l'un des plus beaux et plus douloureux chants d'amour qu'ait produits notre langue.

Ce salon provincial attirait quelques célébrités parisiennes, tel le peintre Carolus-Duran, à l'apogée de sa vogue, et dont on devrait regarder de plus près les portraits avant de les dédaigner. Des visiteurs, seul survivrait réellement Georges Feydeau, dont les pièces, agencées pour le rire comme par un horloger, restent la perpétuelle ressource des théâtres en difficulté.

Emmanuel et Louise Druon eurent trois enfants. La fille aînée, Hélène, entra dans la famille Legrand qui possédait de vastes terres près de la frontière belge. La cadette, Germaine, qui avait hérité la beauté de sa mère, et qui possédait un estimable talent de peintre d'intérieurs, ne se maria jamais. Entre les deux était né, en 1874, leur seul fils, René.

La vie de cette famille fut heureuse, jusqu'à la guerre de 14 et l'invasion des armées allemandes. On a presque oublié cette occupation-là, parce qu'elle n'affecta que les provinces du Nord et de l'Est, ouvertes, depuis le fond des temps, aux destructions et au malheur. Mais ce furent quatre années terribles. Emmanuel Druon n'y survécut pas, et sa femme y contracta une maladie de poitrine qu'on l'envoya soigner dans les montagnes suisses où elle finirait bientôt ses jours.

Quand leur fils revint des armées, en 1918, et entra dans la maison familiale d'où un état-major allemand avait depuis peu délogé, il trouva le portrait du général Porion crevé d'un coup de baïonnette au cœur.

VIII

CET HOMME NOBLE, LOYAL ET DROIT

La première fois que je lui fus amené, il considéra l'affreux costume de velours vert pomme, à collerette de lingerie, dont m'affublait ma grand-mère, et que je détestais car je m'y sentais ressembler à une fillette… Il me prit la main, et, avec l'acquiescement reconnaissant de ma mère, me conduisit dans un magasin anglais des Grands Boulevards.

J'en ressortis vêtu de tweed, et semblable, de la casquette aux souliers, à un petit écolier britannique.

Ce fut le premier cadeau qu'il me fit, et le début de la connivence qui s'établit entre nous. Il m'avait traité en garçon, en futur adulte. Il apparaissait dans ma vie comme la première présence vraiment virile.

Alors qu'il atteignait presque cinquante ans, René Druon était encore d'une beauté rare. Il avait une forme de tête et un ovale de visage parfaits, une complexion claire, des traits bien dessinés, et ces yeux bleus « aux reflets d'acier » qu'il avait hérités de sa mère. De toute sa personne, de son allure, de son maintien, de son profil se dégageait une impression de force et d'élégance. Il prenait d'ailleurs assez de soin de son apparence. Ce grand bourgeois provincial s'habillait chez les bons faiseurs de la rue de Rivoli et de la place Vendôme.

Il avait à coup sûr beaucoup séduit. J'ai retrouvé dans ses

papiers nombre de photographies, sur d'épais cartons glacés, de ses belles amies de jeunesse, flirts ou amours plus poussés. J'ai même connu deux d'entre elles, devenues déjà des dames d'âge mûr, mais qui gardaient reflet de leurs charmes d'antan : la fille de Georges Feydeau, Diane-Valentine, aux manières un peu d'amazone, et Henriette Fouquier, devenue comtesse de Martel en épousant un célèbre chirurgien du cerveau. Elles posaient sur leur ami René des regards emplis de souvenirs émus.

Il avait été excellent cavalier, montant en steeple et en chasse à courre, fort bon alpiniste également, puisque inscrit, vers 1900, dans le livre des ascensions du Mont-Blanc.

De plusieurs années passées en Angleterre, à la fin de l'époque victorienne, en principe pour s'initier aux affaires commerciales mais sans en avoir retiré grand profit, il avait rapporté des nostalgies de ce pays. Londres, où il habitait Knightbridge, la campagne anglaise, les jardins anglais, les boutiques anglaises peuplaient sa mémoire. Les manières anglaises lui convenaient.

Comme beaucoup d'hommes de sa génération, il avait passé sept ans aux armées ; trois ans d'abord dans l'artillerie, quand le service militaire était de cette durée ; puis, plus tard, comme engagé volontaire du premier jour et pendant toute la guerre de 14-18. Mais, pour une raison que je ne parvins jamais à lui faire expliquer, il refusa avec obstination de devenir officier et resta maréchal des logis. Il répugnait sans doute à exercer un commandement, à être responsable de la mort des autres. Cette atroce, cette interminable guerre de boue, de piétinement et d'hécatombes, il la fit en solitaire, comme agent de liaison cycliste, notamment de deux maréchaux de France, Fayolle et Franchet d'Esperey, qui le tenaient en estime.

De même qu'il refusait les galons, il repoussa les citations et les croix que ses missions sous le feu justifiaient grandement. Par deux fois au moins, il les détourna vers des camarades :

« Qu'on la donne à Untel. Il en fait autant que moi, et lui il a une femme et des enfants. Cela leur fera plaisir. »

J'ai devant moi, posé sur mon bureau, et seul témoignage palpable de ces quatre années terribles, son briquet de guerre, fait dans la cartouche de cuivre d'un petit obus anglais.

Cet homme rigoureux, et finalement assez misanthrope, mais sans affectation de morosité, ne se reconnaissait jamais de mérites, alors que les valeurs morales fondamentales : honneur, probité, franchise, droiture, devoir, amour de la Patrie, lui étaient consubstantielles. Il était une manière d'illustration de l'impératif catégorique. On ne mentait pas parce qu'on ne devait pas mentir ; point final. Il n'aurait pas volé l'État d'un timbre-poste.

L'idée d'acheter à crédit, et plus encore de contracter une dette ou un emprunt, lui était absolument insupportable « Je paye *cash.* » Cette courte devise, qu'il répétait volontiers comme si elle avait assorti le blason de sa famille, devait finir par lui coûter fort cher.

Trait plutôt surprenant chez quelqu'un qui était issu de la bourgeoisie d'argent, il ne possédait ni don ni goût pour les affaires, fût-ce même pour la surveillance de ses propres biens. Là, l'hérédité n'avait pas joué. Mépris ou inaptitude ? Les deux sans doute. Il n'avait pas assez poussé ses études de droit pour pouvoir reprendre l'étude paternelle, pourtant fort prospère. Les entreprises dans lesquelles il s'était associé avec des amis de sa génération n'avaient pas connu grand succès, telle cette compagnie au nom magnifique, *Société agricole du Tan-Tuy-Ha*, dont il avait été le secrétaire général et qui était sise à Marseille et à Saigon. De cet orient extrême, il n'avait recueilli que du vent.

Les actions qui composaient son portefeuille, et qui allaient s'éparpiller au gré des bourrasques, étaient tout à fait représentatives de l'esprit du temps, porté vers l'exploitation des richesses lointaines : *Pétroles d'Oklahoma*, *Houillères du Donetz*, *Mines de zinc de Silésie*, *Caoutchouc de Sumatra*,

Dette publique mexicaine, *Gold Mining de Transvaal*, *British Motorcab Company*, et pour couronner le tout, des bons à lot de Panama. Les valeurs solides étaient constituées par des obligations à 3 % qui, réputées placement de père de famille, fondaient lentement comme la neige des glaciers, par l'effet de la dépréciation constante de la monnaie.

J'ai contemplé des valises pleines de titres mirifiques, sur d'épais papiers glacés, ornés d'arabesques et de vignettes qui étaient des chefs-d'œuvre d'art graphique, mais qui ne valaient même plus de payer des droits de garde.

Quelle étrange paralysie frappait un homme élevé dans la ponctualité notariale devant la correspondance bancaire ! Il se faisait réclamer dix fois l'accusé de réception de son compte, le pouvoir pour une vente ou un remboursement de dommages de guerre, l'ordre de souscription à une augmentation de capital, toutes pièces qui ne demandaient qu'une simple signature. Il n'était jusqu'à des chèques qu'il négligeait d'endosser et laissait se périmer, même en des moments où ils lui eussent été de la plus grande urgente utilité.

Son autre faiblesse était un attachement quelque peu excessif à ses ascendances nobiliaires, ce qui lui avait fait relever le nom des Reyniac qui n'était plus porté. Mais c'était là un trait fort partagé dans la bonne bourgeoisie de sa génération.

Enfin, il présentait dans son comportement une contradiction. Cet homme d'une si parfaite et élégante courtoisie, et qui avait un grand contrôle de soi, entrait parfois, sans évidente raison, dans de soudaines et furieuses colères, des tempêtes de quelques minutes, mais dans lesquelles passaient tous les jurons des manèges de cavalerie. Sans doute l'exutoire indispensable à un jupitérien contrarié.

Au demeurant, l'image de lui que garde ma mémoire, depuis le premier jour où je le vis jusqu'à son dernier souffle, est celle d'un personnage parfaitement noble, loyal et droit.

Où rencontra-t-il ma mère ? À la Régence, un café célèbre

depuis le XVIIIe siècle, situé au tout début du faubourg Saint-Honoré, face au Théâtre-Français. Équivalent parisien du café Greco à Rome, ou du Florian à Venise, il avait gardé la décoration du temps du Directoire. On y conservait la table, que j'ai encore vue en ma jeunesse, où le jeune général Bonaparte venait faire sa partie d'échecs. La Régence a disparu. C'est pitié qu'elle n'ait pas été classée monument historique.

L'endroit était surtout fréquenté par le monde du théâtre et des lettres. Les grands sociétaires de la Comédie-Française, professeurs au Conservatoire, qu'escortaient leurs élèves favoris, y donnaient leurs rendez-vous ; les auteurs dramatiques y discutaient de la distribution ou de la mise en scène de leurs pièces. Les jeunes comédiens s'y montraient, et les vieux aussi, cherchant l'engagement. Les critiques, le rideau tombé, y commençaient leur billet du lendemain sur un guéridon, devant une tasse de verveine. La société parisienne y affluait, les soirs de répétition générale, et les cous se dévissaient afin d'apercevoir, d'une table à l'autre, les idoles provisoires et les puissants du moment.

Féru de théâtre, comme beaucoup de grands provinciaux, et ayant un appartement, quasiment à l'année, dans un hôtel de bon ton, à deux pas de là, rue de l'Échelle, le fils du notaire de Douai venait fréquemment souper à la Régence après le spectacle. D'une beauté qui ne pouvait pas ne pas se remarquer, toujours en tenue de soirée, le plus souvent seul à sa table, et de maintien distant, il intriguait.

Le destin le mit en présence de ma mère, et ce fut entre eux une manière de coup de foudre. Ils venaient, l'un par rapport à l'autre, de si loin !

Elle lui apportait une jeunesse ardente, un physique séduisant sous une crinière sombre et bouclée, une nature expansive et lyrique ; autour d'elle flottait le halo du théâtre, et les prestiges d'une carrière d'actrice qu'elle nourrissait encore d'espoirs.

À ses yeux à elle, il incarnait la force, la stabilité, la solidité ;

il était nimbé de respectabilité et de fortune, une fortune, en vérité, déjà mesurée. Il venait de perdre sa mère depuis peu.

Peut-être que l'un et l'autre, chacun à sa manière, et relativement à son état, ressentaient le besoin, comme on dit, de faire une fin.

Ce n'était toutefois pas celle qu'eussent pu attendre leurs milieux respectifs. Pour la bohème théâtrale et littéraire où vivait ma mère, celle-ci allait s'embourgeoiser. Et pour la famille douaisienne, une actrice de vingt ans plus jeune, divorcée et avec, de surcroît, un enfant sur les bras, c'était bien le contraire de l'épouse souhaitable. Tous ceux qui leur voulaient du bien, mais dont l'affection était un peu jalouse, pensaient que ce ne serait que l'aventure d'une saison. Or ce fut un amour durable.

René Druon avait horreur des épanchements et des mièvreries sentimentales. Ses lettres à ma mère étaient rares et brèves. J'en ai par respect conservé quelques-unes, des débuts de leur liaison. Elles sont tendres mais sans niaiseries. Elles sont d'un homme qui aime, avec dignité.

Bientôt, sans abandonner son hôtel de la rue de l'Échelle, il loua, au nom de ma mère, un pied-à-terre dans le XVe arrondissement, non que le quartier lui plût fort, mais parce qu'il la rapprochait de moi qui habitais toujours chez ma grand-mère.

Ce rez-de-chaussée donnait sur une rue calme, mais où passaient parfois des camions à chevaux, nombreux encore à cette époque.

Un jour qu'un lourd fardier arrivait au grand trot de ses deux percherons, je m'élançai, insouciant, pour traverser la rue en courant, au risque de passer sous les fers des chevaux. Celui qu'alors j'appelais « Moune », faute de pouvoir le nommer autrement, me rejoignit en trois enjambées, m'empoigna par le col et, si grande avait été son émotion, il m'appliqua une gifle à tous égards mémorable. C'était son premier geste d'autorité paternelle.

IX

UN ÉTÉ EN ALSACE

L'Alsace était bleue. Bleu, son ciel infiniment lumineux au-dessus de sa plaine immense. Bleues, d'un bleu d'encre, ses forêts de sapins que vernissait le soleil. Bleu-violet, les myrtilles. Moune nous avait emmenés, ma mère et moi, passer l'été en Alsace, l'été de mes six ans. L'air frais des matins était merveilleux, et merveilleuse la chaleur calme des après-midi d'août. Ma mémoire me représente un petit hôtel où tout était propre et brillant, au flanc des Vosges, entre Sélestat et Sainte-Marie-aux-Mines, au bord d'une rivière charmante qui s'appelait la Liepvrette.

Le village était dominé, à quelque distance, par le Chalmont, c'est-à-dire le mont Charles, dont le sommet était formé d'un énorme rocher, plat comme une table, autour duquel flottait une légende remontant à Charlemagne.

Excellent marcheur, René Druon, de son pas régulier d'alpiniste, nous conduisait, à travers les ballons vosgiens, dans des randonnées de huit, dix et jusqu'à près de vingt kilomètres. Mes jambes s'y étaient accoutumées ; je rechignais parfois, mais on m'avait muni de chaussures cloutées, et d'une petite canne qui n'était pas sans me procurer quelque plaisir.

Odeur des aiguilles de sapin exaltée par l'été, bruissement

des insectes, ruisselets argentés où l'on trempait les mains comme pour en presser la fraîcheur ; la nature, multiple et tranquille, inscrivait en moi des impressions et des repères. C'est miracle, après quatre-vingts ans, que de retrouver ces souvenirs intacts.

Il nous arrivait de contempler dans les sous-bois l'étonnant travail des schlitteurs, descendant le long de pentes abruptes, par des chemins de rondins où ils appuyaient leurs talons, leurs chargements de grumes empilés sur des sortes de traîneaux qu'ils retenaient de leur dos. Les voir ainsi, à demi renversés, les reins arqués, les muscles saillants, était à la fois superbe et angoissant.

Une fois où nous étions partis pour franchir un col, nous fûmes surpris par un orage géant, comme il en éclate l'été en montagne. Une terrifiante et magnifique colère de l'univers. Les nuages noirs, traversés d'éclairs, se poursuivaient dans le ciel comme une charge de bêtes sauvages. Les hautes falaises de sapins s'illuminaient, telles des cathédrales incendiées, pour retomber l'instant d'après dans une nuit infernale. Des cataractes s'ouvraient dans le ciel qui faisaient presque autant de bruit que le roulement du tonnerre, et transformaient les chemins en torrents.

Trempés à tordre, nous trouvâmes refuge dans une maison de paysans où nous pûmes nous sécher. Comme la tempête se prolongeait, et qu'il n'était guère possible de nous remettre en route, l'hospitalité alsacienne nous invita à rester. Dans cette maison toute simple, mais cirée, astiquée, nous fut servi, à la lueur d'une lampe à pétrole, un dîner de bonne soupe, d'œufs, de jambon moelleux et de confitures succulentes, devant un feu joyeux. Puis nous dormîmes entre des draps de lin qui sentaient bon la lessive fraîche, dans des lits profonds qui étaient sans doute ceux des maîtres de maison.

Ce fut mon premier orage. Au matin, la nature était brillante, soleilleuse et lavée.

Ce même été, nous visitâmes les lieux célèbres de l'Alsace après trois quarts de siècle de domination allemande. Cette province était depuis six ans redevenue française, et elle n'en avait pas encore épuisé sa joie. Les femmes arboraient, et pas seulement les jours de fêtes, leurs robes brodées traditionnelles et leurs coiffes à larges ailes noires fleuries d'une cocarde tricolore. Obernai, Molsheim, avec leurs maisons à colombages repeintes de frais, leurs nids de cigognes et leurs puits sculptés, étaient moins folkloriques qu'elles ne paraissent aujourd'hui. Elles étaient à l'image de la vie alsacienne, telle que les ouvrages de « l'oncle Hansi » l'avaient représentée à des générations d'écoliers français. Les provinces perdues !

Mais à quel prix de douleurs et de sacrifices avait-il fallu payer leur reconquête !

Les pentes du Violu, l'un des plus terribles champs de bataille, ne laissaient apercevoir, à perte de vue, que des troncs d'arbres étêtés à mi-hauteur, calcinés, alignements infinis de pieux noirs. La terre avait été à ce point saturée d'obus et de mitraille qu'aucune végétation n'y avait encore repoussé : pas le moindre bouquet de houx, pas la moindre touffe d'herbe, pas la moindre mousse. Une terre morte. Que de sang humain avait bu ce paysage d'enfer ! Celui qui, de jour en jour, devenait mon père, le contemplait, songeur, et taisait ses souvenirs.

Château fort du Haut-Koenigsbourg, reconstruit à l'excès par un Viollet-le-Duc allemand, sur les ordres de Guillaume II qui voulait par là montrer sa puissance.

Mont Sainte-Odile, au couvent neuf fois centenaire, d'où l'on voit se déployer toute la plaine d'Alsace ; Strasbourg, sa cathédrale rose, et le pont de Kehl et les bords du Rhin ; c'est là que j'ai commencé d'apprendre à aimer la France comme on doit l'aimer.

Chère Alsace ! Le destin m'y ramènerait dans des heures marquantes de ma vie.

X

UN PÈRE, ENFIN !

Marsilio Ficino, que nous appelons Marsile Ficin, l'immense humaniste qui inspira toute la Renaissance, invoquait le mythe de Dionysos, « le dieu né deux fois », quand il disait avoir en lui-même deux naissances, puisqu'il avait eu deux pères, Ficino, le médecin qui l'avait engendré, et Cosme de Médicis, qui l'avait protégé en sa jeunesse et était à l'origine de sa carrière.

Tous ceux qui, comme moi, eurent un géniteur, puis un éducateur, peuvent, toutes choses mises à leur mesure, en dire autant.

Ma seconde naissance s'accomplit quand j'avais sept ans.

Un jour, ma mère me dit, un peu solennellement : « Désormais, c'est Moune qui remplace Siber. C'est un grand cadeau qu'il te fait. Va l'embrasser en l'appelant Papa. »

Ils venaient de légaliser leur union dans une mairie parisienne. L'acte de mariage s'accompagnant de la disposition qu'on appelle reconnaissance de paternité, je devenais officiellement le fils de René Druon. La vie, à partir de là, serait tout autre devant moi.

Je n'eus aucune peine à donner sa nouvelle appellation à cet homme que j'aimais, admirais, et dont l'autorité naturelle s'imposait à moi. J'attendais sans doute, secrètement, qu'il en fût ainsi. Un père, enfin !

Le nom de Siber cessa d'être prononcé, sauf en de brèves et très rares allusions qu'y faisait ma mère, et seulement quand elle se trouvait seule avec moi. Ce n'était plus qu'un secret enfoui au fond de moi, qui me faisait différent mais non en marge des autres enfants.

Je m'entraînais avec plaisir à écrire mon nouveau nom, et je remplissais des pages de signatures. Je ne cessais de poser à mon père des questions sur sa jeunesse, ses parents, ses ancêtres. Il allait au-devant de mes curiosités. Je ne comprendrais que plus tard que je lui faisais, moi aussi, un cadeau. Je lui procurais la joie de transmettre.

Ainsi s'opéra sur moi la greffe douaisienne ; mais elle s'effectua dans un environnement normand.

En effet, nous nous étions depuis quelques mois installés à la campagne. Mon père, un peu lassé sans doute de l'oisiveté parisienne, avait préféré celle des champs, et il avait acheté, dans la vallée de l'Eure, une petite ferme ancienne qu'il transforma en une charmante demeure. Il était un précurseur de la « fermette aménagée » qui fit florès après la Deuxième Guerre mondiale.

Quant à ma mère, alors que je n'étais pas particulièrement chétif ni fragile, elle sut interpréter une consultation médicale comme une injonction impérative à m'emmener vivre au grand air. De là à se persuader qu'elle sacrifiait à ma santé sa carrière d'artiste, il n'y avait qu'un pas, qu'elle franchit rapidement. Elle avait trouvé là une sortie honorable à cette carrière qui, depuis quelque temps, ne lui réservait plus que des déconvenues.

Elle préféra donc se retirer dans le bonheur intime et champêtre qui s'offrait à elle et qu'elle sut à la fois construire et apprécier. Ce furent, se plut-elle toujours à reconnaître, les meilleures, les plus heureuses années de sa vie.

Bénis soient le Ciel, et mon père, de les lui avoir accordées, car les aléas de la vie et son âme incommode ne lui en octroyèrent guère d'autres.

XI

UN VILLAGE D'AUTREFOIS

Cette retraite n'était pas tellement lointaine. Elle avait pour nom La Croix-Saint-Leufroy, qu'on abrégeait en La Croix, un honnête village à une centaine de kilomètres de Paris, et pas plus. Aujourd'hui, où toutes les distances sont raccourcies, c'est le voisinage de la capitale.

Mais, à l'époque, les trois quarts des habitants n'étaient jamais venus, fût-ce un jour, à Paris, et n'y viendraient jamais. Les automobiles étaient rares. Les trains, fort lents, exigeaient qu'on en changeât une ou deux fois pour parvenir à la très modeste gare.

Les gens qui avaient leur souche familiale hors du département, sinon même du canton, étaient désignés du terme de « horseins ». Longtemps, nous ne fûmes nous-mêmes appelés autrement que « les Parisiens ».

Village agréable, point particulièrement pittoresque, mais plaisant. La route de Pacy-sur-Eure à Louviers, qui le traversait de bout en bout, y prenait le nom de rue Grande. Une croisée de chemins menait d'un côté vers le plateau, en direction de Gaillon et de la vallée de la Seine ; de l'autre, on descendait vers le pont sur l'Eure, douce rivière qui coulait, argentée, entre les prairies. Le Moyen Âge s'inscrivait là par le manoir de Crèvecœur, grosse ferme forte, à deux tours rondes et trapues, où Du Guesclin avait dormi la veille de la bataille de Cocherel.

Une vieille église au clocher d'ardoises pointu, flanquée de quelques grands arbres au fond d'une large place ; le château, un peu en retrait, ancienne abbaye Louis XIII, de brique et pierre, bien classique, entouré de son parc ; une mairie-école construite par la IIIe République ; un monument aux morts, tout récent, qui n'offrait pas au regard un soldat tombant dans les bras d'une patrie éplorée, mais seulement un coq gaulois, aux ailes de bronze éployées au-dessus d'une longue liste de noms, témoignage de ce qu'avait coûté de sang, à la moindre commune de France, la terrible guerre de 14-18 : telle était La Croix-Saint-Leufroy.

À l'un des coins de la place se tenait le café-tabac-régie, où l'on venait acheter les timbres, le journal local, des bonbons et des lacets de réglisse ; un peu plus loin, se trouvait le grainetier qui portait l'étonnant patronyme de Cœlorum-Bellemère, et chez qui s'entassaient les sacs de lentilles, de chènevis et les harengs fumés, à côté des couronnes mortuaires en perles violettes. Le menuisier, maigre et poitrinaire, était également chantre et bedeau ; il faisait partie des Frères de la Charité, les « charitons » qui, coiffés d'une barrette noire et la poitrine barrée d'un baudrier brodé d'argent, portaient le brancard des morts. Je me souviens des sanglots qu'il versa, penché sur son rabot, le jour où il eut à confectionner le cercueil de son dernier-né, enlevé au berceau.

Le monde, au long de ma vie, est devenu sonore. Les rues, les demeures, le ciel même se sont emplis de vrombissements, de stridences, d'échos et de voix amplifiées.

Les bruits du village, alors, étaient discrets. Bavardage des commères sur le pas de leur porte, marteau du forgeron frappant sur son enclume, caquetage des volailles dans les basses-cours, aboiement d'un chien, meuglement échappé d'une étable. Près les lavoirs publics, établis à fleur d'eau au bord des ruisseaux, le caquet des lavandières alternait avec le claquement de leur battoir sur le linge mouillé.

Une fois par semaine, la rue retentissait de la trompette enrouée du « planteur de Caïffa », épicier ambulant. Passait, très rarement, le trot des chevaux de deux gendarmes accomplissant leur tournée.

Chant des processions, deux fois l'an, pour les Rogations et pour la Fête-Dieu, avançant lentement, de reposoir en reposoir, sur des chemins jonchés de feuilles d'iris et de fleurs des champs ; retraite aux flambeaux, le 14 Juillet, conduite par le maigre orphéon des pompiers ; quelques flonflons échappés d'un bal du samedi soir : c'étaient là les seules musiques villageoises.

On ne faisait pas cent mètres à droite ou à gauche de la rue Grande sans être dans les champs, ou dans des prés plantés de pommiers.

J'ai beaucoup appris dans ce village normand. J'ai appris ces choses simples et essentielles qui se déposent dans l'âme, sans presque qu'on en soit conscient, mais qui y demeurent comme de permanentes références. J'ai appris là le chemin des saisons, l'éclosion des bourgeons aux arbres des vergers, l'attente renouvelée des fleurs dans les jardins, l'odeur exaltante des fenaisons, les torpeurs de l'été vibrant seulement d'insectes, les sillons bruns et gras des labours, et le gel craquant qui à l'hiver saisit les mares. J'ai appris la variété infinie des nuances du ciel, la mouvance des nuages, la douceur des pluies fines que traverse un rayon de soleil, la chaude odeur des bêtes allant à l'abreuvoir, l'intempérie qui force à courber l'épaule. À regarder les gestes des paysans, j'ai recueilli une sorte d'héritage des siècles, et cette expression tant usitée mais irremplaçable, « la terre de France », a pris pour moi consistance et vérité.

J'ai appris aussi le nombre incroyable d'herbes différentes qui peuvent pousser sur cette terre, lorsqu'on la regarde de tout près, allongé dans une prairie. Vingt, trente espèces s'accommodent de vivre ensemble sur une surface pas plus large que les deux mains. C'est alors que j'ai commencé de m'émerveiller de la diversité dont fait preuve la nature, de la profusion de formes et de couleurs que la vie peut revêtir. Le mystère de la Création n'est pas une abstraction. J'allais dans cette nature passer cinq années de croissance.

La demeure ne manquait point d'agréments.

Par un portail bas, surmonté d'un auvent de tuiles, on entrait dans une cour oblongue tout entourée de bâtiments de pierre ou à colombages : maison de maître, assez modeste, maison de gardien, remises, hangars, greniers. Un passage voûté au fond de la cour donnait accès à un jardin de curé, qui fournissait des fleurs presque à longueur d'année, puis à un potager, suivi d'un verger planté de cerisiers, de pêchers, de poiriers, et enfin à une grande prairie où s'arrondissaient quelques pommiers, et que bordaient des haies de noisetiers et d'aubépine.

Le mobilier ancien qui provenait du partage douaisien, avec ses « attribué à Cranach… attribué à Michel-Ange », avait pris place dans les pièces d'habitation, où il faisait quelque contraste avec leurs dimensions rustiques.

La cour fut rapidement bordée de rosiers nains ou grimpants et peuplée de pigeons-paons blancs, qui, la queue éployée, roucoulaient en picorant les graviers.

Il me souvient que le jour où nous arrivâmes, je gravai mon nom – celui qui n'avait pas encore été changé –, ainsi que la date, dans le crépi d'un mur entre la cour et les jardins. Simple éraflure faite avec un caillou pointu, et qui disparaîtrait au premier nettoyage. Mais le geste resterait inscrit dans ma mémoire. Il me semble assez insolite, chez un enfant de sept ans.

J'eus à l'étage une chambre au mobilier Empire, avec un lit d'acajou, à colonnettes baguées de bronze, qui avait été celui de mon père durant toute sa jeunesse et resterait le mien pendant toute la mienne.

Le paysage que j'apercevais de ma fenêtre normande était ample et champêtre. Par-delà les derniers toits du village s'étendait un long coteau qui blondissait au temps des moissons, sous une grande étendue du ciel. Vers ce coteau montait un chemin herbu qui se terminait par un beau reposoir de pierre. Saint Ouen, disait-on, s'était arrêté là.

Aux jours longs, où l'on m'envoyait me coucher avant que le soleil n'ait disparu, je restais parfois à contempler ce morceau d'univers avec le sentiment que ce n'était là qu'un décor de théâtre, une immense illusion qui m'était offerte.

Le sentiment d'irréalité du monde extérieur est fréquent, et nous assaille, fugace ou non, aux moments les moins attendus. N'étais-je pas bien jeune pour l'éprouver déjà ? Mais parce que précisément j'étais si jeune, il ne s'accompagnait d'aucune angoisse. Au contraire, il m'emplissait d'exaltation.

Nous vivions au demeurant une vie simple et paisible.

Les tâches domestiques étaient assurées par une escouade de servantes qui toutes s'appelaient Marie.

L'aînée était une Auvergnate, Marie Rouchon, qui avait longtemps servi chez ma grand-mère maternelle. Ayant connu ma mère enfant, il lui échappait parfois de la tutoyer.

Les autres Marie venaient du village. D'abord Marie Turlure, haute et solide matrone qui, l'été, quand elle allait désherber le jardin, se présentait coiffée d'un chapeau de paille, le râteau de bois sur l'épaule, et serrée, par-dessus sa chemise de flanelle, dans un grand corset de coutil à ramages qui ressemblait à une cuirasse. Marie Piedechien polissait l'argenterie et les cuivres. Marie Geyland, dite Marie la sourde, veillait au linge, et partait en courant, sans savoir où, au moindre ordre qu'elle n'avait pas entendu. Marie Vallée, l'anarchiste, qui n'avait pas le cœur à saigner un poulet, grommelait, en passant la serpillière sur les carrelages, qu'il fallait « foutre le feu à tout et repartir à zéro ».

Toutes étaient vêtues de sarraus sombres et de tabliers blancs. Leurs cheveux viraient au gris. On se serait cru dans un béguinage.

Mon père continuait d'affectionner la marche. Chaque jour, la canne à la main, et portant avec allure des culottes de tweed ou de velours, il nous emmenait vers les hameaux ou les villages voisins. Notre chienne, un berger d'Alsace, tournait autour de nous comme autour d'un troupeau. Les routes, petites ou grandes, n'étaient pas encore asphaltées, et nous allions sur des chemins blonds bordés de talus herbus.

Le soir, près de la grande cheminée paysanne, dans la pièce d'entrée où nous nous tenions le plus volontiers, mon père me faisait la lecture à haute voix, et il la faisait bien. Il commença par *Robinson Crusoé*, et j'eus un chagrin, comme d'une séparation, lorsque, au bout du mois, l'ouvrage fut achevé. Puis l'on passa à la comtesse de Ségur, née Rostopchine, dans les volumes de la Bibliothèque Rose : *Jean qui grogne et Jean qui rit*, *L'Auberge de l'ange gardien*, *Les Malheurs de Sophie*. Je vécus avec les personnages dont la grande dame russe peupla tant d'imaginations enfantines : M. Abel, qui logeait à l'Hôtel Meurice ; le gros général Dourakine s'extrayant de sa calèche dans le bocage normand ; le baudet Cadichon aux douces et longues oreilles.

On a écrit de savantes études sur Mme de Ségur ; on a même eu recours à la psychanalyse pour expliquer la fréquence des fessées dans ses romans. C'était une dame qui écrivait bien et se plaisait à peindre la vie de son temps, surtout dans les châteaux. Ses dialogues étaient abondants ; il y avait du théâtre dans son affaire. Sa morale aussi était de son temps ; les méchants devaient être punis, les bons récompensés, les pauvres secourus et les injustices réparées. Mais la hiérarchie sociale n'était jamais mise en cause ; elle allait de soi.

Bien qu'elle datât du Second Empire, cette morale-là était toujours celle qu'on inculquait aux enfants de ma génération. Aux vêtements près, qui faisaient le pittoresque des illustrations, il n'y avait pas vraiment de césure. Les dames ne portaient plus de crinolines, ni les petites filles de pantalons de dessous bouffants et festonnés. Mais les garçons se découvraient toujours devant les grandes personnes, à qui l'on parlait fort poliment, sans jamais omettre le « monsieur » ou « madame », lorsqu'elles vous adressaient la parole.

Puis l'on sauta à Jules Verne. Dans les beaux livres à couverture rouge et or de la collection Hetzel, les continents s'ouvrirent à moi, en même temps que les rêves d'un avenir plein de prouesses et d'aventures. *Michel Strogoff*, « regarde de tous tes yeux, regarde » ; *Les Enfants du capitaine Grant*, *Robur le conquérant*, *Vingt mille lieues sous les mers*… J'aurai vu dans ma vie se réaliser les imaginations de ce précurseur génial, de ce voyageur sédentaire, qui, après avoir été secrétaire de théâtre, feuilletoniste et agent de change, ne bougea plus guère de sa bonne ville d'Amiens.

Ces lectures à haute voix provoquèrent vite chez moi un appétit de lire qui deviendrait, tout au long de ma jeunesse, une véritable boulimie.

En même temps me vint le désir d'écrire moi-même. À sept ans, je crus avoir composé un poème qui, au vrai, ne comptait que quatre vers, et à huit ans, je produisis mon premier roman, qui tenait en six pages. Il racontait une bataille navale dans les mers de Chine et se terminait par l'appel des morts, à bord d'un cuirassé. On commence comme on peut. Je commençais par l'épopée. Mais je manquais un peu de documentation.

Normandie, Normandie… Notre ville la plus proche était Louviers, avec sa belle église gothique, autour de laquelle se tenait chaque semaine le marché. Mes parents y avaient la plupart de leurs fournisseurs locaux. Plus rarement, nous allions à Évreux, chef-lieu du département, aux rues régulières et si calmes. La parfaite province. Nous y déjeunions à l'Hôtel du Grand Cerf. Parfois nous poussions jusqu'au Neubourg, gros village au centre d'un vaste plateau de riches labours et de pâtures, mais souvent battu par les pluies. La foire s'y tenait chaque semaine, là aussi autour de l'église ancienne et trapue. Fermiers, emboucheurs et maquignons, vêtus de blouses bleues, comme encore les paysans de Maupassant, se tenaient parmi leurs vaches et leurs veaux, discutaient des prix en louis, et allaient conclure marché devant une bolée de cidre, à l'Auberge du Soleil. Il arrivait l'hiver que le Neubourg fût traversé par une compagnie de sangliers qui déboulaient dans les rues et allaient jusqu'à pénétrer dans le fournil du boulanger ou la boutique du fruitier. Tels étaient nos environs.

Nous avions aussi pour distraction les ventes aux enchères, les « vendues » comme on disait en langage normand, et qui se tenaient le dimanche, dans la campagne. Châteaux, maisons bourgeoises ou simples fermes, mon père aimait à s'y rendre et, avec le goût qu'il avait des objets, y achetait quelque commode qui compléterait bien une chambre d'amis, ou quelque table deux fois centenaire qui aurait sa place sous un auvent, pour les déjeuners d'été.

Je conserve et remonte une grosse montre Empire, dont le boîtier d'argent lui avait plu et qu'il acquit pour cinq francs.

Mais quelle désolation que tous ces mobiliers, ces objets de ménage, ces pendules, ces lits, ces draps, ces outils, tous ces décors d'une vie exposés dans une cour, et qui s'en allaient, sous les coups du marteau du commissaire-priseur ! Et que de haine souvent, de mère à bru, de frère à frère, de tante à nièce, entre les héritiers qui n'avaient pu s'entendre sur un partage discret. Il leur arrivait de vouloir racheter ce que leur désaccord les avait obligés de mettre à l'encan, et enchérissaient avec opiniâtreté les uns contre les autres, pour une bricole, une table de nuit, un chandelier qui les rattachait à leur enfance. Et puis l'un finissait par céder avec dans les yeux des larmes de colère.

Quel contraste entre ce monde campagnard et Paris, où nous ne nous rendions que deux ou trois fois l'an, pour quelques jours ! Mes parents y revoyaient leurs amis et faisaient leurs emplettes de saison.

Du balcon d'un des fournisseurs de mon père, tailleur ou bottier, rue de Rivoli, je regardais passer les longues automobiles de maître, Hispano-Suiza, Minerva, Panhard, et Hotchkiss, que l'on va aujourd'hui contempler comme des reliques aux musées des voitures.

Dans le flot d'une circulation qui connaissait déjà des embarras, on pouvait voir encore quelques coupés étroits, attelés d'un cheval luisant que menait un cocher en chapeau haut de forme. Car il restait, dans quelques hôtels particuliers de la Rive gauche ou de la Muette, des gens d'âge, fortunés, qui conservaient des écuries et s'obstinaient à ne pas changer de civilisation.

XII

AMOURS, DÉLICES ET ORGUES

L'un de ces séjours à Paris eut pour motif de visiter l'exposition des Arts décoratifs, qui se tint, en 1925, le long de la Seine, entre l'Alma et le Trocadéro. J'y accompagnai mes parents. C'était la première grande exposition depuis la fin de la guerre, et elle marqua l'époque. Par son nom tout d'abord, parce que le terme d'arts décoratifs n'était guère répandu jusque-là ; et aussi parce qu'elle fut comme un tournant du goût.

De nouvelles formes, de nouvelles matières y apparurent. Meubles clairs, lisses et galbés, métaux unis et polis, laques de Dunan, verres de Lalique ; les formes purement géométriques commençaient à l'emporter sur la ciselure et l'ornement. On rompit là avec le style surchargé de la IIIe République, et l'on s'engagea sur la voie d'un dépouillement qui, tombant d'un excès dans l'autre, nous conduirait aux rectitudes anguleuses, aux métaux agressifs, inhumains, aux couleurs uniformes, froides ou brutalement contrastées qui font l'ordinaire des décors de la fin du siècle dernier et des débuts de celui-ci.

Mes parents avaient surtout la curiosité de voir ce qu'avait imaginé le grand couturier Paul Poiret.

J'ai déjà cité cet ami de ma mère qui a son nom inscrit dans l'histoire de la mode et des mœurs.

Ne se contentant pas, comme les autres exposants, d'une

tente ou d'un stand, il avait choisi de décorer, arrimées au quai, trois vastes péniches qu'il avait nommées des trois mots de la langue française qui, masculins au singulier, deviennent féminins au pluriel : Amours, Délices et Orgues. Elles n'étaient pas les moins originales de toutes les créations du luxe échelonnées le long du fleuve. Les visiteurs y affluaient, et Poiret les accueillait en veste d'alpaga blanc, se déplaçant de l'une à l'autre de ses péniches d'un pas majestueux.

Étrange personnage au physique de satrape : joues pleines enveloppées d'une barbe courte, gros yeux clairs à fleur de tête, un visage d'empereur antique. Il possédait d'ailleurs un buste perse, d'époque séleucide sans doute, qui lui ressemblait de manière stupéfiante, jusqu'à présenter, sur un côté du crâne, la même légère dépression chez lui congénitale. À se demander s'il n'était pas une réincarnation.

On a beaucoup écrit sur Paul Poiret. On écrira encore. L'homme est inépuisable.

Fils d'un drapier, il eut dès l'enfance le goût de dessiner des robes. Il entra de bonne heure chez Doucet, rue de la Paix, premier couturier de l'époque, et en devint le premier modéliste. Les aristocratiques clientes de Doucet se l'arrachaient, tant son attention et son originalité les enchantaient. Il montrait une manière de génie.

Il habilla pour la scène la grande Réjane. Il habilla Sarah Bernhardt dans *L'Aiglon*. Il eut bientôt assez de réputation pour ouvrir sa propre maison, dans un hôtel particulier du faubourg Saint-Honoré. C'est là qu'il accomplit une véritable révolution en supprimant le corset, cette cuirasse baleinée qu'il fallait faire lacer dans le dos, et dans laquelle étouffèrent plusieurs générations féminines. Il n'est jusqu'à Clemenceau qui l'en félicita pour avoir ainsi libéré la femme.

Il créa des tenues pour toutes les heures de la journée et pour toutes les circonstances de la vie, du bal de cour jusqu'au sport. Il eut maille à partir avec l'Église pour avoir inventé la jupe-culotte.

Sa réussite fut prodigieuse. Porter une robe de Poiret était un brevet d'élégance. Dans les années 1910, il devait arriver à un million de francs or de commandes. Prodigue et fastueux, il donna des fêtes costumées, d'abord pour asseoir sa célébrité, puis par goût d'éblouir et de s'éblouir lui-même. Là aussi, il fit preuve de son imagination démesurée.

Il transformait pour un soir le jardin de son hôtel en marché persan, où il accueillait, habillé en sultan, ses invités tous déguisés.

Il loua à l'État le pavillon du Butard, en forêt de Fausse Repose, qu'il remonta pour servir de décor à un triomphe de Bacchus, fête mythologique où il s'était réservé le rôle de Jupiter. Le champagne y coulait par mille bouteilles.

C'est dans un char tiré par une centaine de femmes demi-nues qu'il arriva, en Nabuchodonosor, à un bal des Quat'Zarts.

Il avait dit à sa femme, au début de leur mariage : « Ah ! Ne me donnez pas le goût de la pauvreté. C'est celui de la richesse qui me fait travailler. »

Il la trompa beaucoup, car il en avait toutes les occasions ; et finalement, ils se séparèrent.

Ah certes ! Paris parlait de lui. Et non seulement Paris, capitale universelle de la mode, mais le monde entier. Car, le premier, il parcourut l'Europe, emmenant neuf de ses mannequins pour présenter ses collections, jusqu'à Saint-Pétersbourg. Il fut deux fois aux États-Unis, où il eut même une succursale à New York.

Mécène en outre, il était l'ami de Dufy, Van Dongen, Foujita, Vlaminck, Dunoyer de Segonzac, Marie Laurencin. Lui-même avait un appréciable talent de peintre de paysages.

Paul Poiret le Magnifique ne comptait pas, et il ne regardait même pas ses comptes. Il avait un administrateur dévoué sur lequel il se reposait et qui accomplissait des prouesses d'équilibre. Car, après la Grande Guerre, les conditions économiques avaient changé, et Poiret ne s'en était pas aperçu. Son administrateur mourut en 1923, et ce fut le début de la débâcle. Les banques, lassées de ses extravagances, refusèrent tout nouveau crédit. Les créanciers se précipitèrent sur la marque dont ils dépouillèrent le créateur.

Poiret faisait tout pour paraître encore triomphant. Mais Amours, Délices et Orgues n'étaient qu'une tentative de renflouement, avant l'inévitable naufrage.

Elles étaient théâtrales, ses trois demeures flottantes, conçues pour offrir de gigantesques écrins aux plaisirs de l'amour, de la table et des arts.

Poiret avait résolu de donner au décor d'intérieur de nouveaux agencements et de nouvelles couleurs. Il rompait, là aussi, avec des générations de bourgeoisie pour lesquelles le mobilier et les dispositions du XVIIIe siècle restaient le canon du goût. C'est de lui que datent les divans bas, larges et profonds, les soieries unies, blanches ou rutilantes.

Je revois Paul Poiret trônant largement sur l'un de ses sofas avec une majesté d'émir. Il élevait un monocle néronien, devant son gros œil bleu. Et je l'entends dire à mes parents : « Mes amis, je suis ruiné. » C'était vrai.

Pendant vingt ans encore, souverain déchu mais qui s'imaginait toujours pouvoir reconquérir son trône, il s'obstina dans des projets utopiques et des acrobaties financières, avec quelques remontées spectaculaires, et des chutes de plus en plus dramatiques.

Il présenta des collections dans les grands magasins, rouvrit boutique, dut la refermer, lança un annuaire *Pan*, où, novateur encore, il s'adressa aux peintres et dessinateurs de l'époque pour les publicités des marques de luxe, mais qui n'eut qu'un numéro. Il écrivit ses mémoires, *En habillant l'époque*, qui ne manquaient ni de patte ni de verve, ainsi qu'un recueil d'allitérations bouffonnes, *Popolorepo*. « *Natacha n'attacha pas son chat Pacha qui s'échappa. Cela fâcha Sacha qui chassa Natacha.* » Dites-le dix fois !

Il avait entrepris de bâtir, sur les hauteurs de Meulan, en

un lieu appelé le Gibet, une demeure de vastes dimensions, aux proportions et aux formes résolument modernistes que l'on retrouverait après lui dans toute l'architecture privée.

Mais sa déconfiture l'avait obligé à en arrêter la construction. Meulan n'était pas très distant de notre village normand, et Poiret venait parfois nous y prendre, dans une grosse voiture américaine, pour aller visiter son paquebot de ciment échoué sur une colline d'Île-de-France, et déjà envahi, ruine anticipée, par les herbes folles. De là-haut, il contemplait un paysage immense, et son rêve inachevé. La seule partie habitable était la maison de gardien, sans gardien, où il se réfugiait de temps à autre. Et c'était là que, coiffé de gros masques d'animaux en carton-pâte, âne, corbeau, lion, chien, cigogne, il me récitait les fables de La Fontaine.

Le Gibet, plus tard, serait acquis par Elvire Popesco et son mari le comte Foy, qui achèveraient splendidement le rêve de Paul Poiret.

Celui-ci, dans l'une des passes noires de son infortune, n'en arriva-t-il pas à envoyer une circulaire, émanant d'un prétendu groupement des « *Amis de Paul Poiret* », et qui, « devant la difficulté actuelle de réunir un capital substantiel », demandait, « à chacun des admirateurs sincères et des amis de ce grand artiste, le modique effort de 50 francs contre la promesse, dans un avenir prochain, d'avantages considérables (invitations, soldes, priorités diverses...) ».

Je connais peu de textes aussi pathétiques que cette page de mendicité rédigée par un homme qui avait eu une telle place dans son siècle.

Quand nous fûmes durant mon adolescence à Clamart, il apparaissait parfois, habillé comme un bourgeois du temps de Louis-Philippe, pour venir emprunter quelques billets à mes parents, eux-mêmes alors fort désargentés.

Je devais le revoir un jour, à Cannes, où il s'était réfugié. Ayant su son adresse, j'allai lui faire visite dans une pension de famille sordide où il me retint à déjeuner. Il s'était mis à porter une barbe de pêcheur breton, un collier, et était atteint d'une chorée sénile à grande amplitude dont le spectacle était fascinant. Sa bouche s'ouvrait, sa langue sortait par saccades. Il devait fixer sa main droite avec sa main gauche pour pouvoir saisir sa cuiller ; dans l'effort, son monocle tombait, et sa main repartait, battant l'air. Quand il se servait, les petits pois volaient dans la pièce.

Je me souviendrais de l'avoir observé pour décrire la fin du banquier Schoudler dans *Les Grandes Familles.*

Nous sortîmes sur la Croisette, pour aller prendre un café qu'il me demanda de payer, parce qu'il n'avait, littéralement, pas un sou en poche. Je partageai avec lui le contenu, modeste, de mon portefeuille. Il me remercia avec effusion et aussitôt courut, secoué de mouvements spasmodiques, au Casino pour jouer les cent francs que je venais de lui donner, et qui lui procurèrent quelques instants d'un absurde espoir.

La dernière fois qu'il parut en public fut en 1944, effondré et tremblant dans un fauteuil de la galerie Charpentier qui lui avait organisé, par charité, une exposition-vente de ses toiles. Il mourut quelques semaines après. Ainsi finit Poiret le Magnifique.

XIII

D'UNE CLASSE DE FANTÔMES À UNE ÉCOLE DE CAMPAGNE

Durant les deux premières années de notre retraite normande, ce fut ma mère qui, prenant la relève de mon début d'études primaires, se chargea elle-même de poursuivre mon instruction.

Ainsi en avait-elle décidé. Mais elle le fit à sa manière toujours particulière, c'est-à-dire théâtrale.

Elle inventa autour de moi une classe qu'elle peupla d'élèves imaginaires, auxquels elle donna des noms. Munie du manuel d'enseignement, et ayant endossé une tenue spéciale, qu'elle appelait sa robe de maîtresse d'école, elle montait sur une petite estrade, et frappait dans ses mains pour marquer le début de la leçon. Elle interrogeait, chacun à son tour, les enfants d'illusion dont elle m'entourait, feignait d'entendre leurs réponses, ramassait des cahiers dont le mien était le seul palpable, distribuait réprimandes ou bons points. Je donnais dans cette fiction. Mes camarades fantômes avaient pris une manière d'existence ; je les jalousais quand ils recevaient des notes supérieures aux miennes, et les compliments qu'ils recevaient m'irritaient, mais me stimulaient. Ma mère n'alla-t-elle pas jusqu'à organiser une distribution des prix, sous un hangar entre des buissons de roses ?

J'ai attendri plus tard bien des cœurs maternels en leur

contant cette histoire, et m'en suis un temps attendri moi-même.

À y regarder de plus près, il y avait pour ma mère, en accomplissant de la sorte son rôle d'éducatrice, une manière de compensation. Elle redevenait actrice, et s'était fabriqué une scène où j'étais à la fois son partenaire docile qui lui donnait la réplique, et son unique spectateur. Mais cette complicité dans l'imaginaire, cet enfermement mère-fils dans un petit monde illusoire eussent pu n'avoir pas que des effets heureux.

L'éducation que me donnait mon père, pour sa part, rétablissait l'équilibre et me ramenait au réel.

Les enfants sont raisonneurs, et cherchent volontiers à mettre les grandes personnes en difficulté en les harcelant de « pourquoi ». Pourquoi doit-on faire ceci, pourquoi est-ce mal de faire cela ? Pourquoi ne doit-on pas mentir ?

Mon père mettait un terme à ces débats dérisoires en disant : « Parce que c'est ainsi. — Mais pourquoi est-ce ainsi ?... — Parce que, si tu continues, tu vas recevoir une gifle. »

Il me donna également quelques notions de langue anglaise et de boxe française, deux enseignements qui lui paraissaient complémentaires.

Bonne musicienne, ma mère voulut aussi m'initier au piano. Mais là, inutile de m'inventer des rivaux, ils passeraient tous devant moi. J'arrivai à reconnaître les notes sur le clavier et à tapoter quelques morceaux pour tout premiers débutants. Mais je restai rebelle au solfège. Ce n'était pas mon écriture.

Ayant en ces deux ans acquis mes rudiments, il fallut bien me faire passer à d'autres méthodes d'études. Il ne pouvait être question, pour ma mère, de me mettre dans un pensionnat. Et je reconnais volontiers qu'à cet âge j'en aurais souffert. J'entrai donc au cours moyen à l'école du village.

Une vraie école primaire, comme il en fut construit, en bonnes briques roses, dans toutes les communes de France, après les lois de Jules Ferry. Une salle de classe à droite pour les garçons, une salle de classe à gauche pour les filles, des deux côtés du bâtiment de la mairie.

J'eus là un merveilleux instituteur, parfait exemplaire de ces maîtres ruraux de la IIIe République, excellemment formés, patients, épris de leur métier, et tout emplis du sens noble de leur devoir. Ils enseignèrent de solides générations, et leur descendance fournit une bonne partie des élites universitaires ou politiques de la nation.

Mon instituteur avait fait, bien sûr, la guerre de 14 dans l'infanterie. Il portait les cheveux en brosse, une moustache effilée qui commençait à grisonner ; il se tenait droit, et était toujours vêtu avec dignité. L'été, il se coiffait d'un chapeau de panama.

Il avait entre trente et quarante enfants à instruire, répartis en trois cours, et s'en arrangeait bien, passant des uns aux autres sans laisser de temps mort, faisant épeler les plus petits pendant que les grands résolvaient un problème d'arithmétique, puis revenant à ceux-ci pour une dictée ou une récitation.

Il avait un art particulier pour tracer les pleins et les déliés, à la craie, sur le tableau noir, et pour tailler les crayons en pointe parfaite. L'hiver, il rechargeait de temps en temps, avec des bûchettes, le gros poêle de fonte.

Sa femme tamponnait de teinture d'iode les genoux écorchés pendant la récréation, et faisait chauffer sur son fourneau, à midi, les gamelles des enfants qui habitaient des hameaux éloignés.

Béni soit le nom de l'excellent homme que fut Henri Fauchet ! Je conserve une photographie où je suis auprès de lui, le front ceint d'une couronne dorée, lors d'une distribution des prix, une vraie.

Je lui dois de m'avoir appris les dates principales de l'histoire de France et les noms des grands hommes. Je lui dois les leçons de morale et d'instruction civique qui bénéficiaient d'une grande place alors, et dont le manuel, décrivant les principales lois et institutions du pays, posait cette règle : « La France est une patrie glorieuse, et nous pouvons dire avec orgueil : nous sommes Français ! »

Je lui dois le peu que je sais d'agriculture et de botanique. Il m'avait fait faire un herbier que je composais en me promenant dans la campagne. Il me revient encore aujourd'hui, travaillant au Dictionnaire, que l'origan est une labiée et que les labiées ont une tige à section carrée. Comment le saurais-je sans le cher monsieur Fauchet ? Il me chargeait aussi, certains matins, d'aller relever le pluviomètre installé dans son jardin.

De la relativité des situations sociales, je pris conscience le jour où, à l'occasion de quelque lecture, il nous posa la question : « Que feriez-vous si vous étiez riche ? »

Fus-je le premier à hasarder une réponse : « Si j'étais riche... » ? J'entendis aussitôt s'élever des bancs, autour de moi, un murmure de stupéfaction et presque de réprobation. Aux yeux de mes camarades, fils de paysans ou de petits commerçants, j'étais un enfant riche : la question ne pouvait pas s'adresser à moi, et il y avait comme de l'indécence, de ma part, à y répondre.

Est-ce cela qui maintenait une certaine distance entre eux et moi ? Je n'ai guère souvenir que de deux d'entre eux. De l'un parce qu'il avait deux sœurs avec lesquelles il venait parfois jouer à la maison, et surtout parce que son père exerçait un métier singulier. La barbe noire penchée sur une planche à dessin, il peignait à petits pinceaux, petites lignes, petites fleurs, des projets d'impression pour les étoffes qu'on vendait en campagne.

Pour l'autre, l'affaire était différente. Il avait une vocation : il voulait être berger. C'était un grand garçon long, osseux, un taciturne au regard doux. Sa famille exploitait une ferme isolée, à la Boissaye, sur le coteau. L'hiver, ses mains étaient fendues d'engelures. « Pourquoi veux-tu être berger ? — Parce qu'on est seul et qu'on peut regarder les étoiles. »

Je l'imaginais, assis devant sa cahute roulante aux brancards abaissés, ayant mangé la soupe épaisse qu'on lui aurait apportée de la ferme dans un pot de terre à deux panses, son chien à ses pieds, et contemplant le firmament au-dessus de ses brebis endormies.

Bien des années plus tard, trente peut-être, voulant montrer à celle qui serait ma seconde épouse mes lieux d'enfance, j'arrivai par hasard sur ce plateau, reconnus la Boissaye et vis, appuyé à la barrière disjointe, un grand garçon de treize ou quatorze ans, long, osseux, aux jambes maigres et aux genoux forts, une réplique exacte de mon camarade d'antan. J'arrêtai ma voiture.

Même à cet âge, les paysans normands sont prudents, et peu loquaces avec les « horseins ».

Je lui demandai si c'était bien la ferme de la famille Minié… « oui… » ; si elle y habitait toujours… « oui » ; s'il connaissait un certain Lucien Minié qui avait été à l'école de La Croix… « je ne l'ai pas connu… » ; qui voulait être berger… « ah oui, il l'a été… » Qu'était-il devenu ? « Il est mort. C'était mon oncle. »

J'obtins enfin quelques explications. Durant l'Occupation, le troupeau de mon ami berger lui avait été pris par les réquisitions allemandes. Il avait trouvé emploi dans une usine, à quelques lieues. Et un jour que l'atelier était désert, il était tombé par accident dans une grande cuve de goudron. Quelle fin, pour un garçon qui ne voulait vivre qu'en regardant le ciel, que cette noyade dans une visqueuse noirceur ! Le monde des enfers, l'Hadès, l'avait englouti. Une image trop symbolique du mauvais destin.

Afin de compléter ma formation première, et pour que je n'aie pas de retard quand j'entrerais au lycée, mon père me fit donner des leçons de latin par le curé.

Celui-ci, l'abbé Maingueux, était un grand Picard sanguin

et bon, arrivé depuis plus de trente ans dans le diocèse. Il ne renâclait pas devant le vin, et pédalait vigoureusement, en soutane et chapeau plat, sur sa bicyclette de dame. Parfois on le croisait, mais à pied et en surplis blanc, escorté d'un enfant de chœur agitant une clochette ; il allait porter l'extrême-onction à un mourant.

Ses prêches étaient pittoresques. Il s'emportait volontiers, frappant sa chaire du plat de la main, et tonnait contre ses paroissiens qui avaient travaillé le dimanche sans lui en demander la permission. « Mes frères, vous allez encore me faire commettre mon péché favori, la colère ; vous êtes responsables des fautes dont le Bon Dieu me demandera compte. »

Je suivais son enseignement du catéchisme dans la vieille église aux charpentes de bois, et j'allais dans son assez pauvre presbytère apprendre les déclinaisons latines. Bientôt je commençai de traduire l'*Epitome historiae grecae*.

Ainsi passaient ces jours d'un autre temps, pendant que je m'impatientais à grandir.

Si, pendant mes toutes premières années, j'avais été quelque peu ballotté, et traversant des milieux contrastés, je me plais à reconnaître que, pendant cette période de campagne, ma mère et mon père furent pour moi de la plus extrême tendresse et, concentrant sur moi toute leur attention, s'appliquèrent à me donner un sentiment de stabilité. Mais l'enfance est-elle jamais parfaitement heureuse ?

Il me fallait parfois courir jusqu'au bout de la prairie, là où personne ne pourrait m'entendre, pour crier, crier, hurler même, et libérer mes poumons d'une force irrépressible et inutilisée.

XIV

OÙ J'APPRENDS, ENTRE AUTRES CHOSES, CE QU'EST L'ACADÉMIE FRANÇAISE

Il m'avait été inculqué qu'il convenait aux enfants d'être non seulement d'une particulière politesse avec les personnes d'âge, mais aussi de rechercher leur compagnie et de leur montrer toujours intérêt et attention. « D'abord, cela leur fait plaisir, me disait mon père ; mais aussi elles t'apprendront des choses que nul ne pourra plus t'apprendre quand elles auront disparu. »

Pierre Thureau-Dangin était à mes yeux un homme d'âge, puisqu'il avoisinait les cinquante ans. Il était le possesseur du château, et le maire du village ; il avait son entrée particulière dans l'église, par une porte latérale qui communiquait directement avec son parc, et son banc réservé, à côté du chœur.

Ancien officier de dragons, il avait les manières du cavalier, et dans le ton une certaine hauteur courtoise, qui n'était pas affectée, mais de nature.

De belle stature, et le visage bien sculpté, il avait une légère déviation du nez qu'on aurait pu croire accidentelle, alors qu'elle était congénitale, puisque ses deux frères, l'un sénateur du Calvados, l'autre archéologue et membre de l'Institut, la présentaient aussi.

Il avait épousé une demoiselle Lehideux, née dans une grande famille de banquiers ; elle n'était pas très jolie de visage, mais avait des yeux bleus au merveilleux regard de bonté, et elle avait dû ressembler, jeune, à la princesse Marie de Tolstoï dans *Guerre et paix*. Elle était devenue une respectable et affable dame à cheveux blancs.

Ce couple s'adorait. Comme bien souvent les ménages auxquels il a été refusé progéniture, ils étaient touchés par la présence des enfants. Claire Thureau-Dangin tenait registre, dans un cahier spécial, des cadeaux qu'elle faisait, pour chaque Noël, à ses cinquante-deux neveux et nièces afin de ne pas leur offrir deux fois de suite le même présent.

J'étais toujours convié quand mes parents allaient prendre le thé chez eux.

C'est dans la bibliothèque de Pierre Thureau-Dangin, toute de boiseries claires, que me fut révélée l'Académie française. Car le père de notre châtelain, François Thureau-Dangin, historien des Orléans, avait été Secrétaire perpétuel de l'Académie, au début du siècle.

Étaient accrochés là, offerts à ma curiosité et mon admiration, les dessins et tableaux où il était représenté, en habit vert, sous la Coupole, assis à ce même siège que j'occuperais, soixante ans plus tard.

Les signes que le destin nous fait, on ne les distingue ou ne les comprend que longtemps après. Parfois, assis derrière ce bureau de marbre, je songe à ces instants lointains, et je me demande si c'est l'enfant d'alors que je revois, ou si c'est lui qui me regarde.

Je dois à Pierre Thureau-Dangin de m'avoir expliqué ce qu'était l'Académie, comment elle avait été fondée, quelle était sa mission, et ce qu'elle représentait dans la vie et l'histoire de la France.

Je lui dois aussi mon premier intérêt pour la vénerie. Combien de pieds de cerfs, de sangliers, de chevreuils, dont on lui avait fait les honneurs, décoraient son vestibule ! Il était bouton d'un équipage des environs d'Évreux qui venait parfois découpler dans nos parages et qui passait, habits rouges, meute aboyante et trompes sonnantes, dans la rue Grande.

Je rencontrais souvent, revenant de l'école, Pierre Thureau-Dangin à cheval, faisant sa promenade ou se rendant à sa mairie, suivi de ses deux chiens, Luc et Marc Aurèle, un griffon et un genre de saint-bernard. Il ne manquait jamais de s'arrêter, de me tendre la main du haut de sa monture, et de converser quelques instants avec moi.

J'ai le souvenir d'un jour d'été, un de ces beaux étés de Normandie, où je m'amusais à scier les branches d'un poirier mort qu'on avait abattu, dans un champ que mon père venait d'acquérir pour arrondir la propriété.

Vint à passer, sur le chemin qui longeait ce champ, Pierre Thureau-Dangin, à pied. Il avait en guise de canne un échardonnoir, car il venait d'inspecter ses terres, et était comme toujours suivi de Luc et Marc Aurèle. Coiffé d'un canotier, il était vêtu d'un de ces costumes coloniaux de toile blanche qu'il portait en Afrique, quand l'y appelaient ses voyages d'administrateur de la société de Saint-Gobain, et qu'il usait aux jours de grande chaleur.

Il s'arrêta auprès d'un vieux cornouiller, cet arbre aux fruits rouges, oblongs et aigrelets, au bois plus dur qu'aucun, dont on faisait autrefois les manches d'outils, et qui a presque disparu de nos campagnes.

Je me hâtai de venir saluer notre amical châtelain. « Maurice, me dit-il, savez-vous qui était Gladstone ?... Non, Monsieur. »

J'avais déjà pris le parti de ne jamais feindre de savoir ce que j'ignorais, parce que c'était me priver d'apprendre.

« Vous demanderez à Monsieur votre père... Gladstone était un grand ministre anglais. Dans ses jours de repos, à la campagne, il se plaisait à couper du bois. Et l'on achetait fort cher ces bûches parce qu'elles avaient été sciées par ce grand homme. »

Il prit un temps, me sourit et ajouta : « Eh bien, on devrait vous acheter cher le bois que vous coupez là, car c'est du bois scié par un futur grand homme. » Un enfant n'oublie pas un tel mot.

Pierre Thureau-Dangin, haute figure de mes jeunes années, mourut tôt, d'une maladie contractée en Afrique précisément. La correspondance que sa femme entretint longtemps avec moi m'a bien confirmé qu'il fut vraiment mon premier ami ; il avait confiance en ma destinée. Je ne suis pas devenu Gladstone ; mais au moins aurai-je tenu la place où il avait vu son père.

Deux événements marquèrent l'année de mes neuf ans.

Le premier fut la célébration du cinquantenaire de l'invention du phonographe, par Charles Cros. *Le Matin* titrait : « Il est juste que Charles Cros entre dans la gloire. »

Je fus jugé trop jeune pour assister à la cérémonie, qui se déroula dans le grand amphithéâtre de la Sorbonne. Mais l'on m'en fit de longs récits. Il devait m'échoir, un demi-siècle plus tard, de participer à la célébration du centenaire.

L'autre événement fut la première traversée aérienne de l'Atlantique.

Au début de mai de cette année 1927, Nungesser, un as de la guerre qui comptait quarante-cinq victoires dans le ciel, et son compagnon Coli, avaient tenté la traversée dans le sens France-Amérique. Ils disparurent dans l'océan, avec leur hydravion, *L'Oiseau bleu*.

Trois semaines plus tard, Charles Lindbergh réussissait, dans l'autre sens, après 33 heures 39 de vol. Son arrivée au Bourget fut accueillie dans un délire d'enthousiasme et la presse fut emplie de son exploit. Autour de moi, je n'entendais que cris d'admiration. J'éclatai en sanglots. On me demanda la raison de ce chagrin. « C'est parce que les Français n'ont pas réussi. Je pense à Nungesser et Coli. »

Le patriotisme est inné. L'éducation ne sert qu'à le développer.

De mes dix ans, je me rappelle l'installation, à la maison, de notre premier poste de radio, que l'on appelait alors TSF, télégraphie sans fil. Un poste à lampes, dans une boîte d'acajou. J'ai pu aisément retrouver la date : 29 novembre 1928. Car c'était un jeudi, jour de congé scolaire. Or, la première chose que j'entendis sortir de cette boîte miraculeuse fut la retransmission intégrale de la réception à l'Académie française de Maurice Paléologue, au nom hérité des empereurs de Byzance, diplomate et historien. Il était reçu par Louis Barthou, homme politique, historien lui aussi, ancien président du Conseil et maintes fois ministre, celui-là même qui devait finir, en 1934, étant aux Affaires étrangères, dans l'attentat contre le roi Alexandre Ier de Yougoslavie à Marseille, où tous deux furent assassinés.

Ainsi, ce que m'apportait ce moyen de communication le plus moderne, c'était, avec les traditionnels roulements de tambour, les fastes et les prestiges de notre plus vieille institution. L'Académie une deuxième fois m'était révélée.

J'ai eu la curiosité, voici quelques années, de lire les discours prononcés lors de cette séance. J'ai relevé ceci dans le discours de Barthou : « L'Académie, dont le cardinal de Richelieu avait voulu faire une sorte de chancellerie de l'intelligence française… » ; et dans celui de Maurice Paléologue : « Le signe des vocations fortes est leur précocité. »

Quelle était, dans mon Panthéon enfantin, la place de Joseph Kessel ? Il envoyait à ma mère chacun des livres qu'il publiait ; il m'écrivait de gentilles lettres pour mes anniversaires ; j'en ai retrouvé une dizaine au moins de cette écriture fine et minuscule qui était la sienne. La presse nous apportait des échos de sa célébrité croissante. Rarement, très rarement, il venait passer une journée avec nous. Héracléen, car il pesait alors plus de cent kilos, il arrivait du bout du monde, ou d'une nuit passée dans un cabaret russe de Paris. Il avait la tête emplie de paysages lointains et de personnages extraordinaires. Mais venir à la campagne, une campagne pourtant si proche, lui semblait une expédition. Ce bourlingueur n'avait jamais conduit ni ne conduirait une auto. Les paquebots étaient mieux son affaire que les changements de trains sur les lignes secondaires, et un jardin potager était pour lui pays plus étranger que le désert.

Il semblait toujours un peu gêné en présence de mon père. Il ne pouvait pas ne pas reconnaître à René Druon, en même temps que la noblesse d'âme, la qualité de l'affection que celui-ci me vouait ; mais il s'habituait mal à ce transfert de paternité ! Et tandis que René Druon disait avec le plus grand naturel « ton oncle Jef », Kessel, lui, n'avait pas à son égard une aisance réciproque.

Et puis, bien qu'athée et issu d'une famille athée, mais fort attaché, par l'emprise qu'avait sur lui sa mère, aux traditions juives, Kessel restait distant de la religion catholique dans laquelle j'étais élevé. Là, nous n'étions plus de la même famille. Nous nous rejoindrions plus tard, et sur d'autres chemins.

J'approchai de ma première communion dans un état de grande foi. Je puis même parler d'une période mystique, si le terme peut s'appliquer à un enfant de onze ans.

L'évêque vint dans la paroisse en grand arroi et concours de foule pour la confirmation. Monté sur une chaise, à côté des fonts baptismaux, j'eus, parce que j'étais le meilleur élève du catéchisme, à prononcer le renouvellement des vœux du baptême. L'église était pleine. Comprenais-je bien ce qu'était « *renoncer à Satan, à ses pompes, et à ses œuvres* » ? En tout cas, je le dis de toute mon âme. Je reçus sur la joue le léger soufflet rituel appliqué par deux doigts épiscopaux.

Il m'est resté que Satan, le démon, le malin, ou de quelque nom qu'on le désigne, garde, au fond de mon esprit, une réalité. On ne tient plus Satan pour présent dans le monde. Il a perdu ses cornes et ses pieds fourchus. Il s'est fait oublier.

Mais il y a tout de même dans l'univers des forces du Mal. Et nous savons ce qui survient lorsqu'elles se déchaînent dans les âmes et les peuples. L'humble foi des campagnes leur donnait au moins une présence.

La préparation aux sacrements était alors minutieuse et impérative. Elle s'accompagnait certes de beaucoup de manifestations extérieures. Le costume y avait sa part. Robe blanche qui préfigurait la robe de mariée pour les filles ; costume bleu et col Eton pour les garçons, avec un brassard de soie blanche. Je revêtais pour la première fois un pantalon long. Le cierge était gros et lourd que l'on tenait durant toute la cérémonie. Lourd aussi le dais rouge, frangé d'or, dont je serais l'un des porteurs durant la procession. Le jeûne était strict avant la communion, et l'on craignait presque d'avaler sa salive. Tout cela mettait l'enfant dans un état d'émoi extrême, pour approcher de la Sainte Table. Et ainsi se déposait dans l'âme un grain de spiritualité qui pousserait, selon le terrain et les accidents de la vie, comme il pourrait.

La première communion était une grande fête familiale. Toute la parentèle arrivait, parfois de très loin et apportant cadeaux : missels, crucifix, montres dorées.

En plus de la famille vinrent de Paris, pour assister à ma première communion et partager le grand déjeuner qui suivait la cérémonie, deux personnages corpulents qui n'échappaient pas au regard.

L'un était Paul Poiret, sur lequel je me suis tout à l'heure arrêté, toujours magnifique en dépit de ses revers, et toujours insolite car, en l'occasion, il apparut, nouveauté stupéfiante, accompagné d'un opérateur de cinéma engagé pour la circonstance et qui, avec sa caméra montée sur un trépied de bois, prit en images les moments importants de la journée. « Ce film, c'est mon cadeau, me dit Poiret. Un souvenir pour toute ta vie. » Il y a beau temps que le support de celluloïd est tombé en poussière.

L'autre invité, ami de ma famille paternelle, était plus imposant encore, et sans qu'il y fallût le secours de la célébrité mondaine ou de la cinématographie. Sa robe blanche y suffisait.

Le Révérend Père Padé, provincial de l'Ordre des Frères prêcheurs, régnait avec une belle et sereine autorité, du couvent du 222 faubourg Saint-Honoré, sur les quatre cents dominicains répartis dans les treize monastères de la Province de France ; il avait aussi sous sa juridiction les missions d'Écosse, de Suède et de Palestine. Quelles que fussent ses charges pastorales et administratives, il avait cette extraordinaire disponibilité des grands religieux pour les âmes, prises une par une, et témoignait d'une particulière tendresse pour les enfants, ainsi que le prouvait sa venue. Il les appelait « mon petit Père, ma petite Mère », comme s'il voyait en chacun d'eux la promesse d'une vocation monastique.

Il était issu d'une famille paysanne de l'Artois. Homme de lourde stature, avec un ventre qui pointait sous sa robe, il ne se carrait pas dans les fauteuils mais s'y posait droit. Très chauve, presque sans cils et sans sourcils, il avait un visage aux joues vastes et plates, un menton puissant ; une tête sans saillie inutile, bien taillée dans un carré de bois solide.

Il mettait quatre morceaux de sucre dans son café ; mais il avait, à l'église, une intensité de prière qui diffusait autour de lui ; et quand il vous parlait, il avait un regard qui vous emplissait l'âme.

Au soir de cette journée pleine d'émois, d'encens, de musique d'harmonium, de senteurs de cire, de voix, de bruits, de baisers et de compliments, de fatigue aussi, je ne souhaitais pas, formant des rêves d'avenir, devenir couturier célèbre ou cinéaste ; je voulais devenir dominicain.

Le Père Padé, que je revis de temps en temps durant mon enfance, mourut quelques années plus tard et prononça un de ces mots de la fin qui signent une vie. Atteint d'une pneumonie, et se sentant une nuit à toute extrémité, il demanda au religieux qui le veillait d'appeler tous les frères du couvent. Et quand ils furent rassemblés, ayant peine à tenir dans sa cellule, il leur dit simplement, d'une voix expirante : « Mes frères, je crois que le Bon Dieu va me rappeler à lui cette nuit. J'avais encore une chose à vous dire : aimez-vous bien les uns les autres. » Et il entra en agonie.

Je ne me suis pas fait dominicain, mais le Père Padé fut le modèle sur lequel je bâtis le personnage du Père Boudret, seul caractère vraiment bon et estimable dans *Les Grandes Familles*, celui qui rachète les autres, et d'abord, je l'espère, l'auteur, prouvant que celui-ci n'avait pas l'esprit uniquement féroce et noir.

J'en aurai fini des souvenirs que cette période d'enfance a déposés en moi quand j'aurai évoqué les vacances, bien classiques, sur la côte normande. Nous allions passer le mois d'août dans un chalet loué à Ouistreham-Rivabella. Jeux de plage, châteaux de sable, et pêche à la crevette. Mon père, qui impressionnait vivement les baigneurs en sautant dans l'eau du plus haut du plongeoir, par un saut périlleux en arrière, essayait vainement de m'apprendre à nager. Parfois, avant le dîner, on m'emmenait à la terrasse du Casino où j'avais droit à boire une grenadine, et où mes parents retrouvaient des amis, cependant qu'un orchestre réduit jouait les airs à la mode.

Sur les planches de la plage, bordées de tentes et de cabines de bain, comme toutes les stations normandes de Trouville à Courseulles, nous rencontrions Aristide Briand qui avait un petit voilier dans le port et venait faire sa promenade vespérale. Il était un peu notre voisin de campagne, puisqu'il possédait, à Cocherel, sur l'Eure, village distant seulement de quelques kilomètres de La Croix-Saint-Leufroy, une propriété où il recevait, disait-on, ses belles amies de la Comédie-Française.

Ministre quasi permanent des Affaires étrangères, quand il n'était pas président du Conseil, le vieil homme aux épaules rondes, aux moustaches épaisses et à la voix magicienne, alliait à l'extrême rouerie politique une croyance lyrique et indéfectible à l'union des peuples.

Contesté, attaqué, honni à tout propos, et pourtant irremplaçable, même pour ses pires adversaires, revenu de toutes choses, il continuait à faire au cœur des hommes une confiance dont les calomnies qui l'abreuvaient chaque jour auraient dû depuis longtemps le détourner.

Combien de fois, à la veille d'être renversé, monta-t-il à la tribune de la Chambre, l'air épuisé, la nuque voûtée, portant de lourds dossiers qu'il n'ouvrirait pas, partait dans une improvisation oratoire inégalable et retournait à l'Assemblée !

Alors qu'André Tardieu, émule de Clemenceau et l'un des signataires du traité de Versailles, qualifiait de « politique du chien crevé au fil de l'eau » celle que conduisait Briand, celui-ci n'en était pas moins appelé « le Pèlerin de la Paix ».

Sa persévérance à espérer une réconciliation franco-allemande coûta cher à la France, encourageant chez nous l'illusion du « plus jamais ça », alors que la Germanie ne pensait qu'à effacer sa défaite. L'apostolat de Briand, qui rêvait d'entente entre toutes les nations d'Europe, était en avance sur son temps.

Au printemps de mes douze ans, j'allai passer l'épreuve du certificat d'études à Gaillon, notre chef-lieu de canton, que dominaient les restes de l'immense château qu'avait fait bâtir, au temps de la Renaissance, le cardinal d'Amboise. Je fus reçu avec la mention « très bien ».

Pour la distribution des prix, j'eus à composer mon premier discours, que je lus devant Pierre Thureau-Dangin et les membres du conseil municipal. J'ose en reproduire la conclusion, parce qu'elle est également un témoignage du temps : « Enfin, à tous, en cette solennité du 14 Juillet, fête nationale, nous promettons de nous instruire encore, de nous instruire toujours, de travailler au bien de cette grande patrie qui est nôtre, et de la maintenir au haut rang qu'elle occupe dans le monde. »

Retrouvant, largement octogénaire, cette phrase d'enfance, je me demande si, tous comptes faits, j'ai jamais rien répété d'autre, au long de ma vie !

En récompense, mon père et ma mère m'emmenèrent au Mont-Saint-Michel, ce miracle de la foi bâtisseuse, dont les ruelles montantes étaient emplies de senteurs d'omelette et de gaufres. Nous visitâmes Saint-Malo, enfermant dans ses remparts les souvenirs de ses corsaires et ses grandes maisons d'armateurs à toits d'ardoise. Il me parut merveilleux de dormir à l'Hôtel de France et Chateaubriand.

Puis nous revînmes passer dans notre douce maison la fin d'un bel été.

Les années normandes étaient terminées.

LIVRE TROISIÈME

DES ÉTUDES IMPATIENTES DANS UN TEMPS D'ADVERSITÉ

I

LA MORT FRÔLÉE

À l'automne de 1930, mes parents revinrent habiter Paris, où je devais faire mes études secondaires. En attendant que fût aménagé et décoré l'appartement qu'ils avaient loué sur les boulevards extérieurs, près de la porte de Versailles, ils prirent un logis provisoire rue Mesnil, à quelques pas de la place Victor-Hugo où se dressait la statue du poète, sur un gigantesque socle autour duquel s'enroulaient des muses de bronze. Ce monument disparaîtrait dix ans plus tard, enlevé par les Allemands pour fondre leurs canons.

Je fus au lycée Janson-de-Sailly. Je savais assez de latin pour sauter la classe de sixième et entrer directement en cinquième. Je ne restai guère à Janson, un trimestre seulement, le temps d'être inscrit au tableau d'honneur. Aussi, je ne garde que peu de souvenirs de ce lycée célèbre, où furent et continuent d'être formés les enfants de la bourgeoisie du XVIe arrondissement. Je me rappelle seulement que mon professeur d'histoire et de géographie descendait directement de ce navigateur du XVIIIe siècle, Yves de Kerguelen, qui laissa son nom aux îles les plus australes que possède la France.

La mode était alors, pour les lycéens, de porter des knickerbockers, dits culottes de golf, qu'il nous semblait élégant de faire retomber le plus bas possible, presque à la cheville.

À la sortie des classes, quelques longues limousines noires, capitonnées de drap havane, Hispano-Suiza, Rolls, ou Delage, venaient attendre les rejetons des familles les plus fortunées.

Mes parents emménagèrent dans l'appartement du boulevard Victor peu avant Noël. Je poursuivrais mes études au lycée Michelet, à Vanves, distant de cinq cents mètres de la porte de Versailles. J'y étais inscrit pour la rentrée de janvier. Le destin en disposa autrement.

Durant les fêtes, je me sentis enchifrené et barbouillé, comme il arrive souvent aux enfants. Il me souvient qu'un couple d'amis de nos vacances, sur les plages normandes, et que nous voyions beaucoup depuis notre retour à Paris – le mari était un jeune médecin assez lancé –, nous invita, le soir du 1er janvier, à aller voir un film récemment sorti et qui provoquait un grand engouement. C'était *L'Ange bleu*. Mes parents se sentirent assez gênés de m'avoir emmené, car le sujet n'était vraiment pas de mon âge. Pour ma part, je ne suivis que dans un brouillard cette œuvre qui révéla Marlène Dietrich et allait faire date dans l'histoire du cinéma. Je ne revois guère que la scène où Marlène cassait un œuf sur la tête du professeur déchu, interprété par cet admirable acteur allemand que fut Emil Jannings.

À la sortie de *L'Ange bleu*, notre ami médecin, me trouvant petite mine, décida qu'il viendrait m'examiner le lendemain. Ce qu'il fit.

J'étais fébrile, et moins vaillant encore que la veille. À peine m'eut-il ausculté et palpé qu'il appela, par téléphone, un de ses confrères chirurgiens, lui demandant de venir sur l'heure.

Le chirurgien ayant confirmé le diagnostic, qui appelait une intervention d'urgence, je fus transporté dans une clinique du boulevard Arago, pour y être opéré « à chaud », comme on disait alors.

Au siècle précédent, quand on appelait encore l'appendicite les « coliques *miserere* », je n'aurais pas eu de chances d'en réchapper. À présent, c'était un mal devenu bien classique, et classique aussi était l'intervention qui y remédiait, sauf dans un cas particulier dénommé l'appendicite toxique ; or ce cas était le mien.

Je fus endormi à l'éther, selon le procédé d'alors. De cette anesthésie, je garderais longtemps, au moment de glisser dans le sommeil, un souvenir angoissé. On vous appliquait un masque sur le visage, et vous aviez l'atroce sensation de tomber dans un gouffre noir et glacial sans pouvoir vous rattraper.

Cette sorte de néant, j'y flottai pendant deux jours au moins après ma sortie de la salle d'opération. Ma fièvre s'était élevée à la hauteur maximale, et mon pouls était devenu presque incomptable. Je délirais un peu ; certaines de mes perceptions étaient atténuées, d'autres aiguisées, et je souffrais surtout de sentir en mon être une impossibilité de survivre.

Je fus sauvé *in extremis* par une transfusion sanguine, pour laquelle on fit appel à un spécialiste. Cette thérapeutique nouvelle s'effectuait alors directement de donneur à malade. Leurs veines du bras, dans lesquelles on introduisait une aiguille, étaient reliées par une tubulure pourvue en son milieu d'une poire en caoutchouc qu'on actionnait.

Ma donneuse était une forte jeune femme blonde, une manière de nourrice. Elle recevrait deux cents francs d'honoraires. Je la voyais, dans un brouillard, auprès de mon lit, avec ce tuyau qui nous unissait. Elle s'évanouit au cours de la transfusion. Pour moi, je n'étais même plus en état de m'évanouir. Mais quelques moments après, la fièvre tombait. J'avais franchi la zone mortelle.

Tamiser les cendres du souvenir peut être occasion d'honorer ses dettes. Je dois aux docteurs Georges Campana, le médecin, Leibovici, le chirurgien, et Descomps, le transfuseur, de m'avoir conservé la vie, lorsqu'elle était tout près de me fuir.

Quand je m'irrite des inconvénients et des contraintes nés des progrès scientifiques et techniques, je peux pas ne pas me rappeler que c'est grâce à un de ces progrès que je dois d'avoir parcouru mon orbe. Serais-je né dix ans plut tôt, je n'aurais eu droit qu'à un cercueil d'enfant.

Ce fut durant ces journées de tragédie hospitalière, où je retenais, comme on dit, mon âme entre les dents, que ma mère, pour m'y aider, courut à quelque papeterie voisine afin de m'apporter un stylo. Un porte-plume à réservoir, qui se remplissait avec un compte-gouttes. Sans doute en avais-je exprimé le souhait avant de tomber malade, et ma mère avait cherché ce qui pourrait me maintenir en attention, tandis qu'on attendait la donneuse de sang.

Ce premier stylo, venu en mes mains en de telles heures, garderait pour moi valeur de symbole.

Je reçus aussi, quand je fus en état de marcher, mon premier chien, un fox à poil dur joueur, mais assez distant, qui s'était fait une spécialité de grogner quand on lui adressait un compliment. Les chiens auraient toujours pour moi une présence d'accompagnement liée au bonheur de vivre.

II

LA FRANCE EN RÉCOMPENSE

Ma convalescence fut longue, et se passa en grande partie à la campagne. Normandie de nouveau. Je ne reprendrais mes études qu'après les vacances d'été.

Puisque ma santé m'avait fait perdre une année scolaire, mon père, en compensation, voulut continuer de m'apprendre la France. Il m'avait déjà mené à la frontière du Rhin, à celle de la Flandre, et le long des côtes de la Manche. C'est dans une petite voiture Peugeot à quatre places, qu'il conduisait avec régularité, qu'il me fit accomplir ce voyage inoubliable.

Peu d'enfants ont eu la chance, au long d'un même et long été, par la Suisse normande et les Alpes mancelles, dont on ne célèbre pas assez la beauté sereine, de gagner la Loire et ses châteaux, et d'inscrire dans leur mémoire Chambord, immense et irréel, Chenonceaux, enjambant le Cher de ses cinq arches blanches, et Azay, et Chinon, toute la vallée de nos rois. Puis, traversant lentement le Poitou, les Charentes, et leurs longs paysages ponctués d'églises romanes, la Gascogne verdoyante, avec ses châteaux surgissant des vignes ou dominant ses rivières, la forêt landaise embaumant la résine, longeant enfin les plages océanes, immenses, blondes, désertes, nous allâmes jusqu'au pays basque et à la Bidassoa, cette rivière louisquatorzienne où finit la France et où commence l'Espagne.

Certains noms depuis lors chantent en moi comme une musique : Saint-Jean-de-Luz, Irouléguy, Saint-Étienne-de-Baïgorry.

Pourquoi, des immenses chambres d'une ancienne commanderie des Templiers transformée en auberge, à Navarrenx, ai-je conservé une image précise ?

Saint-Jean-Pied-de-Port aussi s'inscrivit dans mon souvenir, parce que j'y fus ivre pour la première fois. L'aubergiste, durant le déjeuner, ayant un peu trop empli mon verre à la dérobée, je me levai de table bruyamment, en déclarant que j'allais « vivre ma vie ». Ce départ vers la liberté ne me conduisit pas plus loin que le bout de l'agglomération.

J'avais eu naguère, parmi mes jouets, un puzzle des départements français. À présent, ceux-ci s'ajustaient sous mes yeux. J'avais appris par cœur la liste des chefs-lieux et des sous-préfectures ; ils devenaient réalités.

J'eus droit à tous les sites classiques. Nous fûmes à Lourdes où l'envahissant commerce des objets de piété ne manqua pas de choquer la foi simple qui m'habitait encore. Nous fûmes au cirque de Gavarnie. À Luchon, je montai à cheval pour la première fois, une promenade sur un grand poney docile ; j'en éprouvai une vive joie.

Égrènerai-je la suite de ce voyage circum-français ? J'engrangeai les remparts de Carcassonne, Nîmes, ses arènes et sa Maison carrée, la Provence arlésienne où si souvent je reviendrais, comme si souvent je resuivrais la route ensoleillée de la Côte d'Azur et ses corniches festonnantes, dominant une mer plus bleue qu'aucune, pour descendre vers les palmiers de Cannes et de Nice, et toucher, après Menton, à la frontière d'Italie.

Nous revînmes par la route Napoléon, la route de ce retour de l'île d'Elbe qui, de tous les actes de l'Empereur, fut le plus funeste pour la France.

Chaque ville est une mémoire. Lieue après lieue, notre histoire, là où elle s'était faite depuis la Romanité, se fixait en moi.

Nous poussâmes jusqu'à Évian, et l'on me fit traverser le Léman sur un grand bateau blanc qui promenait les estivants. Nous prîmes le thé en Suisse, à Lausanne.

Désormais, je connaissais à peu près les limites du domaine français ; j'avais pris une conscience physique du pays qui était déjà ma fierté, et que j'aspirais à servir avec quelque éclat.

III

LA RUINE

Au retour de ce voyage, mon père tomba dans une grande morosité. À la campagne, il restait des heures, silencieux, à regarder les volailles de belle race, ou les lapins russes qui sautaient dans le clapier. Mais il n'en retirait plus, visiblement, aucun plaisir. Le temps du bonheur, pour lui, était terminé.

À Paris, il lisait chaque soir, attentivement, la page boursière du journal *Le Temps*, chose que je ne l'avais jamais vu faire auparavant. Et là encore, il restait silencieux.

Le gigantesque krach financier qui avait frappé les États-Unis, en 1929, et causé tant de ruines et de suicides, venait deux ans après d'atteindre la France. Et mon père, jour après jour, voyait fondre ses avoirs.

Il comprit qu'il n'aurait plus les moyens de vivre sur le pied auquel nous étions habitués, et il se mit à rechercher quelque emploi. Mais comment en trouver un, à près de soixante ans, sans qualification ni carrière, alors que banques, industries et commerces faisaient faillite, et que tant de gens perdaient leur situation ?

Il lui fallait se procurer lui-même des ressources, et il résolut de créer un élevage. Il eût aimé que ce fût de chevaux, mais cela réclamait des investissements qui dépassaient de loin ses possibilités. Des chiens ? L'entreprise était également coûteuse et fort aléatoire. Alors il se décida pour les volailles, dont les années de Normandie lui avaient donné quelque expérience.

Il chercha un établissement à proximité de Paris et le trouva à Clamart, en bordure de la forêt de Meudon. La maison était d'une laideur banale, tout juste bonne à être cachée par de la vigne vierge ; mais le terrain, qui avait servi au maraîchage, était assez vaste pour qu'on pût y installer poulaillers, couvoirs et poussinières. Et puis, il y avait cette forêt, en face, restée la plus sauvage de la banlieue puisque aucune route ne la traversait encore.

Clamart étant limitrophe de Vanves et de son lycée Michelet où j'étais inscrit, je n'aurais pas à en changer.

Pour cette acquisition, et parce qu'il lui aurait semblé indigne de contracter aucun emprunt, mon père liquida la plus grande partie de son portefeuille, au taux le plus désespérément bas.

Le lendemain, comme si la Bourse n'avait attendu que cet ordre, les cotes commençaient à remonter.

Étant passé par sa banque, mon père revint un soir en nous disant : « Mes enfants, nous sommes ruinés. » J'ai toujours gardé sa phrase dans mes oreilles.

Il eut encore quelques belles autres déclarations. Ayant décidé de ne plus porter que des pantalons de terrassier, en velours brun couleur de giroflée, mais toujours élégamment cravaté d'un nœud papillon, il annonçait volontiers, les mains sous les cuisses dans sa bergère Louis XV : « Je suis un ouvrier. » Ses visiteurs souriaient. Et pourtant… La main-d'œuvre était précaire, intermittente, inexperte. Souvent, si mauvais que fût le temps, j'ai vu mon père, portant des seaux de grain, pour distribuer la nourriture à ses animaux. Je l'y aidais.

Il disait aussi : « Nous vivons comme des émigrés russes », parce que certains exilés des lendemains de la révolution bolchevique, tous n'étant pas chauffeurs de taxi à

Montmartre, avaient monté des fermes avicoles, principalement dans la région de la Loire.

Nous avions d'ailleurs à Clamart, très près de notre demeure, une manière de colonie russe, des Troubetskoï, des Obolensky, une tribu de géants blonds, installés dans une vieille grande maison romantique, où le samovar chauffait en permanence, et qui montraient une joyeuse satisfaction lorsque leur plus jeune rejeton, d'à peine trois ans, jetait avec force des objets de bronze sur le parquet.

L'élevage, qui avait été mis au nom de ma mère, ne tarda pas à acquérir une réputation.

Il y a des centaines de races de poules, de toutes tailles, de toutes formes, de toutes origines et de tous continents ; des blanches, des noires, des acajous, des mouchetées, des multicolores, des hautes, des pattues, des huppées, des naines. Leurs noms sont une géographie ; orpington, langsham, marandaises, gatinaises, leghorn, wyandottes, padoue, combattant indien... Beaucoup viennent de l'Asie où leur image apparaît sur des céramiques ou des peintures millénaires. Toutes ont des amateurs qui connaissent leurs caractéristiques, leurs critères de beauté, savent la pureté des souches et la qualité des sélections. Ils constituent des clubs et des associations, comme il en existe pour les chiens et les chats.

Les produits de l'élevage de Clamart remportèrent, dans les expositions, maints premiers prix. On expédiait à travers la France des œufs à couver, des poussins d'un jour, des reproducteurs. Il fallait laver les animaux au shampooing, dans la cuisine, avant qu'ils ne partent pour les concours.

Ma mère, après peu d'années, fut appelée dans les syndicats d'aviculture ; on la prit bientôt pour juge dans les compétitions, et elle fut même décorée du Mérite agricole. Elle avait trouvé là un nouveau rôle qu'elle assuma avec bonne grâce et, dans l'ordinaire des jours, avec un courage égal à celui de son mari.

Dans ce milieu d'élevage, en grande partie provincial, ils s'étaient fait de nombreux amis. Le plus charmant, le plus fin d'entre eux, était le comte Pierre de La Rochefoucauld, qui avait d'innombrables enfants. Il élevait aussi des chiens de meute, dans son grand château de Saulzais-le-Potier, dans le Cher, où nous l'allions voir. Il se plaignait, mais avec un humour de bon ton, de ce que la terre ne rapportât plus rien.

Mis à part quelques moments plaisants, ce furent en vérité des années fort difficiles. Elles l'eussent été moins si mon père avait eu quelque sens de la gestion, si ma mère eût pu remédier à entretenir, dans ses papiers, un désordre chez elle congénital.

Nous vécûmes sur la corde raide, avec des fins de mois difficiles. La maison de Normandie fut vendue, comme l'avait été la dernière ferme du Douaisis, « l'attribué à Cranach » et les meilleurs meubles. Je sus ce qu'étaient les factures impayées, l'attente impatiente des petites rentrées, et les emprunts sollicités pour étouffer une dette urgente.

Mon enfance et le début de mon adolescence ont donc connu l'adversité. J'avais déjà conscience que ce que je ferais, j'aurais à le faire seul.

Je suis allé revoir ce lieu de mes jeunes années. La maison a disparu. De nouvelles résidences ont été construites sur le terrain avicole, et même le numéro de la rue n'existe plus, comme si tout devait être effacé de ces souvenirs amers.

Seule demeure la forêt, moins sauvage qu'autrefois, mais toujours touffue.

IV

UN LYCÉE DANS LES ARBRES

Ancien rendez-vous de chasse des Condé, et qui conserve, honneur de ses bâtiments, un superbe pavillon bâti par Mansart, le lycée Michelet occupe, aux portes de Paris, une situation unique. Étendu sur seize hectares – presque la superficie de l'île de la Cité –, avec un parc aux allées profondes planté d'arbres admirables, il possédait déjà, chose rare à l'époque où j'y fus, une piscine et de vastes terrains de sport. Au printemps, les marronniers de ses terrasses se chargeaient de thyrses blancs ou mauves.

Il avait été fondé en 1864, comme lycée du Prince impérial. Pauvre Eugène-Louis Napoléon, qui, ayant partagé l'exil de son père, s'en alla mourir en Afrique à vingt-trois ans, massacré par les Zoulous ! Le lycée a gardé de lui une statue de bronze qui le représente en collégien de l'époque.

Les vocables ont une vertu déterminante. Le Second Empire disparut vite. Mais impérial, le lycée le resta, d'autre manière. La tradition s'établit d'y envoyer faire leurs études les fils des élites indigènes de l'empire colonial de la IIIe République. Lors de l'indépendance de nos possessions, je reconnus, parmi les présidents et les ministres des nouveaux États, nombre de ces pensionnaires en blouse grise qui avaient été mes condisciples.

Parmi ses anciens élèves les plus célèbres, le lycée Michelet comptait le général Weygand, du temps qu'il était encore appelé Maxime de Nimal, enfant de parents inconnus, mais qui bénéficiait de la protection de familles souveraines.

C'est le souvenir de ce lycée qui inspira au poète Fernand Gregh le titre de son premier recueil : *La Maison de l'enfance.*

Dans cette maison, j'accomplis toutes mes études secondaires. Comment ne lui garderais-je pas gratitude ? Comment ne garderais-je pas gratitude aux maîtres, presque tous excellents, que j'y eus ?

Admirable formateur de l'enfance, Jean Lichnerowicz affermit en moi les bases du français et du latin. Il fut mon premier guide, et je me pris d'affection pour lui. Je continuai de le voir bien après que je fus sorti de sa classe de cinquième, et il m'aimait assez pour me consacrer souvent les temps des récréations. Nous conversions en marchant sur les belles terrasses ; il me conseillait dans mes lectures. Ainsi lui dois-je d'avoir connu très tôt *Silbermann*, l'un des plus beaux romans de l'époque. J'en conçus beaucoup d'admiration pour Jacques de Lacretelle. Pouvais-je imaginer que, le jour où j'entrerais à l'Académie française, Lacretelle me ferait asseoir auprès de lui ?

Le nom de Lichnerowicz serait illustré par son fils André, mathématicien de génie, qui maintiendrait l'école mathématique française à son premier rang dans le monde.

Passons sur mon année de quatrième qui fut assez médiocre. Nous avions pour professeur de lettres un fort brave homme, d'âge déjà, mais sans autorité naturelle et qui, quoique sanguin ou à cause de cela, était incapable de résister à nos chahuts. Avec la cruauté de l'enfance, nous lui organisions un enfer. C'est nous en fait qui en pâtîmes.

J'avais recueilli précédemment des prix de français, de latin et d'histoire. Je ne me distinguai guère, cette année-là, qu'en dessin, grâce à un jeune maître, Met de Penninghem, qui devait plus tard ouvrir son propre atelier et former plusieurs générations d'artistes de qualité.

Les choses rentrèrent dans l'ordre quand j'entrai chez un pédagogue de la plus haute qualité, Jean Lescoffier, dont je bénéficiai durant deux années consécutives. Il était partagé entre deux passions, la Grèce et la Scandinavie, ce qui n'était pas forcément contradictoire, si l'on veut bien se rappeler qu'Apollon était fils de Zeus et d'une Boréenne.

La salle de classe de Lescoffier était tapissée de grandes photos des plus beaux monuments grecs. Il ne nous faisait pas seulement traduire Homère ; il nous faisait baigner dans l'hellénisme ; il nous faisait vivre dans l'Athènes antique. Nous étions assis dans un théâtre où l'on jouait Euripide, nous marchions dans des rues où nous croisions Périclès. J'ai perdu mon grec, mais jamais l'amour de cette Grèce-là.

Durant les vacances, Lescoffier, traducteur de Björnson, partait pour les fjords de Norvège. Il m'estimait assez pour m'avoir, après mon bachot, proposé comme lecteur de français, pendant l'été, à l'université d'Aarhus. La chose ne se fit pas ; je ne visiterais le Danemark que plus tard.

Combien les maîtres de cette époque-là étaient proches de nous ! Ils nous considéraient, déjà, comme les adultes que nous serions. Leur attention à nos capacités était infinie, et nous faire devenir ce que nous pourrions être était vraiment leur oblative vocation.

Je ne peux pas ne pas dédier une pensée à celui qui fut mon professeur d'anglais au long de toutes ces années-là, Jean Bonnerot. Il dirigeait *La Revue d'études anglaises*. Il y fit paraître, alors que j'étais encore au lycée, mon premier écrit jamais publié, et qu'il m'avait engagé à écrire. Cette mince étude, nourrie des souvenirs de ma mère, évoquait les années parisiennes d'Alan Seeger, le jeune poète américain dont j'ai parlé plus haut.

J'étais encore dans la classe de Lescoffier quand eut lieu, au Petit Palais, l'exposition de l'Art italien, de Cimabue à Tiepolo. Prodigieux événement !

Il est habituel, aujourd'hui, de voir dans chaque capitale, à tour de rôle, des rassemblements d'œuvres d'un pays, d'une époque, d'un artiste, annoncés par de grands moyens médiatiques, et auxquels les foules se pressent, formant de longues files piétinantes à la porte des musées.

Mais, en 1935, c'était la première fois, ou presque, que telle chose se produisait. Tout l'art d'un pays, pourtant bien représenté dans les collections françaises, déployant sous nos yeux l'abondance de ses chefs-d'œuvre. Près de cinq cents toiles, et six siècles de génie.

J'y fus une fois, j'y retournai vingt. Je dévalais les escaliers du métro pour me ruer au Petit Palais, chaque fois que je pouvais dérober deux heures de liberté. J'ai retrouvé le catalogue, que j'avais encoché de manière à m'en faire un répertoire alphabétique. Bien modeste catalogue à côté de ceux, somptueux, épais, au papier glacé, aux reproductions colorées et nombreuses, véritables éditions d'art que l'on fait de nos jours. Mais cette mince brochure, dont le papier a jauni, s'ouvrait sur un préambule de Paul Valéry que j'invite à relire.

« Voici, dans un moment critique de toutes choses humaines, cependant que les peuples s'arment et que le souci universel paralyse la vie et trouble les échanges, qu'un trésor des plus rares beautés que l'art du peintre et celui du sculpteur aient jamais créées s'assemble, et nous propose un instant de pure jouissance alcyonienne et de contemplation délicieuse. »

Et Valéry d'écrire plus loin : « Ce qu'on exige aujourd'hui d'un coureur, d'un joueur de tennis, d'un athlète qui veut se distinguer – exercices raisonnés, discipline sévère, liberté acquise par longue contrainte –, contraste curieusement avec le peu qu'il faut pour faire figure d'artiste… *Étonner* dure peu ; *choquer* n'est pas un but à longue portée. Mais se faire redemander par la mémoire, instituer un grand désir d'être revu, c'est là viser non l'instant de l'homme qui passe, mais la profondeur même de son être. »

Ce n'était pas trop dire de ce que contenaient les salles du Petit Palais, nous offrant tout ce que Sienne, Florence, Rome, Venise avaient produit de sublime. De Botticelli à Véronèse, j'épelais l'alphabet du génie. Je faisais station d'admiration devant Giotto, Paolo Uccello, Carpaccio, Mantegna, Ghirlandaio, Lorenzo di Credi, Verrocchio, Raphaël, les Carrache, Filippino Lippi, Léonard, Michel-Ange. Scènes mythologiques, visions bibliques, retables, architectures, paysages, mais tous habités par l'homme, je me gorgeais de munificence, de générosité et de perfection. Je restais fasciné par les portraits de Bronzino et du Titien qui installaient en majesté le visage humain.

J'avais trouvé mes siècles de prédilection ; mes goûts se fixaient ; je n'en reviendrais jamais, et toutes mes inclinations à venir, tous mes choix se ressentiraient de ces heures-là et de ce long éblouissement.

V

EN FAISANT MES HUMANITÉS

Pendant six années donc, la serviette bourrée de cahiers et de livres, ou portant mes dictionnaires sur la hanche, j'ai pris un autobus qui partait de la mairie de Clamart et me déposait à Vanves, au pied du parc de mon lycée.

Les autobus d'alors disposaient d'une plate-forme arrière où l'on pouvait rester debout, à l'air libre, et où j'aimais à me tenir.

J'apercevais souvent, à l'intérieur, un vieux monsieur maigre et très correctement vêtu, qui me fascinait, car il se frappait sans cesse l'épaule gauche avec la main droite, comme s'il avait voulu remonter son cache-col de laine couleur aubergine, et, à intervalles réguliers, il ouvrait toute grande la bouche et sortait sa langue par saccades, dans un affreux rictus spasmodique. J'apprendrais trop tard que ce vieil homme, affligé d'une terrible chorée sénile, était le philosophe Nikolaï Berdiaev.

En dehors de matières du programme, maints enseignements facultatifs étaient dispensés à Michelet. Je me ruai à tous. Inlassable curiosité de la jeunesse, incroyable énergie aussi ! Persuadé qu'en plus de l'anglais, une deuxième langue étrangère m'était nécessaire, je tâtai de l'allemand, mais ne poursuivis guère au-delà de quelques leçons. Je n'y mordais pas. Je m'essayai au russe, pour lequel j'avais plus de dispositions, et je regretterai toujours de n'avoir pas persévéré, comme je le fis pour l'italien, car le russe m'a toujours paru la langue la plus séduisante, la plus nombreuse en sonorités, la plus expressive, la plus musicale. Dans mon insatiable curiosité, j'allai jusqu'à m'initier fugitivement à l'espéranto et à la sténographie.

Je m'entraînais aussi au tir à la carabine et au pistolet. J'allai faire mes débuts en équitation dans un vétuste manège de l'avenue des Gobelins, sur lequel régnait un vieil écuyer polonais, à l'accent irrépressible, et qui portait le ruban de son monocle vissé au bord de son chapeau melon.

Je trouvais encore le moyen, à la belle saison, les matins de congé, d'enfourcher ma bicyclette, à l'aube, et d'aller parcourir les vallées de Chevreuse et de Bièvres, les bois de Port-Royal, les Vaux-de-Cernay, ou bien de rouler vers le plateau de Saclay et Gif-sur-Yvette où s'étendaient de grandes cultures. Merveilleuses matinées de liberté, à travers des villages immobiles depuis le XVIIe siècle, mais si emplis de souvenirs !

J'avalais une tranche de pâté dans une auberge, et rentrais pour aller disputer, avec un camarade, une partie de tennis. Je garde de ces randonnées des impressions ineffables. Ma jeunesse s'accordait à la nature, et je me gorgeais de ces paysages parfaitement français. Quand, arrivé en haut d'une côte, je voyais se déployer forêts, vallons et prairies, je m'emplissais les poumons de fraîcheur, et j'avais le sentiment de posséder le monde.

La vallée de Chevreuse a été protégée, Dieu merci, comme partie du patrimoine. Quand il m'arrive de la traverser, je la retrouve miraculeusement inchangée. On peut toujours marcher sur le chemin ombragé que suivait Racine.

Mais j'ai vu les fermes disparaître, et les champs, autour du Petit-Clamart, de Saclay et de Gif, se couvrir de tristes immeubles collectifs en barres, de hauts bâtiments d'industries et de laboratoires de toutes recherches, y compris nucléaires. L'avenir a pris la possession du passé.

Insatiable aussi était mon appétit de lecture. Je ne faisais pas exception. Mon époque lisait beaucoup.

Auteurs de l'Antiquité, classiques français, grands étrangers, tout au long de mes études je fis ainsi une abondante consommation de chefs-d'œuvre, me dotant d'amis pour la vie.

Au-dessus de tout, je plaçais la poésie, et nulle condition ne me semblait supérieure à celle de poète. Là me paraissait l'essence de la vie. Mais j'étais en retrait sur ce qui allait être les tendances de mon époque. Totalement étranger au surréalisme, je le resterais. L'abscons, le décousu, et, finalement, la prose concassée ne furent jamais mon affaire ; l'anarchie dans le verbe me parut toujours aussi haïssable que dans la société.

Romantiques, parnassiens, symbolistes et post-symbolistes : mes choix s'arrêtaient à la fin du chemin royal de notre lyrisme. Je goûterais l'abstraction adamantine de Paul Valéry un peu plus tard.

Naturellement, je m'essayais à écrire. J'avais commencé à treize ans. J'ai, au long de ces années-là, écrit des milliers de vers, j'ai couvert des centaines de pages, débuts de romans ou d'essais qui eurent la destination qu'ils devaient avoir, la corbeille à papiers. Je faisais mes gammes. Il m'arriva même de rédiger mes compositions françaises en alexandrins.

Mais je dois une reconnaissance particulière à mon père pour avoir toléré que je lui répondisse, un jour qu'il me faisait remarquer ma faiblesse dans les matières scientifiques : « Moi, je m'en sortirai toujours par la littérature. » Il ne releva pas mon impertinence, et se contenta de dire : « C'est possible. »

Je dois une égale gratitude à mes maîtres qui, me montrant semblable indulgence, firent confiance à mon avenir.

Comme beaucoup de lycées, Michelet avait un « cercle »

des élèves, dont mes camarades m'élirent président, au début de ma classe de première. Je lui donnai une orientation littéraire.

En plus d'un journal polycopié, qui n'était destiné qu'à nous et où nous publiions contes et poèmes, ne me vint-il pas l'idée de donner, au lycée, une conférence sur Étienne de Sénancour, à laquelle j'eus l'audace d'inviter nos professeurs ? Nombre d'entre eux eurent la générosité d'y assister.

Au premier rang était assis Jean Boudout. Long, mince, le cheveu noir et le profil découpé, visage sévère et sourire tendre, ce jeune universitaire, trente ans à peine, venait de prendre l'enseignement des lettres classiques dans la classe de première, qu'on appelait encore de rhétorique. Il avait une séduction intellectuelle incomparable, une voix grave et précise, chargée de savoir et d'âme. Il ne devait son autorité qu'à lui-même. Humaniste passionné, il savait rendre vivantes les langues mortes ; il avait de même une possession parfaite de toutes les ressources de la langue française, et l'amour de toutes les richesses qu'elle avait produites. Et comme il était passionné, il nous passionnait.

Les succès que ses élèves, dès cette année-là, remportèrent au Concours général, trois distinctions dont la mienne, appelèrent sur lui un surcroît d'attention. Michelet n'en avait pas connu autant depuis des lustres. Il fut très vite appelé à la khâgne du lycée Henri IV ; et tous les normaliens qu'il prépara à l'École normale supérieure, tel Jean d'Ormesson, gardèrent de lui le même souvenir exceptionnel. Il termina sa carrière comme un très grand inspecteur général.

Je demeurai en relations amicales avec lui jusqu'à la fin de sa vie. Il me dit, un jour où nous évoquions ces jours anciens : « Ma classe avait du talent. » C'était lui qui en avait.

VI

L'ENTERREMENT DU POÈTE

J'ai dit mon goût des poètes du début du siècle, de cette génération qui se chercha un nom, s'en donna beaucoup, et qui fut, en fait, la dernière génération du romantisme.

Le plus grand, le plus parfait, loin devant tous les François Coppée, désespérément prosaïque, tous les Albert Samain, les Moréas, les Vielé-Griffin, les Rodenbach, les Paul Fort, et même devant Anna de Noailles, le plus profond, le plus élégant, le plus mélodique était Henri de Régnier. Il domine toute la poésie française entre Verlaine et Valéry.

N'étant pas un auteur du programme, il me fut révélé par hasard, un de ces faux hasards qui nous gratifient des rencontres auxquelles nous avons droit. Je lisais un agréable roman de Claude Farrère, *Les Petites alliées*, quand je fus arrêté par un poème de Régnier, *La Lune jaune*, qui y était reproduit. Sa lecture eut sur moi un effet immédiat d'enchantement, au sens propre du terme.

Dans la bibliothèque paternelle, je trouvai deux ou trois recueils de Régnier ; puis je courus au Quartier latin me fournir de toutes ses autres œuvres publiées sous la couverture jaune à caducée du Mercure de France : *Le Miroir des heures*, *La Sandale ailée*, *Les Jeux rustiques et divins*, *La Cité des eaux*...

Langue soyeuse, imagée, musicale, Régnier usait des vers

libres, ou libérés, comme de la prosodie classique, avec une grâce inégalable. Tout était rythme et résonance. Il passait de l'églogue à l'élégie, aussi bien qu'il sertissait le sonnet comme une médaille, et toujours donnant une impression d'aisance et de perfection. La musique du verbe habitait en lui. Pétri de réminiscences mythologiques et de souvenirs de voyage, il excellait à évoquer les paysages et les monuments ; il me faisait rêver de l'Italie, où Venise avait sa prédilection.

Le soleil chauffe les dalles
Sur le quai des Esclavons,
Tes détours et tes dédales,
Venise nous les savons.

Que de fois Régnier habiterait ma pensée lorsque, moi-même, je séjournerais à Venise ! Que de fois, en souvenir de lui, j'irais m'asseoir dans le salon du Chinois, au café Florian ! Que de fois, j'irais méditer devant la plaque de marbre apposée au revers du palais Dario, ce palais dont la façade, sur le Grand Canal, s'incline étrangement comme une femme trop parée, épuisée et forcée de chercher une épaule !

Qui Henri de Régnier, poeta francese,
Visse et scrisse veneziamento[1].

Je ne connais pas d'inscription plus belle, sur une demeure d'écrivain. Malheureusement elle est si mal placée dans ce retrait du Dorsoduro que personne ne vient la voir. Cela aussi était dans le destin d'Henri de Régnier.

Il était à mes yeux *le poète*, traduisant en vers les impressions du jour et les mouvements de la vie, avec une mélancolie bien propre à séduire l'adolescence.

[1] Ici Henri de Régnier, poète français, vecut et ecrivit vénitiennement.

Ses effigies représentaient un personnage assez distant, au long visage aristocratique, à la moustache tombante et au regard partagé par un monocle fumé, un œil sur le jour, un œil sur la nuit.

Il avait épousé l'une des filles de José-Maria de Heredia, Marie, poète elle-même et qui signait Gérard d'Houville. Je ne saurais que plus tard les passions et les amours croisées qui avaient agité ce ménage, les liaisons de Marie de Heredia avec Pierre Louÿs et bien d'autres, et celles de Régnier. Mais tout cela sous les apparences des convenances distinguées.

Henri de Régnier devait aussi laisser plusieurs romans excellents, dans une écriture qui pastichait souvent celle du XVIIIe, et parmi eux, un chef-d'œuvre, *La Double Maîtresse*, premier roman freudien avant Freud, dans une ambiance romaine qui aura été mon introduction à la Ville éternelle.

Pessimiste, ô combien, ce poète, et désabusé ! Il pratiquait un humour mondain assez caustique. « Il y a beaucoup de mes amis que je n'aime pas énormément ; mais celui-là, je le déteste. » Il est l'auteur de la plus courte maxime de la langue française ; elle tient en deux verbes : « Vivre avilit. »

Ses vers se sont inscrits mieux que tous autres en ma mémoire ; et dans le temps de la vie où je suis parvenu, il m'arrive de me répéter ceux-ci, tirés de *Vestigia flammae* :

Mon foyer n'attend plus de dieux qui soient ses hôtes.
J'augure d'aujourd'hui ce que sera demain,
Sachant ce que fut vivre et combien vivre est vain,
Quand on n'est rien de plus qu'un homme entre les autres.

Je rêvais de rencontrer Henri de Régnier, de le connaître, peut-être de lui soumettre mes premiers essais poétiques. La mort me devança.

Régnier mourut le 23 mai 1936. N'hésitant pas à manquer le collège, je fus à ses obsèques, le plus jeune, le plus inconnu de ses admirateurs, et le seul probablement de ma génération.

L'église Saint-Pierre-de-Chaillot était pleine de visages célèbres. Je me souviens de tout, de cette foule parisienne compacte, constituée de gens importants ou qui croyaient l'être. Je me souviens des travées marquées : Gouvernement, Institut, Corps diplomatique. Je me souviens des deux ou trois rangées d'académiciens en costume.

La presse était si grande qu'à la fin de l'office je fus presque jeté contre le cercueil qui passait, surmonté de l'épée et du bicorne. D'Henri de Régnier, je ne connus donc que ce cercueil.

Oui, je me souviens de tout, de l'escadron de la Garde républicaine, à cheval, qui rendait les honneurs, car le défunt était grand officier de la Légion d'honneur.

Je revois le corbillard empanaché de plumes noires, les chevaux noirs sous leurs couvertures brodées d'argent. Je revois les grandes tapissières à capotes de cuir noir qui devaient conduire les proches au cimetière. Je revois Claude Farrère, oui, celui qui était à l'origine de mon admiration, qui s'emportait, barbe au vent, contre les employés des pompes funèbres parce qu'il ne retrouvait pas son manteau laissé dans une voiture.

C'est sur cette matinée-là que j'ai construit l'un des premiers chapitres des *Grandes Familles*. Le cinéma, puis la télévision l'ont mis en images. On a reconstruit mes souvenirs en studio.

Dans les dernières heures de sa vie, Henri de Régnier, du fond du lit où il s'éteignait, et rappelant sur la porte Jean-Louis Vaudoyer, venu lui faire une ultime visite, murmura : « Et après moi, je vous en prie, Jean-Louis, pas de société d'amis. »

Terrible mot de la fin, parfaitement conforme à cette nature distante, à cet esprit revenu de toutes les vanités.

Il n'a été que trop entendu. L'oubli dans lequel tomba Henri de Régnier est une des grandes injustices littéraires du XXe siècle.

VII

UN ACCIDENT DE L'ÂME

Ce fut ce même printemps, peu après mon dix-huitième anniversaire, que j'eus à connaître l'heure la plus cruelle de mon adolescence.

À dix-huit ans donc, j'étais en classe de rhétorique, et regrettais toujours mon année perdue au début de mes études. Le baccalauréat approchait. Ma faiblesse en mathématiques m'obligea à prendre des leçons particulières pour m'y préparer. Celui qui me les donna était un jeune Russe émigré, d'à peine trente ans, qui gagnait faiblement sa vie au lycée dans l'emploi de répétiteur. Il était de caractère aimable, fort intelligent et doué, et se plaisait à bavarder après les cours.

Et voilà qu'un soir il se mit à me parler des Kessel, avec lesquels sa famille était liée d'une amitié d'exil, mais sans savoir rien de mes propres liens avec eux. Il parlait de la jeunesse de Jef, du docteur Kessel, de Raïssanton, lorsque soudain j'entendis : « Quand leur second fils, Lazare, s'est suicidé… »

Ce fut comme si la foudre m'était tombée dans l'âme. Suicidé !

Ma mère me parlait de loin en loin de celui qui m'avait engendré, et qui demeurait son grand amour sublimé ; mais elle avait continué d'entretenir, depuis ma première enfance, cette fiction de la grippe espagnole qui l'avait enlevé. Il était mort de maladie…

La fiction venait de se déchirer.

Je ne dis rien à mon répétiteur ; je ne m'écriai pas : « Mais je suis l'enfant de ce mort ! » Au contraire, je feignis calmement l'intérêt, afin d'apprendre les circonstances du drame.

Je ne dis rien non plus en rentrant chez moi. Je me tus, et enfermai cette révélation au plus profond de mon être. Elle y fit des ravages.

Sans arrêt, ma pensée y revenait. « Il s'est suicidé. Pourquoi ?… Je suis le fils d'un homme qui s'est donné la mort. »

Il ne faut jamais dissimuler aux enfants les événements de cette nature, qui touchent à la racine de leur vie. Il ne faut pas cacher aux enfants abandonnés qu'ils l'ont été, aux enfants adoptés qu'ils sont adoptés, ni aux fils de suicidés le drame qui les a privés de père.

Il faut les leur faire connaître assez tôt, doucement, pour que la vérité entre en eux et s'installe, pour que s'opère une sorte d'accoutumance à une tragédie originelle. Sinon vient toujours la circonstance fortuite où le voile se déchire et la vérité se découvre. Apprendre brusquement, dans le temps de l'adolescence, âge où l'âme est fragile, que l'on descend d'un homme qui s'est tiré une balle dans le cœur n'est pas sans provoquer des troubles profonds. Et le couvercle de silence que je m'imposai n'arrangea rien.

Que de questions posées, obsédantes ! Pourquoi, alors qu'il commençait de connaître la gloire, s'était-il supprimé ? Avais-je, de par mon existence, une part dans sa décision ? Avais-je été une responsabilité trop lourde pour qu'il la pût supporter ? Et quel avait été le rôle, vis-à-vis de lui, de ma mère, que je regardai soudain d'un œil différent ? Il n'avait, lors de son geste définitif, que trois années de plus que l'âge auquel j'atteignais à présent. Avais-je le droit de vivre plus longtemps qu'il n'avait vécu lui-même ? N'y avait-il pas une hérédité du suicide ?

La conséquence fut une affreuse crise d'angoisse qui me saisit, brutalement, pendant les épreuves du baccalauréat, et précisément au milieu de la composition de mathématiques. Nul besoin de recourir à la psychanalyse pour établir la relation.

Une jeune fille qui composait non loin de moi venait de s'évanouir. J'en ressentis comme un effet de contagion. Oppression, vertige, brouillard devant le regard et sensation atroce de mort imminente ; je fus forcé de sortir de la salle, laissant ma copie inachevée.

J'allais pendant de longs mois souffrir de ces accès d'hyperémotivité anxieuse. J'étais atteint en même temps d'une sorte de hantise du suicide, comme si j'avais eu à lutter contre une force qui allait me jeter par les fenêtres, dont je devais m'écarter, ou sous les roues des voitures, ou me faire saisir un couteau pour me poignarder. Thanatos était installé en moi, ou bien Saturne, dévoreur de ses propres enfants.

Ce devait être la guerre, où les occasions de mourir vous assaillent de l'extérieur, qui me guérirait de cette obsession.

VIII

LA PREMIÈRE CHANCE

Mais Jupiter veillait qui allait m'apporter, comme en compensation, ma première chance et mon premier succès.

Institution curieuse, et typiquement française, le Concours général fut fondé, au milieu du XVIIIe siècle, par un humaniste, l'abbé Legendre, dans le dessein de dégager « les jeunes élites de la nation ». Le Concours, d'abord réservé aux élèves de Paris, fut étendu à Versailles, puis à toute la France. Supprimé au début du XXe siècle, parce qu'il ne répondait pas à l'esprit égalitaire (déjà !), il fut rétabli vers 1924. C'est une manière d'olympiades de l'enseignement secondaire.

Être désigné pour y participer constitue déjà une marque de valeur. Y recevoir une distinction ne donne droit à rien, sinon à quelques livres, et parfois un voyage. C'est simplement une compétition pour l'honneur, l'honneur d'exceller, d'être le meilleur. C'est aussi le concours de la première chance, car celle-ci y joue son rôle, comme dans toute compétition. Une goutte d'or qui tombe sur un front adolescent.

Le palmarès, qui commence par Turgot et Lavoisier, et passe par Hugo, Sainte-Beuve, Musset, est impressionnant par le nombre d'écrivains, de savants, d'hommes d'État qu'on y relève. Jaurès y voisine avec Barrès, et Léon Blum avec André Tardieu, André Maurois avec Georges Pompidou.

Je fus donc désigné, en ce printemps de 1936, pour participer au concours, en dissertation française. L'épreuve, qui se déroulait quelques semaines avant celle du baccalauréat, se passait dans une salle de la Sorbonne. Là, déjà, une concurrente, fort jolie, et d'un pur profil grec, s'était écroulée à quelques places de moi ; mais son évanouissement n'avait pas eu d'effet psychique sur moi, sans doute parce que je composais dans la matière où j'étais fort. L'incident ne ferait que m'inspirer le lendemain un poème :

Vous auriez pu mourir à seize ans et en mai…

Nous avions à commenter la déclaration d'un grand industriel, récemment publiée dans une interview : « Des hommes et des choses, voilà le réel ; il est vain de régner sur un monde de papier. »

J'apprendrais un peu plus tard que l'industriel qui avait prononcé cette phrase était Louis Renault, et que celui qui l'avait recueillie était l'ancien lauréat André Maurois.

Mais le sujet précisait : « Vous imaginerez que, dans son cabinet de travail, au milieu de ses livres familiers, un lettré assez semblable au Bergeret d'Anatole France se laisse aller à noter les réflexions que lui suggère ce propos, etc. »

Me laisser aller à mes réflexions, certes ; mais je m'écartai pas mal de l'énoncé. Mon lettré avait peu de ressemblance avec M. Bergeret. Je m'étais abandonné à mon tempérament. Ma copie commençait par : « J'enrage ! »

Ce « j'enrage » me valut un prix, mais, me dit-on, après de longs débats du jury, le second seulement, le premier allant à une dissertation moins brillante peut-être, mais moins emportée et qui serrait de plus près le sujet.

Mon rival heureux, d'un an mon aîné, était, coïncidence qui donnait à méditer, le fils d'un ouvrier, précisément des usines Renault. On comprendra que, fort de cette expérience, je n'aie jamais donné dans les théories qui veulent que les différences de milieux « socioculturels » créent, chez les enfants, des inégalités irrattrapables.

Passage de la première chance, ai-je dit du Concours. Je ne tardai pas à en éprouver l'effet. Car il s'en fallut de peu que je ne fusse recalé au bachot, à cause d'une note éliminatoire, non pas en mathématiques comme on aurait pu s'y attendre, mais en français ! Ma dissertation, trop originale sans doute, avait déplu à un correcteur grincheux. Mais il se trouva, dans la commission d'examen, pour mon salut, un des membres du jury du Concours général, qui fit un beau scandale ; et ma note fut relevée.

J'eus droit, avant les vacances, à la distribution des prix du Concours, dans le grand amphithéâtre de la Sorbonne.

Elle se déroulait alors dans toute la pompe républicaine et universitaire. La Garde, en culottes blanches et casques à crinières, rendait les honneurs. Le président de la République, Albert Lebrun, assistait à la cérémonie, assis au centre d'une longue table couverte d'un drap vert, qui occupait toute l'estrade, et derrière laquelle prenaient place ministres et recteurs. Les professeurs étaient en toge. Celui qui était désigné pour prononcer le discours rituel, recevrait, rituellement aussi, la Légion d'honneur à la promotion du 14 Juillet.

Ma photographie, en compagnie de quelques-uns de mes camarades, parut dans la presse. J'ai toujours les volumes rouges qui m'encombraient les bras.

L'Association des anciens lauréats, à laquelle je fus invité à m'inscrire, est aussi une institution, une sorte de confrérie aimable où se mêlent toutes les générations. J'assistai dès l'année suivante au banquet dit de la Saint-Charlemagne, qui se tenait au Cercle militaire, place Saint-Augustin. Au moment d'y entrer, je croisai sur la porte le général Weygand, et le vis, alors qu'il était âgé de soixante-dix ans, courir et sauter sur la plate-forme d'un autobus qui démarrait. Ce jour-là aussi je vis Édouard Herriot, qui n'en avait que soixante-cinq, noter sur la manche empesée de sa chemise, pendant le repas qu'il présidait, les points principaux du discours qu'il prononcerait à la fin. Et je rencontrai là, pour la première fois, André Maurois, au début de son alerte cinquantaine et dans sa jeune gloire de tout proche académicien, André Maurois à qui je devais le sujet sur lequel j'avais concouru.

Je l'en remerciai ; et ce fut là l'amorce de ce qui deviendrait une de mes plus certaines et plus enrichissantes amitiés.

J'appris qu'Henri de Régnier, lui aussi, avait été lauréat, et que, parmi les membres de l'Académie française d'alors, une dizaine au moins avaient conquis cette première palme.

Bien des années après, Georges Pompidou étant Premier ministre, je lui fis remarquer que, non seulement lui-même, mais plusieurs membres de son gouvernement étaient d'anciens lauréats : Maurice Schumann, Edgar Faure, Couve de Murville… « Couve de Murville ? En quelle matière a-t-il été primé ? me demanda-t-il. — En géographie. — Ah oui, dit Pompidou ; c'est un descriptif. »

Je me suis montré fidèle à l'institution de l'abbé Legendre en me faisant devoir, lorsque Maurois mourut, d'accepter de lui succéder à la présidence de l'Association, fonction qu'il avait assumée pendant de longues années avec une parfaite bonne grâce.

Mon amitié avec Edgar Faure, ministre de l'Éducation nationale aussitôt après les soulèvements universitaires de mai 1968, me permit de sauver le Concours général, ce bastion de l'élitisme, d'une suppression réclamée.

IX

UN PHILOSOPHE SOCRATIQUE

Debout sur l'estrade, le corps trop bref pour une tête trop lourde, les mains levées à hauteur des épaules comme s'il soutenait le poids du monde, Amédée Ponceau, le visage parcouru d'agitations, enseignait dans une sorte de transe philosophique.

C'était un socratique, mais sans la placidité ironique de Socrate. Il prenait appui, pour commencer ses cours, sur un événement relevé dans le journal, ou bien sur quelque personnage d'un roman qui pouvait être aussi bien de Balzac que de Selma Lagerlöf. Il procédait par descriptions, interrogations, affirmations, répétitions ; et à mesure que sa pensée prenait de la hauteur, la transe philosophique devenait danse sacrée.

Il enseignait dans la classe qui avait été celle de Jules Lagneau, ainsi que le rappelait une plaque de marbre fixée au mur. Mais ce souvenir illustre l'impressionnait peu, car il déplorait que cette salle fût, en hiver, humide et traversée de courants d'air.

Ponceau était un homme de vertu, de dignité, exaltant par-dessus tout l'individualisme et la liberté de la personne humaine. Il était donc un défenseur de la démocratie, sinon dans toutes ses applications, en tout cas dans ses principes. Il nous avertissait des dangers de la montée de l'hitlérisme.

La communication de pensée à pensée s'établissait bien entre lui et ses élèves, et il m'arrivait, emporté que j'étais par l'ardent mouvement de son éloquence, d'entendre ses paroles avant qu'il ne les eût prononcées.

Cela dit, si je montrais intérêt et capacité pour l'éthique, la psychologie, la sociologie, je mordais peu aux disciplines plus abstraites. J'étais entré en classe de philosophie avec l'attente, que dis-je ? la certitude qu'il serait répondu à toutes les questions métaphysiques que je me posais. Et je m'apercevais qu'il n'y était répondu que par d'autres questions.

Un jour, Ponceau me lança, avec un geste vers la plaque de marbre : « Je vais vous redire ce que Jules Lagneau disait à Barrès : vous avez volé l'outil. »

L'apostrophe était flatteuse mais demandait éclaircissement. Lagneau voulait signifier à Barrès qu'il avait détourné l'instrument philosophique au profit d'une construction romanesque.

Mais Ponceau lui-même, pour qui les ouvrages de fiction étaient si souvent la matière première de sa cogitation, n'avait-il pas des nostalgies de romancier ? Car en dehors d'une *Initiation philosophique*, résumé de son enseignement, et qui n'est nullement négligeable, il a laissé des *Paysages et destins balzaciens* qui témoignent qu'il était l'un des meilleurs connaisseurs de la *Comédie humaine*. Il avait posé la main sur l'outil, mais sans le dérober.

Mon prix du Concours général m'avait auréolé d'une petite gloire lycéenne. Je menais mes études avec une certaine liberté, et l'on fermait les yeux sur mes absences, quand j'allais, par exemple, au Collège de France assister au cours de poétique de Paul Valéry.

Ainsi je me rappelle y avoir entendu celui-ci prononcer, à la fin d'une de ses leçons : « Il y a deux manières, pour un artiste, de terminer une œuvre. Le peintre du dimanche peut, émerveillé d'avoir couvert sa toile, trouver qu'il n'y a rien à y retoucher, et laisser une croûte. Et puis la manière de Léonard de Vinci qui revient pendant sept ans sur le même tableau, et s'arrête en disant : "Ce n'est pas ce que je voulais, mais je ne puis faire mieux." Et il laisse *La Cène.* »

Je continuai d'animer le Cercle des élèves, qui prit le nom de Cercle Michelet, et auquel je donnai pour devise : « Culture et Progrès ». En l'occurrence, la culture était bien classique, et le progrès assez mesuré.

J'organisai deux matinées littéraires, dans notre salle des fêtes, où furent invités non seulement les personnels du lycée, mais les parents d'élèves. La première fut consacrée à Henri de Régnier, auquel je voulais dédier mon tribut d'admiration posthume. Un sociétaire et futur administrateur de la Comédie-Française, Maurice Escande, qui m'avait connu presque à ma naissance, me fit la gentillesse de venir lire quelque poèmes pour illustrer la causerie que je prononçai.

La seconde fut consacrée au poète Fernand Gregh, celui-là bien vivant, ancien élève du lycée et lauréat du Concours général. Je pris la parole pour décrire son œuvre, et lui-même fit une conférence sur le bilan du symbolisme. Cette journée-là devait avoir quelques conséquences sur ma vie. J'y reviendrai.

En ces deux occasions, la salle des fêtes fut aussi pleine qu'un jour de distribution des prix.

Antoine Blondin, l'un des écrivains les plus brillants de ma génération, et dont l'humour était un aveu de désespoir, me confia un jour, en déjeunant à la campagne, que j'avais empoisonné sa jeunesse. Il était à Michelet, deux classes en dessous de la mienne, et sa mère ne cessait de me citer en exemple. « Regarde Druon… Prends modèle sur Druon… » « Je ne vous en veux plus », me dit-il, les yeux embués de gentillesse et d'alcool.

Je fus envoyé au Concours général de philosophie, mais ne fus pas primé. En revanche, je passai mon deuxième baccalauréat sans encombre.

Et puis les portes du lycée se refermèrent. Le temps des balbutiements était terminé.

Quant à Amédée Ponceau, il eut une de ces fins qui résument, justifient et illustrent une vie.

Peu d'années après avoir pris sa retraite, ce philosophe était en train d'écrire, dans sa maison de Normandie, un jour de printemps devant des pommiers en fleurs. Et qu'écrivait-il ?

« *Le sommeil, la réflexion, la mort nous surprennent dans les positions les plus diverses, positions où il faut rester au moment où l'on est surpris… Peut-être celui qui meurt est-il celui qui renonce à échapper à une certaine position bienheureuse dont l'occasion, en apparence tragique ou malencontreuse, lui est fournie. Vient un jour où l'on ne laisse pas échapper l'occasion de mourir, comme on ne laisse pas échapper, une fois, par hasard, l'occasion de réfléchir.* »

Saisi par l'accident cardiaque, il s'obligea à aller jusqu'à la fin de sa phrase, d'une écriture qui allait de ligne en ligne s'affaiblissant. Et son front tomba sur la table, tandis que son stylo roulait après le point final.

LIVRE QUATRIÈME

L'ATTENTE DES DRAMES

I

LE TEMPS DES AVEUGLES

Entre 1930 et 1936, dix-neuf gouvernements de la France s'étaient succédé, certains ne durant que quelques jours, et les autres au mieux quelques mois. La fonction principale du Parlement, exercée tantôt par la Chambre des députés, tantôt par le Sénat, semblait être de les renverser.

Les formations ministérielles apparaissaient, le temps d'une photographie, sur le perron de l'Élysée, pour céder la place à une autre formation où reparaissaient les mêmes têtes, mais dans une disposition différente. Le régime d'assemblée montrait là ses pernicieuses vertus, et d'abord son impuissance à conduire une politique pendant quelque durée.

Un président de la République, Paul Doumer, avait été assassiné, en 1932, par un fou, lors d'une vente des Écrivains combattants. Tragédie sans conséquence. Les présidents de la République n'avaient que peu de pouvoirs, et la tradition s'était établie qu'ils n'usassent même pas de ceux que la Constitution de 1875 leur avait laissés.

Les scandales financiers à répétition secouaient l'opinion : affaire Oustric, affaire Hanau, affaire Stavisky surtout. Cet escroc ne manquait ni de génie ni d'allure, et ses relations étaient à la fois nombreuses et influentes. Cette affaire, découvrant d'étranges collusions entre le pouvoir politique et le pouvoir judiciaire, et provoquant une cascade de suicides et de disparitions mystérieuses, ébranla sérieusement l'institution parlementaire. Le régime pourrissait.

Le 6 février 34, à la suite de ce scandale, de graves émeutes avaient éclaté place de la Concorde. Alors que, depuis 1928, pas un gendarme n'avait fait, en France, usage de son arme, la Garde mobile avait dû tirer sur les manifestants – on avança qu'ils étaient soixante mille – qui voulaient franchir le pont pour investir le Palais-Bourbon. Il avait fallu faire arriver au galop, à onze heures du soir, les escadrons montés de la Garde républicaine, et des manifestants armés de rasoirs avaient tranché les jarrets des chevaux.

Bien que mus par des sentiments divers, des anciens combattants ulcérés, des royalistes de l'Action française et des ligues ou mouvements fascisants s'étaient trouvés parties dans un amalgame du malheur.

Le ministère Daladier, qui n'avait que six jours d'existence, était traité de gouvernement d'assassins, et le ministre de l'Intérieur, Eugène Frot, ne s'en relèverait pas. Les partis de gauche répondaient par un immense défilé et une grève générale. D'autres émeutes éclatèrent qui seraient réprimées de manière aussi violente.

En cette nuit du 6 février 34, quelques pelotons avaient sauvé la République, mais la France se fractionnait, et c'est pourquoi elle se montrerait divisée quand viendraient les suprêmes épreuves.

Au mois d'octobre de la même année, le roi Alexandre de Yougoslavie tombait à Marseille sous les balles d'un fanatique croate. Le ministre des Affaires étrangères, Louis Barthou, était tué dans le même attentat. La disparition du ministre était peut-être plus dommageable à la France et à l'Europe que celle du souverain, car elle cassait la mise en place du système d'alliances méditerranéennes qu'échafaudait Barthou.

Passons à 1936. La date du 7 mars mérite qu'on s'y arrête

un moment. Station funèbre, car ce jour-là marque vraiment le tournant de nos destins.

Depuis trois ans, l'Allemagne était conduite par Adolf Hitler. Autrichien de naissance et fils de douanier, avec peut-être une part d'ascendance juive, cet autodidacte, ce caporal humilié, ce peintre refusé par l'école des Beaux-Arts de Vienne, cet anormal à plus d'un égard, mais en qui les forces du mal s'étaient aisément incarnées, avait eu le temps d'écrire, dans la prison où l'avaient envoyé ses premières agitations politiques, son *Mein Kampf*, que personne, ou presque, en Occident ne lirait ni ne prendrait au sérieux. Haine des Juifs, rendus responsables de tous les malheurs du monde, suprématie de la race allemande promise à la domination universelle : le diable a des idées simples, mais contagieuses. Autour de celles-ci, Hitler avait monté un puissant parti, d'une organisation militaire brutale et spectaculaire, où avaient afflué les rancœurs d'une défaite, les espoirs de revanche, les désarrois d'une situation économique en détresse, et surtout les plus mauvais instincts qui peuvent surgir en l'homme, si on l'organise en groupes de violence et lui permet d'exercer une toute-puissance sur un autre homme.

Grâce à son parti national-socialiste, Hitler, depuis 1933, avec la bénédiction du vieux maréchal Hindenburg, était devenu chancelier d'Allemagne, et bientôt après Führer du Reich. Il avait reconstitué l'armée et faisait marcher le peuple allemand au pas de l'oie.

Comment les nations occidentales, empêtrées dans leurs principes démocratiques, leurs jeux politiques, leurs négociations diplomatiques subtiles, leurs opinions divisées, comment leurs gouvernements, comment leurs parlementaires ne s'inquiétaient-ils pas davantage de la monstruosité qui s'enflait au milieu du continent ?

Les grandes parades nazies, les défilés tonitruants, les aigles et les svastikas, portées par les nouvelles gardes prétoriennes, ne leur avaient-ils pas ouvert les yeux ?

Pourtant Hitler avait tout annoncé de ses intentions, la première étant de réoccuper militairement la rive gauche du Rhin, en violation totale du traité de Versailles et des accords de Locarno. Mais même un ambassadeur aussi averti et lucide que l'était André François-Poncet estimait dans une dépêche du 27 février 1934, donc dix jours avant l'événement, que l'Allemagne éviterait « probablement l'irrémédiable ».

Mais quel irrémédiable ? L'état-major français n'avait rien préparé, rien d'autre que des dispositions défensives, à l'intérieur de *nos* frontières, et s'obstinait à ne rien prévoir contre la menace qui se précisait.

Le 7 mars, à 10 heures du matin, le ministre des Affaires étrangères d'Allemagne, von Neurath, convoquait les ambassadeurs de France, d'Angleterre, de Belgique et d'Italie, pour leur proposer un inacceptable pacte de non-agression de vingt-cinq ans, avec démilitarisation des *deux* rives du Rhin.

Sans laisser le temps de la moindre amorce de réponse, deux heures plus tard, Hitler prononçait un discours devant le Reichstag dans lequel il proclamait sa volonté de réoccupation militaire de la rive allemande ; et pendant qu'il parlait, ses troupes entraient dans la zone démilitarisée, pour en occuper les principales villes.

Ce fut un coup de tonnerre. Hélas, aucun orage ne suivit.

Hitler avait choisi de faire son coup un samedi. Le dimanche, le président du Conseil, Albert Sarraut, lançait à la radio les paroles fermes que la situation commandait : « Nous ne laisserons pas Strasbourg exposé au feu des canons allemands. » Malheureusement, la phrase n'était pas de lui. Elle était de René Massigli, qui avait rédigé son discours. On retrouverait plus tard ce grand diplomate auprès du général de Gaulle, dans la France libre. Or, cette déclaration fit, le lendemain, chuter la Bourse. La presse était partagée. Mais sa tendance générale, même chez ceux, comme Maurras, dont on pouvait attendre une plus vive réaction patriotique, était : « Nous ne voulons pas de la guerre. »

Et puis la presse ne disait pas tout, parce qu'elle ne pouvait tout savoir, et qu'elle avait, en tout cas, quelque notion encore du respect des délibérations gouvernementales.

Elle ne pouvait, la presse, révéler le déroulement des Conseils des ministres, où quatre de ceux-ci seulement étaient pour une action de riposte immédiate. Elle ne pouvait savoir, la presse, que le ministre de la Guerre, le général Maurin, avait déclaré que la France était incapable d'une mobilisation partielle parce que celle-ci n'était pas prévue dans nos plans stratégiques. Qu'avaient-ils fait, depuis dix-huit ans, ces vainqueurs ? Il fallait décréter la mobilisation générale, ou rien. La mobilisation générale, à six semaines des élections ? Mais c'était une folie, lui répondait-on. Tels étaient les soucis de ceux qui avaient en main le destin de la France.

Le ministre des Affaires étrangères, Pierre-Étienne Flandin, qui était du parti de la fermeté, partait pour Londres. Il en revenait déçu. Le gouvernement anglais ne soutiendrait pas une action de la France ; il ne voulait pas courir le risque d'un conflit. « Même s'il n'y a qu'une chance sur cent pour que la guerre suive cette opération de police, dit le Premier ministre Baldwin, je n'ai pas le droit d'y engager mon pays. » Ce fut le coup de grâce.

Mais pourquoi fallait-il s'en remettre à la Grande-Bretagne de décider ce que devait faire la France pour sa propre sécurité et son propre honneur ? De quelle paille était faite l'âme de nos gouvernants en cette fin de la IIIe République ?

Les Anglais ont de grandes capacités de détermination et d'obstination, mais ils manquent d'imagination, si bien qu'ils se servent trop tard de leurs vertus.

Les Français ont l'imagination des événements, mais ils hésitent trop longtemps à se déterminer, ce qui revient au même. Les deux nations se consolidaient dans l'inaction.

Si bien qu'on ne fit rien, c'est-à-dire qu'on se contenta de porter le litige devant l'impuissante Société des Nations, à Genève, de faire circuler des notes, de tenir des conciliabules, et d'envoyer quelques troupes occuper les ouvrages de la ligne Maginot. Il fut considéré comme un grand succès d'obtenir de l'Angleterre la garantie qu'elle interviendrait en cas d'invasion de la France ou de la Belgique.

Ce fut dans ces mêmes jours que ministres et chefs d'état-major se réunirent pour constater que nous n'avions pas de forces d'intervention pour soutenir nos alliés de l'Est s'ils étaient agressés, et pour rejeter les théories, un instant examinées, du commandant de Gaulle. Le « tout plutôt que la guerre » l'avait emporté.

Les conséquences, bien que non immédiatement apparentes, furent immenses. Nos alliés de l'Europe centrale et orientale, Autriche, Pologne, Yougoslavie, Roumanie, Tchécoslovaquie, étaient atterrés, angoissés, découragés. Mussolini commençait à incliner du côté d'Hitler. Et celui-ci devenait un héros pour son peuple, lequel allait entièrement se consacrer à l'effort de guerre et s'enivrer de rêves de puissance. Le nazisme commençait d'avoir partout des émules.

Le pape Pie XI résuma bien les choses lorsque, dix jours après le coup de force, il dit à l'ambassadeur Charles-Roux : « Si vous aviez tout de suite fait avancer deux cent mille hommes dans la zone réoccupée par les Allemands, vous auriez rendu un immense service à tout le monde. »

Hélas, hélas ! Notre jeunesse ne savait pas ; mais elle pressentait. Même si ses notes scolaires, ses examens, ses songes poétiques ou ses ambitions de carrière occupaient le devant de son esprit, elle commençait à prendre conscience qu'elle aurait à vivre des drames. Tout son avenir se joua dans ces journées-là, les plus funestes d'entre les deux guerres, où la France fut au-dessous d'elle-même. La guerre de 1940, c'est quatre ans avant, le 7 mars 1936, que nous avons commencé de la perdre.

La lâcheté n'ayant même pas servi à sauver les partis du centre, les élections furent gagnées par la gauche, et amenèrent au Palais-Bourbon la chambre du Front populaire. Le gouvernement Blum, sous la pression des grèves, faisait voter des mesures sociales, assurément justes et nécessaires, tels les congés payés, mais qui eussent dû être prises plus tôt, et qui venaient fort à contretemps, spécialement la semaine de quarante heures, alors que l'Allemagne allongeait la durée du travail afin de pousser au maximum la production de ses usines d'armement.

Les troupes italiennes entraient dans Addis-Abeba, et l'on décrétait à l'encontre de l'Italie des sanctions méritées mais stupides, parce qu'inapplicables, donc inopérantes, et qui ne feraient que nous aliéner notre voisine.

Et la guerre civile éclatait en Espagne, atroce, impitoyable. Elle aggraverait les divisions de la France en faisant apparaître Hitler, qui soutenait Franco contre les républicains, comme un rempart devant le communisme.

Nous étions environnés de dangers. Ma génération en était consciente, mais non de leur gravité. Nous distinguions dans la politique française des faiblesses qui parfois nous indignaient, mais nous n'en mesurions pas vraiment l'importance. Les institutions dans lesquelles nous avions été élevés nous paraissaient immuables, et nous vivions sur la certitude que l'armée française restait la plus forte du monde.

II

L'ÉCOLE DES SCIENCES POLITIQUES

« Mais, mon ami, je n'ai pas de fortune à te laisser pour que tu puisses tenir convenablement tes postes à l'étranger ! »

Ce fut la réponse que me fit mon père quand je lui dis que je souhaitais préparer la diplomatie.

Car tel était l'état d'esprit de son époque. Représenter la France était un honneur, mais impliquait l'engagement de moyens personnels ; et la carrière diplomatique semblait réservée à une caste fortunée. Cette mentalité datait d'avant l'institution de l'impôt sur le revenu.

Mon père ne me dissuada pas pour autant de m'inscrire à l'École libre des Sciences politiques. Être écrivain et diplomate me semblait un modèle d'existence fort enviable. Les exemples illustres ou célèbres ne manquaient pas : Chateaubriand, Stendhal, Gobineau, et parmi les vivants : Claudel, Giraudoux...

La guerre et les embranchements de la vie devaient m'orienter autrement. Pourtant, dans la seconde partie de mon existence, deux ambassades d'importance tournèrent au-dessus de ma tête : Rome et Athènes ; et ce fut affaire de circonstances, tragiques dans le premier cas, mesquines dans l'autre, si je ne les occupai pas. Mais les affaires extérieures ont toujours été pour moi sujet d'extrême intérêt, et, dans la mesure de mes moyens et des situations qui me sont échues, j'y ai porté mes efforts.

Fondée après la défaite de 1870, l'École de la rue Saint-Guillaume formait aux carrières de la haute fonction publique. Les neuf dixièmes des membres du Conseil d'État, du Quai d'Orsay, de l'Inspection des finances et de la Cour des comptes sortaient de cette maison.

Les professeurs étaient une élite, et les élèves, il faut en convenir, aussi.

Dans les années où j'y fus, on se pressait aux cours du sociologue et géographe André Siegfried, académicien, homme d'immense culture, à l'esprit clair et la voix lente, qui s'aidait d'une sorte de face-à-main à manche court pour consulter ses notes. L'histoire diplomatique nous était enseignée avec élégance par M. Scheffer, personnage à long visage encadré de favoris à la François-Joseph ; maniant son lorgnon pendu au cou par un ruban de soie, il déclarait ironiquement que jamais personne, y compris lui-même, n'avait rien pu comprendre à l'affaire des duchés de Schleswig-Holstein.

Jules Basdevant, qui professait le droit international, ce droit sans sanctions, nous avertissait que l'exécution des engagements pris par les États dépendait uniquement de la volonté de ceux-ci. Le secrétaire général de l'époque était le jeune Roger Seydoux, d'une famille de grands serviteurs de l'État, et dont je devais être l'hôte, bien des années plus tard, à notre ambassade de Moscou.

Les élèves, particulièrement ceux de la section diplomatique, se plaisaient à porter le chapeau melon ou le feutre noir aux bords relevés gansés de soie, le parapluie étroitement roulé, et même souvent des guêtres claires par-dessus la chaussure parfaitement lustrée, accessoires qui constituaient l'uniforme déjà presque suranné des chancelleries. Ils se fabriquaient l'apparence de ce qu'ils se préparaient à être.

Les rendez-vous se donnaient chez Poiré-Blanche, un pâtissier-glacier du boulevard Saint-Germain.

Cette jeunesse, en majorité issue des milieux aristocratiques ou de haute bourgeoisie, avait généralement des idées de droite, sinon même d'extrême droite.

Pour ma part, je pensais que la monarchie constitutionnelle était le meilleur, ou le moins mauvais, des régimes ; et aujourd'hui, ayant fait le tour de tout, ayant subi ou observé le fonctionnement de vingt systèmes de gouvernement, je suis revenu à le penser.

Le régime d'assemblée installe l'impuissance, et nous allions bientôt en faire l'amère expérience. Le régime présidentiel, ou semi-présidentiel, est, ou bien de durée trop courte, ou bien engendre d'excessives luttes d'ambition, des ligues d'appétits qui provoquent des fractions dans la nation. Les dictatures finissent toujours mal, et souvent dans l'horreur.

Oui, la monarchie constitutionnelle, parce qu'elle permet d'assurer, en même temps que les alternances du jeu démocratique, la continuité de l'incarnation du pays, et parce qu'elle confère aux pouvoirs ce qu'il leur faut de majesté, offre bien des avantages. Et notamment pour cette raison que la première place est prise ; on ne se bat que pour la seconde.

Une seule constitution pourrait lui être préférée ; celle de l'Église catholique romaine, parce qu'elle unit, superpose et intègre tout ensemble une démocratie véritable, au sens platonicien du terme, une république oligarchique et une autorité monarchique à vie. Ce régime a permis à l'Église de traverser les siècles. Mais personne, que je sache, n'a jamais songé à le proposer comme modèle aux peuples modernes. Lénine, lucide, n'avait-il pas répondu à un journaliste occidental en 1924 : « Tous les régimes d'Europe tomberont, sauf celui du Vatican, à cause de sa constitution » ?

Nous étions, aux Sciences politiques, des jeunes gens patriotes, par définition, puisque nous nous destinions à servir l'État. Et nous étions de plus en plus conscients des périls qui s'accumulaient. Aussi la plupart d'entre nous étaient assidus à la Préparation militaire supérieure, qui nous permettait d'être sursitaires, c'est-à-dire de terminer nos études avant d'être appelés aux armées, où nous serions immédiatement incorporés comme élèves officiers.

Troquant nos vêtures de diplomates en herbe pour des tenues plus sportives, nous allions, plusieurs fois par semaine, de quartier Dupleix en École militaire, et de fort de Montrouge en fort de Vincennes, marcher au pas cadencé, et apprendre le maniement des armes. L'étude du Règlement de la cavalerie, « à jour avec le modificatif du 19 avril 1930 », était censée nous initier à l'art de la guerre. La guerre d'autrefois.

Les séances de manège, sans étrier, sur les chevaux et les selles d'armes de la Garde mobile, nous envoyaient souvent dans la sciure ; nous en revenions l'âme joyeuse et le corps moulu.

Autant le langage de nos maîtres de la rue Saint-Guillaume était châtié, et parfois précieux, autant celui de nos instructeurs militaires, même chez des gens de bonne éducation, était rude et volontiers grossier. Être maître d'une monture et pouvoir se battre à cheval ne s'apprend pas en douceur. La trivialité de manège était de tradition. De solides amitiés naissaient dans cette ambiance, et nous commencions d'acquérir là une certaine manière d'être que nous conserverions toujours.

J'irais, dans les mois d'avant-guerre, perfectionner mon équitation chez un écuyer portugais du nom de Vasconcellos, ancien torero à cheval, de fort petite taille et qui excellait dans les exercices de haute école.

Je dois être l'un des derniers Parisiens qui puissent se souvenir d'avoir remonté au petit galop, de la porte Dauphine à la place de l'Étoile, du côté des numéros pairs, les allées cavalières de l'avenue Foch, que l'on appelait encore, par habitude, l'avenue du Bois.

Je me rappelle aussi, de ces temps-là, quelques jeunes filles que j'allais chercher au domicile de leurs parents pour les conduire à des bals. Il n'y avait, à l'époque, rien d'étonnant à prendre le métro en habit de soirée et cravate blanche.

III

LA MAISON GREGH

J'aurais intensément souhaité connaître Anna de Noailles. Celle qui avait écrit *Les Éblouissements*, *Le Cœur innombrable*, *L'Honneur de souffrir*, était morte avant que je fusse en âge de la rencontrer. J'en gardais regret.

D'Henri de Régnier, dont j'ai parlé plus haut, je n'avais que côtoyé le cercueil. Régnier disparu, Fernand Gregh était le plus célèbre des poètes, nombreux alors, qui persévéraient dans la voie classique. Celui-là au moins, je ne voulais pas qu'il m'échappât.

J'ai dit que j'avais organisé dans mon lycée une matinée poétique en son honneur. Ç'avait été mon prétexte à l'aller voir.

Sur une note, à point retrouvée dans un vieux dossier du temps de mon adolescence, je lis ceci : « *Samedi 20 mars 1937. Jour décisif dans ma destinée poétique. Je veux y voir la même signification qu'à la visite d'Henri de Régnier à Sully Prudhomme, à un âge guère plus avancé que le mien.* » Décisif, ce jour devrait l'être en effet, mais d'autre manière que je l'avais imaginé. Un embranchement de la vie.

Gregh avait accueilli ma jeunesse avec une bienveillance et un charme extrêmes. Il connaissait bien ma tante Germaine Druon, ainsi que les anciens familiers du salon douaisien.

Ma causerie sur Régnier lui avait plu : « Vous avez le sens

critique et l'ardeur lyrique, m'avait-il écrit ; votre hommage est chaud de cœur et clair d'esprit. » Combien voudrais-je avoir mérité toute ma vie un jugement aussi indulgent !

La conférence que je prononçai sur lui le satisfit assez pour qu'il souhaitât la voir éditée ; elle fut imprimée, en plaquette hors commerce, aux dépens d'un de ses amis.

Gregh m'avait donné une liste d'envois à faire, qui commençait par tous les membres de l'Académie. Je reçus nombre de réponses élogieuses, qui visaient assurément à lui faire plaisir plus encore qu'à moi. Mais ce n'était pas rien que de recevoir quelques mots aimables signés du duc de Broglie ou du maréchal Franchet d'Esperey. Certains académiciens m'appelaient « mon cher confrère », grâce qu'ils faisaient à quiconque usait d'un porte-plume. Et le cardinal Grente m'assurait de ses « respectueux et dévoués sentiments ». Son secrétaire ne s'était sûrement pas avisé de l'âge de l'auteur.

Georges Goyau, Secrétaire perpétuel de l'Académie, allant plus loin encore dans la courtoisie, m'écrivait : « À cette époque où la génération qui a les cheveux blancs se sent si peu comprise d'une lointaine et distante jeunesse, vous, au contraire, vous nous apportez, au sujet de Gregh, une page de critique littéraire qui est un chef-d'œuvre d'intelligence et d'acuité. »

Comme on était aimable alors envers l'avenir ! Cela m'encouragea à faire visite à Georges Goyau, un homme qui avait de la bonté et même peut-être de la sainteté au cœur. Il me reçut avec une aménité attentive. Ma première visite académique, en somme !

Si, aujourd'hui, je prends sur mon temps, autant que je le puis, pour adresser ne fût-ce que quelques lignes à un débutant, dans l'envoi duquel j'ai cru discerner une promesse de talent, c'est en raison de ces souvenirs anciens, parce que je sais l'importance que peut avoir, pour une carrière à peine amorcée, l'attention d'un aîné de quelque renommée.

Je pris le pli de venir voir Fernand Gregh de plus en plus

souvent. Il semblait avoir plaisir à ma compagnie ; il m'appelait son disciple, et peut-être fus-je le seul. Assis derrière un bureau chinois, dans une petite pièce qui faisait suite à son salon, il me lisait les derniers vers qu'il avait écrits, et je lui portais les miens qu'il voulait bien apprécier ou corriger. Ou bien il m'emmenait dans une promenade, et nous nous plaisions à nous parler en alexandrins, ou en latin, ce qui commençait à devenir moins habituel qu'au siècle précédent. Être auprès de Gregh me donnait l'impression de donner la main à toute l'histoire de la poésie française. Il avait fréquenté le salon Heredia et assisté aux obsèques de Victor Hugo.

Est-ce à cause de Hugo, auquel il avait consacré une biographie qui n'est certes pas négligeable, qu'il portait une barbe grisonnante autour d'un beau visage ? Il était de moyenne taille, avait une allure assez fière, des yeux doux, et possédait une très vaste érudition. Il aimait à se vêtir l'hiver d'un manteau rouille.

Gregh était un lyrique, un élégiaque, qui avait réagi aux excès du symbolisme. Il avait été révélé à vingt ans par un poème que la critique avait pris pour une pièce inconnue de Verlaine. Il avait fondé, avec Marcel Proust et Daniel Halévy, une revue littéraire : *Le Banquet.*

Le succès lui était venu avec son premier recueil, *La Maison de l'enfance.* Il maniait avec une égale aisance le vers libre et le vers régulier. Moins musical que Régnier, mais penseur plus profond – il était licencié de philosophie –, ses titres disent bien le chemin de son inspiration : *La Beauté de vivre*, *L'Or des minutes*, *Les Clartés humaines*, *La Chaîne éternelle.*

L'oubli dans lequel il est tombé est injuste, car il y a dans ces ouvrages-là de fort belles pièces, qui mériteraient au moins l'honneur des anthologies.

Quel était son défaut, ou sa faiblesse ? Il était heureux, par tempérament. Il s'émerveillait devant tout, la nature, les êtres, les œuvres ; il était enclin à trouver de la beauté partout, et à s'en enchanter. Souffrait-il, comme chacun, revers, inquiétude ou chagrin ? Sa nature, reprenait aussitôt le dessus. Jusqu'au fond de ses nostalgies, il y avait de l'espoir et du rêve ; il chantait la vie.

Mon père est mort, ma mère va mourir,
Et moi j'attends mon tour sur la terre,
Et pourtant je ressens…
Cet élan vers la vie incompréhensible.

Il ne portait pas son âme en écharpe, et cela, pour un poète, ne pardonne pas.

Fils d'un compositeur en son temps réputé, Gregh était d'une famille originaire de Malte, et catholique comme on l'est dans cette île-là. Il avait pris femme dans la haute bourgeoisie juive, une Hayem, ce pourquoi on crut toujours qu'il était juif lui-même.

Harlette Fernand Gregh devait le choix de son prénom à Barbey d'Aurevilly, ami de sa famille. Poète elle-même, elle avait publié deux recueils, et un livre de voyage, *Vertige de New York*. Depuis lors, elle entassait des manuscrits. Elle avait été en sa jeunesse d'une grande beauté brune. Mais avec l'âge, elle avait un peu tourné à la sorcière. Œil charbonneux, nez très busqué, lèvres minces et amères, doigts jaunis par le tabac, car elle fumait sans relâche, voix grinçante, elle offrait, toujours couverte de châles, un aspect assez surprenant ; mais sa conversation était d'une vivacité extrême, avec un don captivant de controverse. Impérieuse, insomniaque et tenaillée par l'angoisse, elle vivait surtout la nuit, marchant dans sa chambre comme une chouette, et ne s'endormant qu'au matin. Son mari, bien qu'elle l'irritât souvent, l'adorait.

Ils avaient deux enfants. Le fils François-Didier, inspecteur général des finances et déjà directeur du Budget, était séduisant et sérieux, le type du jeune grand commis de l'État. La fille, Geneviève, active et cultivée, se consacrait surtout à ses parents ; une nature de dévouement. Elle était toujours affairée, mais dans ses yeux bruns, il y avait des profondeurs de rêve. Je devins vite, le père ayant exalté mes mérites, un familier de la maison.

Étrange maison, en vérité. C'était, au fond du hameau de Boulainvilliers, à Passy, l'ancien pavillon des Eaux et Forêts d'une des expositions universelles de la fin du siècle précédent, que l'on avait transporté là. Une sorte de grande isba occidentale. On y avait d'ailleurs remisé naguère les chevaux de *Michel Strogoff*, lorsqu'une adaptation du roman de Jules Verne avait été représentée sur le théâtre du Châtelet.

Le jardin, touffu, peu entretenu, foisonnait d'oiseaux dans ses grands arbres. Parsemé de fleurs au printemps, il sentait la forêt à l'automne. À cinquante mètres de la rue du Ranelagh, on s'y trouvait à cent lieues de Paris.

La vigne vierge cachait l'état vétuste de cette demeure bizarre. Les jours de grande pluie, il fallait disposer des bassines dans le salon, car l'eau perçait le toit.

Le salon était vaste, meublé de beaux sièges anciens mais dont le velours ou la soierie s'effrangeaient. Les tapis d'Orient montraient leur trame. De larges candélabres aux feuilles dorées donnaient à la cheminée un air d'autel espagnol, auquel répondait, dans un angle, un immense lutrin éployant ses ailes d'aigle.

Les dîners, dans la salle à manger entourée de tableaux de l'école de Fontainebleau, obéissaient à une ordonnance particulière, et surtout étaient précédés de longues attentes. L'inspecteur des finances était plongé dans la lecture du très sérieux journal *Le Temps*. Le poète entretenait ses invités jusque vers neuf heures, neuf heures et demie, tandis qu'on entendait à l'étage des bruits de baignoire. Il finissait, rassemblant son courage, par décider qu'on passât à table sans attendre sa femme. Celle-ci apparaissait alors, encore humide de ses ablutions, une visière de paille sur le front, et suivie de sa fille qui l'avait aidée à s'habiller. Et l'on servait enfin, non sans qu'elle eût demandé qu'on baissât les lumières qui lui offensaient les yeux, ou qu'elle eût prié un invité de changer de place afin qu'elle le pût mieux voir.

Il était difficile, avec cette insomniaque, de partir avant minuit, car pour elle, comme pour toutes les femmes de lettres du temps, à commencer par Anna de Noailles, la conversation était tout à la fois un art et une occupation.

L'argent était rare dans la maison Gregh, et le poète faisait chaque mois le tour des sociétés d'auteurs pour y ramasser ses droits qui n'étaient pas gigantesques.

Malgré cela, les Gregh donnaient de fréquentes réceptions, où se mêlaient littérateurs de tous âges, artistes, hauts fonctionnaires, gens du monde, hommes politiques et étrangers de passage. Deux jeunes femmes mettaient dans ces réunions des points d'exceptionnel éclat : l'une, d'une blondeur diaphane, était Claude Alphand, épouse d'un autre inspecteur des finances, fils d'ambassadeur, et qui deviendrait lui-même l'un des plus hauts diplomates de la Ve République ; l'autre, d'un roux vénitien, était Lucie Faure, mariée à un avocat qui n'avait pas trente ans et qui serait un jour président du Conseil de la IVe République. De ces deux jeunes et ravissantes femmes, avec lesquelles je me lierais davantage au retour de la guerre, je pourrais dire, comme Talleyrand, que leur amitié mit du charme sur ma vie.

L'affluence était particulièrement nombreuse et spontanée les jours d'élection à l'Académie française où le poète, s'étant porté candidat, avait été battu.

Car Fernand Gregh avait la plus curieuse et opiniâtre carrière académique qui fût. Il s'était présenté pour la première fois en 1914, avec le soutien d'Edmond Rostand. Et depuis lors, il récidivait, périodiquement et assez joyeusement.

« Voyez-vous, me dit-il un jour, je n'ai pas eu de chance ; ce sont toujours mes voix qui sont mortes. » Et de fait, à tenir le compte des défunts qui lui avaient été favorables, il aurait pu avoir une élection de maréchal.

Son incommode épouse n'était peut-être pas étrangère à ses échecs.

À cette époque, les candidats envoyaient un ami prendre les résultats du scrutin, dans la cour de l'Institut. Gregh me chargea de cet office le jour qu'il eut le courage de se présenter contre Charles Maurras, ce qui était d'un bon républicain.

Je me précipitai, dès le résultat annoncé, au téléphone d'un café voisin, pour lui dire que, « hélas, hélas… » Il ne s'en montra nullement effondré. « Je m'y attendais. Combien de voix ?… Ce n'est pas mal… Ce sera pour la prochaine fois. Venez vite ; il y aura beaucoup d'amis. »

En effet, les amis accouraient. Les académiciens qui n'avaient pas voté pour lui venaient ou lui mentir, ou l'assurer de leur appui certain… dans une autre occasion. Gregh transformait son échec en fête, et retenait ceux qui le voulaient à un dîner improvisé.

Il serait finalement élu, après la Deuxième Guerre mondiale, à sa quatorzième candidature, alors qu'il approchait de quatre-vingts ans. Et quand il fut entré dans la Compagnie, chacun le trouva si aimable, si serviable, si érudit, et de commerce si agréable qu'on se demanda pourquoi, vraiment, on s'était privé de lui si longtemps.

À ses soirs d'élections manquées, je dois l'une des chances de ma jeunesse, celle d'avoir connu Paul Valéry. Pas assez pour que s'établît, entre l'écrivain illustre et le jeune homme à peine débutant, aucune intimité, mais suffisamment toutefois pour que sa présence me demeurât inoubliable, que son visage m'apparût quand son nom viendrait à être prononcé, et que j'entendisse sa voix, tout ensemble précise et feutrée, chaque fois que je lirais une ligne de lui.

Je me souviens en particulier d'un dîner de fin de printemps, où n'étaient restés que quelques intimes. La table, dans ce hameau feuillu, avait été dressée sous les arbres, comme à la campagne. Et j'observais Valéry, séduit que j'étais par sa phrase, ses belles mains expressives, son visage qui, sous les cheveux gris, était parfaitement visage d'homme, porteur de la fonction d'intelligence.

À ce même dîner, se trouvait Marcel Prévost, autre académicien, le romancier des *Demi-Vierges*, dont on n'aurait pas soupçonné qu'il lisait chaque jour quelques pages des Évangiles, en grec, et recommençait quand il était arrivé à la fin de l'Apocalypse.

Or, Marcel Prévost disait gravement des choses légères, tandis que Valéry disait légèrement des choses graves. Comment aurait-il pu faire autrement ! Il était infiniment courtois, mais il était extraordinairement lucide. Il avait, mieux que personne, aperçu – *Regards sur le monde actuel* – les drames où allaient nous plonger la contradiction et la combinaison de nos pouvoirs et nos impuissances.

Personne n'était capable d'associer autant d'idées et de les associer clairement. Son cerveau ressemblait à ces montres à boîtier transparent qui laissent apercevoir leurs rouages, leurs mécanismes subtils, leurs échappements, leurs ressorts, leurs rubis.

Et personne, en notre temps, ne s'est mieux servi de la langue française ; personne n'a possédé une pareille précision, une pareille adéquation du mot et de la pensée ; personne n'a utilisé une syntaxe plus juste, même lorsqu'elle semble elliptique ; personne n'a été plus *intelligent*.

Paul Valéry écrivait avec un diamant sur un miroir, et sa main même n'y faisait pas d'ombre.

En ce premier tiers du siècle, sans qu'il y eût, comme la tradition s'en est maintenue en Grande-Bretagne, de poète officiel, les poètes jouaient encore un rôle dans la cité.

Le gouvernement avait chargé Valéry de rédiger les inscriptions qui figurent en haut des deux ailes du Palais de Chaillot, lequel fut inauguré pour l'Exposition universelle de

1937. Ce monument remplaçait l'ancien Trocadéro, affreux, sombre et tarasbicoté ; il faut reconnaître qu'il n'a pas trop mal vieilli, dernier témoignage d'un art classique, avant qu'on ne passât de l'architecture à la construction.

À Fernand Gregh, on avait demandé, pour cette même exposition, d'écrire et d'enregistrer quelques textes qui diraient la signification de cette grande exhibition de la variété du monde. La voix du poète était ainsi diffusée du premier étage de la Tour Eiffel, sur une foule un moment immobilisée, ou qui passait distraite.

De ce fait, les Gregh disposaient d'entrées privilégiées. Maintes fois, avec eux, par les soirs d'un beau mois de septembre, je parcourus cette étrange ville artificielle et provisoire dont chaque maison était celle d'une nation. Nous allions dîner dans les restaurants exotiques où la société parisienne se plaisait à se dépayser. Nous assistions à des jeux d'eau sur la Seine, assez féeriques, où une technique nouvelle, dite des « ondes Martenot », associait, par un double jeu d'orgues, la lumière et la musique.

Mais prenions-nous assez garde au terrible symbole que constituaient les deux énormes pavillons de la Russie soviétique et de l'Allemagne nazie, dressant face à face leurs emblèmes, faucille et marteau, croix gammée, brandis par des figures géantes ?

Bien sûr, nous ne manquions pas d'en être impressionnés. Mais beaucoup de gens ne voyaient là qu'un art de propagande. Et dans cet affrontement même, ils désiraient apercevoir un aspect rassurant : les deux empires se neutraliseraient l'un l'autre.

Autour de ces deux menaces dressées contre le ciel, grouillait le village universel. Pour la dernière fois, Paris était la capitale du monde. Et la France était si belle !

Les Gregh possédaient près de Fontainebleau, à By-Thomery, une maison de campagne, également spacieuse, vétuste et désordonnée, mais d'un charme extrême, et dont le jardin donnait directement sur la forêt. J'y fus souvent invité. Les jours s'y écoulaient avec douceur ; on baignait dans la nature et la poésie.

Je faisais de longues promenades à cheval, avec Geneviève Gregh, qui était convenable cavalière, dans cette forêt superbe. À Paris, nous nous donnions rendez-vous pour aller visiter ensemble galeries et musées, échangeant nos enthousiasmes.

Il arriva ce qui devait arriver.

Le jeune poète et la fille du poète tombèrent amoureux l'un de l'autre. Nous nous en fîmes l'aveu le jour de la mort de Gabriele D'Annunzio. De chaque poète qui mourait, j'avais le sentiment de recueillir l'héritage.

IV

LA NUIT DE L'ANSCHLUSS

Après l'affaire de la Rhénanie, où la France avait montré une criminelle faiblesse, la prochaine proie d'Hitler devait être l'Autriche, ou, pour mieux dire, ce que le traité de Versailles en avait laissé.

Pourquoi les négociateurs de cette paix mal ficelée, et par quelle obsession antimonarchique, Wilson et Clemenceau, alors qu'ils laissaient à l'Allemagne sa quasi-intégralité territoriale parce que le renversement des Hohenzollern et l'avènement d'une république suffisaient à les rassurer, s'étaient-ils acharnés sur le vieil empire des Habsbourg ?

Ils eussent dû méditer le mot de Bismarck, devant qui l'on s'étonnait, après Sadowa, qu'il n'ait pas profité de sa victoire pour dépecer l'Autriche-Hongrie : « C'est qu'ils savent, eux, comment s'y prendre avec les Slaves du Sud. Nous, pas. »

La gravissime erreur de 1918 pèserait sur les destins européens, jusqu'à la fin du siècle.

Les intentions du Führer étaient annoncées, prévisibles. Un puissant parti nazi s'était constitué en Autriche, arborant des chemises brunes et agitant des oriflammes à croix gammée. Fascinant une partie de la population et terrorisant l'autre, ce parti prônait, par la voix de son chef, Seyss-Inquart, la fusion de l'Autriche et de l'Allemagne, au nom de l'unité des peuples germaniques. Le chancelier

Dollfuss, homme de petite taille et de courage immense, qui voulait garder à son pays l'indépendance, avait été assassiné. Le malheur était en route, il avançait et s'épaississait comme un ciel d'orage. Il n'y avait de doute que sur l'instant où la foudre éclaterait.

Winston Churchill raconte que le jour même où allait se produire l'Anschluss, il assistait à un déjeuner offert par Chamberlain, Premier ministre de Grande-Bretagne, à l'ambassadeur von Ribbentrop qui quittait son poste pour devenir ministre des Affaires étrangères du Reich. Et Churchill d'ajouter : « C'est la dernière fois que j'ai vu Herr von Ribbentrop avant qu'il soit pendu. »

On apprendrait plus tard que, la veille, Hitler avait, par l'entremise de son envoyé à Rome, le prince Philippe de Hesse, reçu de Mussolini l'assurance que l'Italie, qui avait frontière commune avec l'Autriche, n'interviendrait pas. Assurance capitale et qui mit le dictateur allemand en liesse. Il avait les mains libres ; tout l'équilibre européen basculait.

Cette nuit du 11 mars 1938, comme je m'en souviens !

Je dînais ce soir-là chez les Fernand Gregh. Un poète canadien et son épouse fort vive, un compositeur roumain, un ambassadeur porteur d'un beau nom de France, un chirurgien célèbre composaient, avec les enfants de la maison et deux ou trois autres convives, la compagnie.

La conversation roulait à mi-hauteur entre profondeur et légèreté. Nous étions une bonne image de société civilisée, héritière encore de ce XVIIIe siècle où tous les pays d'Europe étaient, de manière ou d'autre, des provinces intellectuelles de la France.

J'ai décrit cette soirée dans la première de mes *Lettres d'un Européen*, rédigées à Londres en 1943. Une manière d'introduction. Mes souvenirs étaient encore très frais. L'ouvrage n'a pas été tellement lu que j'hésite à en reproduire ce passage.

… Soudain, la radio annonça que l'Allemagne venait de poser un ultimatum à l'Autriche. Rappelez-vous notre sursaut. Rappelez-vous la voix du speaker : « Nous diffuserons un bulletin de nouvelles de demi-heure en demi-heure. »

Nous nous étions levés, et nous suivîmes ainsi l'agonie précipitée d'un peuple dont le nom avait été autrefois celui d'un empire.

Les derniers héritiers… Penchés sur cette boîte vernissée et magique, n'étions-nous pas plutôt pareils à des fantômes sans perruques sortis de derrière les murs de l'Histoire, et ne comprenant rien à ce nouveau jouet des hommes, ce jouet parlant !

Le chancelier d'Autriche demandait le secours de la France. La France consultait l'Angleterre. Les demi-heures passaient.

La France et l'Autriche… Pavie… Marie-Thérèse… le Congrès de Vienne. Tout cela devait-il finir dans cette boîte vernissée ? De temps en temps les fantômes se rasseyaient. Nous avions parmi nous un diplomate maigre et bien titré, aux mains longues et vieillissantes, à l'annulaire chargé d'or, et qui savait jouer depuis vingt ans avec son monocle.

— Est-ce la guerre ? lui demandions-nous.

Le diplomate restait aussi muet que son gouvernement. Sa main s'agitait vaguement.

Entre deux bulletins, la radio déversait une musique de jazz qui insultait les nerfs et rendait la tragédie plus sinistre, comme si l'on s'était trompé de musique de scène.

Mais non ; on ne s'était pas trompé.

Nous avions là, en trois images, en trois rythmes brutalement juxtaposés, la face complète et véritable de notre univers. D'une part, le pas cadencé des régiments en demi-bottes noires, le roulement des chars sur les routes. De l'autre, le rythme saccadé, frénétique, de cet orchestre du Nouveau Monde, fait, semblait-il, pour jouer sur une locomotive. Et au milieu, notre salon, ses lumières dorées, ses soies fanées, ses reliures, nous-mêmes.

Le jazz s'arrêta. Nouveau bulletin.

La France avait donné ce qu'elle pouvait de son héritage : des mots. Elle sympathisait, elle flétrissait l'agression. Elle prenait l'histoire à témoin et la morale des peuples... et le jazz enchaînait.

Le diplomate était de l'avis de son gouvernement. Il sympathisait, il flétrissait ; il invoquait le droit international... sa main retombait, navrée, sur le bras du fauteuil.

Vers une heure ou deux du matin, nous apprenions que les armées hitlériennes avaient franchi les frontières d'Autriche.

Notre hôte éloigna ses doigts de son front et dit :

— C'est la fin, mes amis, c'est la fin.

Et son regard se portait douloureusement, autour de lui, sur les êtres, sur les objets, et, dans l'invisible, sur ses souvenirs. La souffrance crispait son visage encadré d'une courte barbe blanche.

— Le siècle des Antonins est terminé, ajouta-t-il, et il est même trop tard pour souhaiter un Julien l'Apostat.

Ses paumes réemprisonnèrent sa pensée ; il assistait en lui-même à la mort d'un monde aussi clairement que s'il avait vécu jadis la chute du monde romain.

Si j'ai rappelé si longuement cette soirée, c'est que nous ne fûmes pas très nombreux, dans ce salon, à comprendre.

Nul n'arrivait à admettre que l'Europe fût morte.

Mourante en tout cas. L'Europe agonisait. Combien faudrait-il de sang et d'énergie pour que naquît une nouvelle Europe ?

V

PRÉLUDES

Dans cette année de mes vingt ans, je disposais pour préparer un examen, ou achever quelque texte qui me tenait à cœur, d'une parfaite retraite, en Normandie de nouveau.

Un industriel ami de mes parents possédait à Annebault, dans l'arrière-pays de Deauville, un vallon ravissant et secret, long de près d'un kilomètre, tout de prairies et de vergers, le domaine des Sources.

À l'entrée du vallon se trouvait la ferme, où était disposé un appartement de maître. À l'autre bout était la maison d'habitation, un vieux pavillon de chasse aux colombages peints en bleu, et que le temps avait délavés. J'habitais l'une ou l'autre, selon l'occasion.

Notre ami, quinquagénaire replet et joyeux, assez fier de sa réussite, venait, après veuvage, de se remarier avec une jeunesse mince, languide et diaphane, d'une stupéfiante capacité d'inaction.

Il m'emmenait vers ce vallon, objet de son orgueil, dans une longue Talbot jaune paille qu'il poussait au maximum de la vitesse de ses douze cylindres, une de ces voitures dont ma génération rêvait. Et puis, revenant à ses affaires, il me laissait dans cette campagne généreuse.

J'y refaisais communion avec la nature, m'enchantant des levers de soleil de printemps qui illuminaient tous les verts de la création, des pommiers, croulant de fruits à la fin de l'été, qui avaient des airs de paradis terrestre, ou des brumes de septembre, légères encore, couvrant des prairies qui avaient nom le Grand Vorêt, le Petit Vorêt. Je trouvais au vent, quand il venait de la mer, un petit goût de sel.

La fermière, forte et fraîche Normande, me gavait d'omelettes aux fines herbes, trop épaisses pour être repliées, dans lesquelles elle versait de pleines louches de crème, et elle débouchait pour moi un cidre roux, mousseux et sucré.

Je ne sortais guère que pour l'accompagner, une fois la semaine, au marché de Dozulé ou de Beaumont-en-Auge, où elle allait vendre les produits de la basse-cour et de la laiterie.

Nous nous y rendions dans une de ces carrioles à deux roues, surmontées d'une haute et ronde capote, comme il en venait, ces jours-là, de tout le voisinage. J'avais appris à mener la bonne jument grise dont le trot régulier battait la route.

Sur ces places de bourgades, où les fermières disposaient à même le pavé leur éventaire de volailles liées par les pattes, de paniers d'œufs et de mottes de beurre blanc, je prenais quelques traits pour des nouvelles qui paraissaient dans *Marianne*, un nouvel hebdomadaire dont Fernand Gregh m'avait ouvert les portes.

Car j'avais commencé de publier, ce qui m'avait valu quelque attention. Après les gammes, les préludes.

À peu de kilomètres de mon val normand vivait en pays d'Auge, entre Lisieux et Pont-l'Évêque, un poète paysan, ou plutôt un poète qui s'était fait paysan, André Druelle, étrange personnage que j'allais parfois visiter.

Sa demeure fermière portait un nom magnifique, le manoir d'Écorcheville. Mais il ne semblait pas qu'aucun confort y eût été ajouté depuis le temps d'Henri IV.

Long, maigre, cheveux courts, joues creuses et poignets osseux, Druelle avait eu les poumons attaqués par la tuberculose. Il se disait :

… le poète prosaïque
Des chaumes et de la moissonneuse mécanique.

Tout le jour, botté et boueux, il allait de ses prés à ses étables, faisait la traite, vidait les seaux de lait dans de grandes cannes de fer galvanisé, retournait les litières à la fourche. Et le soir, il se mettait à écrire à la lueur d'une lampe à pétrole, à moins qu'il ne fût interrompu parce qu'il lui fallait aller en plein champ aider une vache à vêler. Il avait le sens des images agrestes.

Le jour prend mal, il fume et ressemble au bois vert

Les jantes du banneau soulèvent en tournant
Des morceaux de labour et de soleil couchant

ou encore :

… les grands bœufs, harcelés par le gel,
Dorment, fesses serrées, cornes nues sous la lune…

Je lui consacrai un article qui parut dans *La Nouvelle Revue critique.*

Voici peu, j'appris avec surprise son décès. Surprise, car je n'imaginais pas qu'il ait vécu si longtemps. Cet ancien phtisique s'était éteint, grandement nonagénaire, dans son manoir d'Écorcheville.

Un travail occupa quelques moments de mes vingt ans, que je n'évoque que pour la singularité du personnage qui me le demanda.

Le vicomte Dard d'Espinay était un financier qui avait ses bureaux dans le quartier de la Bourse, mais qui, auparavant ou parallèlement, avait parcouru tous les continents. En particulier, il connaissait l'Asie jusque dans ses régions les plus reculées.

Haut comme une tour, avec un nez rond qui disait la partie hollandaise de ses origines, il était habillé avec une élégance anglaise, et, à l'instar de beaucoup de Britanniques bien nés, il avait dû toucher quelque peu aux services secrets. On ne séjourne pas impunément en Asie ; il s'intéressait, en dilettante, aux connaissances irrationnelles.

Cherchant un jeune collaborateur pour mettre en forme les notes et pensées qu'il avait consignées au cours de ses voyages ou de ses lectures, il s'en était ouvert à mon professeur de rhétorique, Jean Boudout. Et celui-ci parmi tous ses anciens élèves, m'avait désigné.

Un livre ainsi fut composé, pour lequel je suggérai un titre ambitieux, et que d'Espinay signa du nom de sa famille maternelle.

Collaboration charmante dont nous fûmes, le jeune homme au début de sa carrière et le financier érudit en pleine maturité, également satisfaits, et qui se transforma, avec les ans, en amitié.

Que de fois, plus tard, me rendant à Deauville, je faisais un écart vers la gentilhommière du Calvados où Fernand Dard d'Espinay s'était retiré ! Ou bien nous nous donnions rendez-vous dans un célèbre restaurant d'Orbec. Bien que vieillissant, il avait gardé son humour, son goût de l'insolite et ses manières de seigneur.

Il se peut que l'on trouve, chez quelque bouquiniste, des *Essais sur notre monde*, par Adrian Van Maneil, publiés en 1939 chez Berger-Levrault. L'auteur en est ce personnage qui avait en sa jeunesse appartenu à l'entourage de Lyautey. Ma plume n'y est pas étrangère.

VI

UN VOYAGE AUX ÎLES

Palm Beach 23 avril 1993

Depuis six mois, je n'ai pu mettre la main à cet ouvrage. Le quotidien, ses tâches, ses urgences, qui ne le sont peut-être pas toutes, m'en ont détourné. L'Académie est une dame exigeante, pour qui veut lui garder son éclat.

Les charges que j'ai acceptées sans déplaisir, par goût de l'action, mais qu'il faut à tout moment assumer, le combat pour la langue de France dont je me suis fait le vieux porte-étendard, les sujets non dénués d'importance sur lesquels j'ai été amené à intervenir auprès d'un gouvernement qui voulait bien m'entendre, et maints voyages d'intérêt culturel ou politique, tout cela a dévoré mon temps.

Mais durant cette demi-année, j'ai roulé en moi, comme un vague remords, ces souvenirs en suspens.

C'est sur un rivage de Floride, où tout est beauté et perfection, chez des amis chaleureux, les Paul Desmarais, que je renoue, le jour où j'atteins les trois quarts de siècle, avec les lumières et les fantômes de ma jeunesse.

Les larges plumes des palmiers oscillent sur un horizon bleu. Les pelouses ont des douceurs de tapis. De grands oiseaux marins traversent un air tiède. Des meubles d'Europe, aux bois soyeux ornés de bronze, donnent à la demeure, traversée de clarté entre ses deux portiques, un aspect de palais.

Je suis encore sur la Terre, et je remercie Dieu de m'y avoir gardé. Des fantômes passent dans la lumière…

La jeunesse est surtout occupée de l'amour et de la mort. Pour elle, ils sont neufs.

Si la mort s'était fait connaître à moi presque depuis ma naissance, j'avais été préservé, toute mon enfance, de son contact physique. Le premier mort que je vis fut cet ami qui m'accueillait dans son val d'Annebault et conduisait à si vive allure sa longue Talbot jaune paille. Une attaque l'avait foudroyé. Je dus faire effort pour pénétrer dans sa chambre. Enveloppe de cire, avec au menton son petit bouc noir, et au pied du lit, le rameau de buis trempant dans l'eau bénite. Où était son rire, où était son âme ? Bien vaines, les questions philosophiques, auprès du malaise que j'éprouvais.

Plus les années passent, et plus les disparitions se succèdent, plus on acquiert l'accoutumance de la mort, une manière d'endurance de la sensibilité.

À l'âge où je suis parvenu, les amitiés de jeunesse, et les compagnes des débuts de l'existence, ou sont parties déjà ou s'en vont, l'une après l'autre, comme des feuilles qui tombent de l'arbre du souvenir. Il n'est guère de semaine qui ne m'apporte la nouvelle d'un trépas.

Là où l'accoutumance ne se fait pas, là où l'on a le plus de mal à se tenir l'âme droite, c'est devant les tombes ouvertes où l'on voit descendre un corps que l'on a, jadis ou naguère, tenu dans ses bras.

Lumière : un premier amour illumine le monde. Alors que les nuages s'accumulaient sur l'Europe, Paris, où nous avions grandi, où nous avions vécu, nous apparaissait à nous, jeune poète et fille de poète, renouvelé, éclatant, merveilleux. Soleil ou pluie, tout le faisait étinceler. Il nous semblait que Lenôtre avait pour nous dessiné les jardins des Tuileries. Le bassin rond, au bord duquel nous nous arrêtions, reflétait à la fois et le ciel et nos rêves. Le sublime, qui d'être vu chaque jour devient ordinaire, redevenait sublime. L'immense perspective, tracée et bordée par le génie de la France, qui va, du Louvre des rois à l'Arc de triomphe de l'Étoile, figurait pour nous la ligne imaginaire et symbolique de nos destinées.

Est-ce pousser trop loin dans la confidence que de parler de celle qui alors ornait mes jours ?

Ce n'était pas une personne de nature ordinaire que Geneviève Gregh. Née un 15 juin, elle portait la signature des Gémeaux et en illustrait la signification mythologique. Les enfants de Léda et de Zeus sont des inséparables toujours séparés. Quand Pollux s'élève vers l'Olympe, Castor descend dans les sous-sols de l'Hadès. Ils alternent ainsi chaque jour. Natures doubles, dit-on des natifs des Gémeaux. Mais cette dualité peut apparaître sous des formes bien différentes. Certains sont versatiles, légers, insaisissables, disant noir et pensant blanc sans même avoir le sentiment de tromper. D'autres sont remarquables par leur adaptabilité aux êtres qui les entourent ou aux situations opposées de la vie, et portés au dévouement, parce que nés pour la complémentarité.

Geneviève Gregh, que son entourage appelait Lesla, offrait cette exemplarité gémellaire, et je l'eusse mieux comprise si, à l'époque, j'avais été instruit de la correspondance des astres et des tempéraments.

Lyrique autant que son père, elle était aspirée par le sublime ; nous nous entraînions l'un l'autre vers les cimes du sentiment.

J'ai médit quelque part des lettres d'amour. Toutes ne sont pas niaises ou ridicules, en tout cas pas les siennes. Celles que j'ai conservées de cette période témoignent de la façon dont une femme, en ce temps-là qui était encore celui de l'écriture, savait aimer. Tracées d'une main lisible, ronde et rapide, comme entraînée par l'emportement du cœur, elles sont un modèle du genre qui veut, si l'on y excelle, que l'on redise toujours la même chose sans donner jamais l'impression de se répéter.

Mes propres lettres n'existent plus. Lesla voulut qu'elles fussent placées dans son cercueil ; elles s'y sont dissoutes avec elle.

Mais Castor, ou Pollux, l'amenait à redescendre, en un instant, et sans la moindre gêne, de l'éther des sentiments dans la gestion de l'ordinaire des jours. Aucune tâche ménagère ne la rebutait. Faisant les courses, dirigeant le personnel, se débrouillant dans les comptes et les difficultés financières, elle assurait toute la marche de la maison de ses parents. « L'active abeille », disait avec attendrissement son père qui exploitait, comme toute la famille, et avec un parfait naturel, le dévouement de sa fille. Y avait-il de la poussière sur les meubles avant une réception au Hameau ? Elle n'hésitait pas à prendre le chiffon. Le traiteur était-il en retard ? Elle disposait le couvert. Fallait-il aller toucher quelque mandat ou chèque attendu ? Elle y courait, au volant de sa petite voiture. Sa mère lui demandait de lui enfiler ses bas. Il n'était jusqu'à sa vieille gouvernante anglaise, Miss Lewis, qui était restée dans la famille, à laquelle elle n'eût à prodiguer ses soins. Elle montait trente fois dans la journée l'escalier de ce palais branlant. Elle n'imaginait pas de s'éloigner des siens, même en vacances.

Je jugeais qu'elle perdait sa jeunesse à ces soins ordinaires et le désir me vint assez vite de l'arracher à cette manière de servitude, qui n'en était pas une pour elle, encore qu'elle y étouffât quelquefois. On peut choisir le devoir non comme une contrainte, mais comme une préférence.

Il était de tradition, chez les Fernand Gregh, d'accomplir chaque été un grand voyage, en famille. Le poète, qui vivait parfaitement heureux et enchanté, dans son jardin de Passy comme dans son jardin de Thomery, s'en fût aisément passé. Mais pour sa femme, l'exigeante Harlette, toujours éprise d'ailleurs et d'exotisme, c'eût été presque une humiliation que de n'aller pas fouler un autre coin de la planète. Ce qui n'allait pas sans obérer quelque peu les finances de la tribu. Ainsi avaient-ils été une année au Canada, une autre à New York, d'où Fernand Gregh avait rapporté une longue *Rêverie à Central Park* et Harlette son *Vertige de New York.*

L'été 38, elle avait jeté son dévolu sur les Antilles, en prenant passage à bord d'un cargo mixte de la « Transat », un bananier.

Le jeune ménage Edgar Faure serait du voyage. Il ne faisait mystère pour personne, mais un mystère seulement chuchoté, que François-Didier Gregh avait une liaison avec la belle Lucie.

Cette très jolie femme, ainsi que je l'ai dit, aux cheveux d'or à quatorze carats, c'est-à-dire un peu cuivrés, et moins sûre d'elle-même qu'elle ne le paraissait, avait un ardent besoin d'être aimée, exclusivement. Edgar, jeune avocat au physique médiocre, mais d'une fascinante agilité intellectuelle, et qui se spécialisait pour l'heure dans les affaires de pétrole, avait une propension irrépressible aux infidélités de rencontre. Et c'était par orgueil, ou pour se rassurer, que sa femme était tombée dans les bras du beau Didier. Edgar ne semblait pas torturé de jalousie. Il tenait à sa femme comme il tenait à ses frasques ; et, esprit parfaitement lucide, il savait qu'en fin de compte, dans un ménage à trois, le mauvais rôle est généralement celui de l'amant.

Geneviève et moi, tout à notre romance, n'admettions pas d'être déjà séparés, et l'été eût tourné au désespoir si une bourse de voyage, qui assortissait mon prix au Concours général, et que je n'avais pas encore utilisée, n'avait pu être transformée en passage sur le bananier des Antilles.

Ainsi, le poète élégiaque de *L'Or des minutes* et son épouse, éprise de lointains horizons, allaient-ils s'embarquer pour le Tropique escortés de leurs enfants et des amants de ceux-ci. La chose aujourd'hui ne surprendrait guère, tant les mœurs ont changé ; à l'époque, elle était inouïe, et rendue possible seulement par une dissimulation de tous les instants. Les apparences devaient constamment être sauves.

Nos mères donnèrent le meilleur d'elles-mêmes dans leur capacité de se créer des drames. La mienne ne m'avait jamais vu partir si loin et si longtemps ; son imagination lui représentait tous les dangers auxquels j'allais être exposé, et sa possessivité ne s'accoutumait pas à ce que j'eusse vingt ans.

Quant à Harlette Gregh, elle fut saisie, la veille du départ, d'une crise d'angoisse. Elle était assaillie d'affreux pressentiments. Il fallait tout annuler, ou bien que ceux qui le voulaient partissent sans elle, car elle était certaine de mourir pendant ce voyage. « Vous ne me ramènerez pas. On jettera mon corps en mer… »

Son fils levait les yeux au ciel. Sa fille lui faisait, affairée, prendre quelque tranquillisant. « C'est chaque fois la même chose, tous les ans », disait le poète avec un calme résigné.

Ce fut une mourante qu'on hissa dans le train pour Le Havre, où nous attendait le navire.

Le Caraïbe était un cargo blanc, de six mille tonneaux, qui ressemblait à un grand yacht. Il comportait six cabines de passagers que nous occupions toutes. Le temps qu'on y déposât nos valises, et de commencer à nous repérer dans les ponts et les coursives, il appareilla vers la fin du jour. Un appareillage est toujours émouvant. Je ne perdais rien des mouvements du bord et des manœuvres. Tout était pour moi nouveau et merveilleux.

Nouveaux et merveilleux, le sourd halètement des machines, dans le flanc du navire, et la légère trépidation qu'elles lui communiquaient. Nouveaux et merveilleux, le battement de l'hélice, et le sillage d'argent, mousseux, qu'elle laissait derrière elle dans la nuit tombante. Nouveau et merveilleux, ce tangage doux, épaulé, qui nous assurait bien que nous étions sur un autre élément.

Tout cela peut sembler quelque peu risible aujourd'hui où

l'on expédie par avion des gamins, seuls, avec juste une pancarte au cou, de l'autre côté de la terre. Mais c'était encore, oui, une manière d'aventure que de s'embarquer à vingt ans pour les îles.

Le navire suivait les côtes normandes, piquetées de mille lumières par la saison balnéaire. Je ne résiste pas à reproduire le sonnet, daté du 13 août 38, que je composai, appuyé au bastingage, cette nuit-là. Après tout, il en vaut d'autres.

Quand j'étais un enfant qui jouait sur les plages,
Je regardais parfois, aux soirs calmes d'été,
Les grands vaisseaux partant pour de lointains voyages,
Et par eux j'espérais un jour être emporté.

Or ce soir, à mon tour, j'ai quitté le mouillage ;
Le quai gris, lentement, du bord s'est écarté ;
Le port s'est élargi vers de nouveaux rivages,
Et je suis celui-là qui s'était souhaité.

Dans la nuit miroitante offerte à tous les rêves,
Tandis que nous passons au large de ces grèves,
Où mon désir d'ailleurs venait jadis rôder,

Je perçois en moi-même un passé qui s'achève,
Sur le long ruban d'or que l'onde vient border,
Et je songe à l'enfant qui doit me regarder.

Le lendemain matin, l'agonisante de la veille était la première levée, ce qui n'était pas de son accoutumée, et arpentait le pont à grands pas fermes, une mousseline autour du cou, en mêlant à la brise marine les bouffées de sa cigarette de tabac noir.

Nous naviguâmes treize jours, passant auprès des Açores, étranges sommets alpins surgis de l'océan, et où pacageaient tranquillement des moutons.

À mesure que nous approchions du Tropique, les couchers de soleil devenaient de plus en plus somptueux. Les vastes nuages y prenaient des couleurs de pourpre et d'incarnat, dans des envols berninesques. On eût dit que Dieu avait convoqué dans le ciel, capes déployées, tous les évêques et cardinaux de la Création.

Un bateau est un univers auquel on s'attache en peu de temps ; *Le Caraïbe* nous fut une demeure d'acier, de blancheur et de cuivre dans l'isolement d'un infini. Nous avions revêtu bientôt, la chaleur croissant, nos costumes blancs et ne serions pas sortis, durant le jour, sans nous coiffer de nos casques coloniaux.

J'avais visité le cargo jusqu'au fond des soutes, jusqu'à la salle des machines, vibrante et huileuse, jusqu'à la chaufferie où, dans une touffeur d'enfer, des hommes ruisselants d'une sueur noircie enfournaient le charbon, à longueur de temps.

Nous déjeunions à la table du commandant. Cet officier de marine marchande, un Aquitain au nom prédestiné, Biraben, « vire bien », était homme cultivé et de fort agréable compagnie. Il avait navigué sur toutes les mers du monde, et ses souvenirs étaient pittoresques. Notre compagnie, visiblement, l'enchantait. Ses passagers étaient plus ordinairement des employés de commerce ou de petits fonctionnaires coloniaux qui rejoignaient leur poste, et il n'avait pas l'habitude d'embarquer, autour d'un poète célèbre, un groupe d'intellectuels comme celui que nous formions.

Quand nous rencontrions un thonier, le navire se mettait en panne ; le thonier s'approchait du bord, un marché s'instituait ; un ou deux poissons gigantesques étaient hissés, et l'on disait : « À midi, il y aura de la viande fraîche. »

Écrire, lire, deviser occupaient notre temps. Fernand Gregh s'émerveillait de tout, et rentrait dans sa cabine noter le poème que l'heure lui dictait. Il respirait en alexandrins. Sa femme avait repris ses habitudes de lever tardif, et elle émergeait à l'heure du déjeuner.

Edgar Faure se gavait de romans policiers, chantonnait faux les nouvelles chansons de Charles Trenet, et se montrait parfaitement insouciant des apartés, au demeurant fort convenables, de sa femme et de mon futur beau-frère. Conteur brillant, débatteur agile, maniant en toute occasion un humour teint de cynisme, Edgar possédait déjà cet art de la conversation qui devait, avec son zézaiement léger, faire une part de sa célébrité.

Un bateau est un grand fournisseur d'images littéraires, et je saurais désormais, les employant, ce qu'elles voulaient vraiment dire. Avec l'équitation, la navigation est un des plus abondants pourvoyeurs du langage.

Nous connûmes des houles aux creux profonds, et les vagues qui balayaient le pont obligeaient à tout attacher dans la salle à manger et dans le carré. Nous connûmes la mer d'huile, couleur de plomb fondu. Nous contemplâmes pendant des heures le double arc-en-ciel de poissons volants que soulevait l'étrave. Ou bien, la nuit, assis sur la plage arrière, nous regardions la longue chaussée d'argent du sillage, sous une voûte céleste où les étoiles grossissaient à mesure que nous avancions vers le sud. L'air avait des douceurs de paradis.

Voulant combler ces passagers inhabituels, notre commandant nous gratifia, dans les îles Vierges et le canal de Francis Drake, d'une navigation subtile et difficile qui nous prouva son habileté, mais que sa Compagnie n'aurait sans doute pas approuvée. Dans cet émiettement d'îlots et de rochers, repaires des anciens boucaniers, flibustiers et corsaires, et afin de nous les faire mieux voir, il s'engagea, entre hauts fonds et cailloux, dans des passes que jamais n'empruntaient des bateaux d'un semblable tonnage. Je commençais à apprendre le fascinant langage des cartes marines, et, sur la passerelle, je m'émerveillais de ce lent cheminement où l'on prenait sans cesse la profondeur afin de ne pas heurter quelque roche inconnue. Comment cet extraordinaire marin, à l'un de ses voyages suivants, échoua-t-il son bananier en rentrant au Verdon, dans l'estuaire de la Gironde, approche de routine dans l'un des ports les mieux balisés du monde ? Il ne méritait certes pas ce coup du destin.

Nous abordâmes à Saint-Thomas, dans le grouillement et le vacarme d'une foule noire, où se bousculaient portefaix, vendeurs de jasmin, crieurs de fruits et chauffeurs de taxi au volant de leurs guimbardes, tous attirés par l'approche de notre grand vaisseau blanc.

Nous fûmes visiter un village français, c'est-à-dire une communauté de pauvres descendants de Normands, sympathiques, affectueux, mais pourris de consanguinité et où la proportion d'albinos squameux était inquiétante. Et nous reprîmes la mer en direction de Fort-de-France.

La Martinique, à cette époque, était encore vraiment « la colonie ». Le gouverneur y disposait des pouvoirs très étendus que lui donnaient les lois de la République. Les fonctionnaires importés de la métropole étaient fort imbus de leur autorité et s'adressaient aux indigènes avec cette politesse excessive qui est une des expressions du mépris. La propriété du sol était partagée entre de grandes familles ou de grandes compagnies. La main-d'œuvre était indolente. Sans qu'il y eût une ségrégation comparable à celle qui existait aux États-Unis, il y avait un cloisonnement évident entre les Blancs et les Noirs. Ceux-ci, même éduqués, étaient tenus à distance et l'on ne frayait avec eux que pour des motifs administratifs ou pour les manifestations folkloriques. La « société » était blanche, et les choses avaient peu changé, à tout prendre, depuis le temps des Tascher de La Pagerie. On était « aux îles ».

La population noire se distinguait par une abondante natalité ; les prénoms, dans ces familles prolifiques, étaient attribués d'après la mention portée sur le calendrier au jour de la naissance. Aussi rencontrait-on très habituellement des Circoncision, des Sexagésime, voire des Pie V Pape, ou des Fêt. Nat.

L'équipement hôtelier était peu développé, et déjà vieillissant. La nature luxuriante donnait du charme aux terrasses, et quelques meubles de style colonial mettaient dans des chambres vastes mais d'aménagement sommaire, une note d'exotisme. Le personnel était souriant, mais nonchalant, et allait se coucher de bonne heure. S'il arrivait, la nuit, qu'on descendît aux cuisines pour y chercher une carafe d'eau, on trouvait le sol couvert d'un tapis sombre et frémissant de cancrelats.

Il faudrait attendre trente ans, et une transformation de la civilisation, pour que la frénésie du voyage, la manie des îles, et le profit qu'on en pouvait tirer, installassent, sous ces cieux, palaces et « complexes » touristiques.

Le gouverneur nous avait gratifiés, pour cicérone, d'un ancien officier, escogriffe tout de blanc vêtu, qui avait pris sa retraite avec le grade seulement de capitaine, et qui se réconfortait, dès le petit déjeuner, par des verres de punch. Sur chaque site, il nous fournissait des explications de plus en plus détaillées et pâteuses à mesure qu'avançait la journée. Mais à coup sûr, il connaissait bien la Martinique.

Au long de ma vie, je rencontrerais, toujours dans des îles, bien d'autres de ces personnages au passé incertain, et tenant, sur ces terres isolées, un rôle à la fois imprécis et nécessaire.

Nous eûmes droit à plusieurs visites de plantations de canne à sucre et de distilleries. Nous nous habituâmes au « cœur de chauffe », ce rhum blanc tout jeunement sorti des alambics.

Nous fûmes à Saint-Pierre où, appel fait aux survivants encore nombreux, nous eûmes la description minutieuse de l'éruption volcanique et de la nuée ardente qui avaient en quelques heures, un jour de 1902, détruit cette belle et prospère ville de près de trente mille âmes. Paysage gris et désolé, et resté tel à peu près que le fléau l'avait laissé. La lave avait refroidi dans la mer.

Quittant la Martinique, nous fîmes escale à la Dominique, et visitâmes sa petite capitale, Le Roseau. Le contraste était saisissant entre cette possession britannique et les nôtres. Les rues étaient plus propres, la circulation plus ordonnée. Alors que nos officiers, fonctionnaires et policiers étaient en pantalons blancs, la colonisation anglaise allait, avec une dignité compassée, en shorts et le stick sous le bras. Rien qui ressemblât à l'aimable laisser-aller français. Une race supérieure imposait sa règle à une race inférieure. Il ne semblait pas que les Anglais, ici en tout cas, fussent soucieux comme nous l'étions de former, parmi les Noirs ou les métis, des notables.

La Guadeloupe nous séduisit. Pointe-à-Pitre nous parut plus avenante que Fort-de-France, et toute l'île plus douce, plus luxuriante que la Martinique. Les noms : Grande-Terre, Basse-Terre, Le Moule, Le Carbet, Le Gosier, parlent encore à ma mémoire. Plages de sable blanc et mer d'émeraude ; une eau presque chaude accueillait nos bains. L'exubérance de la nature nous émerveillait, et sa diversité. Cactus aux formes étranges, immenses fougères arborescentes, densité des forêts ; tous les fruits qu'on ne voyait parfois, à Paris, que dans les magasins de produits exotiques, mangues et pommes grenades, étaient à portée de main. Les bananiers étalaient leurs vastes feuilles charnues ; les flamboyants coloraient cette vivace verdure. Tout poussait là dans un désordre superbe à peine tempéré par l'industrie humaine : les cocotiers, le cacao, le manioc.

Qui avait parlé, dans un de ses romans, du « silence de la nuit tropicale » ? Pierre Benoit, qui n'avait sûrement jamais mis les pieds dans les parages. Cette phrase était l'objet d'une plaisanterie quotidienne, au soleil couchant. Car, dès la nuit venue, et elle tombait vite à cette latitude, la forêt s'emplissait de cris, de sifflements et de stridences, soutenus par le tambour des crapauds-buffles. Les oiseaux nocturnes et les cabris-bois se répondaient dans un concert qui faisait penser aux débuts de la Création, et maintes cruautés devaient se perpétrer dans cette ombre touffue où les espèces se livraient leur combat éternel.

Nous fûmes reçus dans quelques belles demeures. L'une d'elles, Pecoul, dans une magnifique plantation qui appartenait à la famille d'Origny, laquelle n'y venait que de loin en loin, est restée en ma mémoire. Elle était une image conservée du XVIIIe siècle, et on l'imaginait habitée par de jeunes filles en robe blanche, se balançant lentement dans des jardins remplis de fleurs et d'oiseaux.

Le voyage de retour se passa comme l'aller, à ceci près que les provisions de bord étaient de moins en moins fraîches et que l'odeur des bananes embarquées, qui emplissaient les cales, se répandait dans tout le navire. On se hâtait de terminer les livres emportés que l'on n'avait pas lus. Edgar Faure continuait de chantonner faux la même chanson de Trenet, et les couchers de soleil, de soir en soir, étaient moins colorés.

Le télégraphe du bord nous donnait de brèves nouvelles, et nous avions peine à rester joyeux. Car la guerre menaçait. Hitler s'apprêtait à entrer en Tchécoslovaquie.

Harlette Gregh était ressaisie de sombres prémonitions, et nous voyait déjà torpillés par quelque sous-marin allemand.

Nous rentrâmes dans le port de Dieppe le soir du 23 septembre 1938. Était-ce la fin de la jeunesse ?

VII

MUNICH

Je débarquai de ce voyage aux îles avec l'âme prête à la guerre. Celle-ci paraissait inéluctable et imminente. Je ne puis dire que je l'attendais avec joie, mais avec une certaine impatience. Il fallait en finir avec les reculades de la France ; il fallait mettre un terme à la croissance de cet empire allemand reconstitué vingt ans après sa défaite ; il fallait briser ce Reich conduit par un hurleur, et l'empêcher de continuer à empocher l'Europe.

L'heure était venue de servir et de se battre. Je m'apprêtais à être mobilisé dans les jours suivants. Mes années de préparation militaire allaient trouver leur justification. Il m'arrivait même de me demander – ô jeunesse pleine d'illusions ! – si, en cas de victoire rapide, j'aurais terminé à temps mes écoles militaires pour participer aux engagements et entrer, à cheval, dans Berlin. Je voulais ma part de combat et de gloire. Et puis ce fut Munich.

Il y a deux Munich.

Il y a une belle ville d'Europe centrale, qui se souvient d'avoir été capitale, qui a de beaux quartiers harmonieusement tracés, nombre de monuments superbes, une pinacothèque d'une extraordinaire richesse, un hôtel des Quatre-Saisons, d'un charme un peu désuet parce qu'il reste dans la tradition des voyages d'autrefois, des restaurants lambrissés de chêne où l'on sert des venaisons bien préparées. Une aimable Bavière, aux balcons fleuris et aux lacs amènes l'environne, où sont parsemées les stupéfiantes architectures d'un Louis II romantique, wagnérien et désespéré. Quand je m'y arrête, je ne puis parvenir à lui superposer l'autre Munich.

L'autre Munich n'est qu'un nom, une abstraction sinistre, une tache noire, ou bleu de Prusse plutôt, sur l'histoire de mon siècle. Le nom de la lâcheté pourvoyeuse de drames, avec leur cortège de sang, de misère et de honte.

C'était assez, deux ans et demi auparavant, d'être restés immobiles devant la remilitarisation de la rive gauche du Rhin, et pour les mauvaises raisons que j'ai dites.

C'était assez de s'être couchés, oui couchés, devant l'Anschluss parce que les Anglais n'étaient toujours pas disposés à bouger, couchés parce que, une fois encore, le Parlement français venait de renverser un gouvernement qui n'expédiait plus que les affaires courantes.

Et voilà que le hurleur de Nuremberg, fanatisant un peuple toujours prêt à se griser de puissance, s'apprêtait à déchirer une nouvelle page du traité de Versailles.

C'était l'ultime moment où il fallait dire non.

Nous eussions disposé alors, dans une coalition antihitlérienne, de l'armée tchécoslovaque, puisque la Tchécoslovaquie, avec ses considérables usines d'armement, était l'objet de la nouvelle épreuve de force. Nous aurions surtout disposé du poids de l'Armée rouge, car tout indiquait que Staline était prêt, dans la circonstance, à nous épauler et à entrer dans une coalition. Mais c'était là, peut-être, que, de notre côté, le bât blessait : l'alliance avec les Soviets.

La « victoire » du Front populaire avait traumatisé une grande partie de la bourgeoisie française. Le communisme était sa hantise. Plutôt le péril brun, après tout, que le péril rouge. Le nazisme lui apparaissait comme une manière de rempart contre les bolcheviks.

Au nom de l'ordre, du rétablissement de l'ordre, de l'institution d'un ordre, le fascisme à l'italienne avait des adeptes, et même le nazisme. L'antisémitisme refleurissait. L'hebdomadaire *Gringoire*, propriété d'Horace de Carbuccia, parent du préfet de police Chiappe, s'en était fait l'un des porte-parole. Ce pourquoi Kessel, qui avait été l'un des fondateurs de ce journal, s'en était séparé avec un certain éclat.

Le Crapouillot, une revue née dans les tranchées de 14-18, et qu'éditait une sorte d'anarchiste de droite, Jean Galtier-Boissière, « râleur » congénital, publiait un épais numéro illustré sur les juifs qui tenaient, à l'en croire, toutes les ficelles de la politique, de l'information et de la finance. C'était la réponse au mythe des *Deux Cents familles* qui avait servi de slogan à la gauche, lors des législatives de 1936. L'opinion était donc minée de galeries inverses. Et une fois de plus les Français, dans leurs querelles de Gaulois, oubliaient la France, dont les dirigeants, une fois de plus, attendaient le bon vouloir de l'Angleterre.

Or l'Angleterre, elle non plus, ne se sentait pas prête. De plus, elle était dirigée par un pingouin distingué qui avait tout, sauf les tripes d'un homme d'État.

Mais pourquoi la France, par quelle erreur de jugement, se tenait-elle ainsi dépendante d'une décision anglaise ? Se croyant à l'abri dans son insularité, et l'étant en effet jusqu'à un certain point, comme l'avenir le prouverait, l'Angleterre pouvait se donner du temps. La France, elle, avec ses frontières perméables, et en dépit de son incomplète ligne Maginot, était la plus directement, la plus immédiatement exposée. Il lui appartenait d'assumer ses responsabilités. Et l'Angleterre aurait suivi, avec un peu de retard, selon son habitude d'entrer à reculons dans l'Histoire, mais son habitude aussi, une fois sa ligne d'action fixée, de n'en plus varier.

Il eût fallu que la France, elle aussi, eût à sa tête un homme d'État. Mais qu'avait-elle ? Son président du Conseil était Édouard Daladier, un politicien radical-socialiste, terme qui, défiant la sémantique, désignait un centre gauche qui était la pépinière du compromis. On avait surnommé Daladier le « taureau du Vaucluse » parce que, élu de ce département, il avait vaguement le mufle et le port de l'animal sacré ; mais il n'en avait à coup sûr ni le rein ni l'échine. Il n'était pas d'un tempérament à charger l'ennemi extérieur, seulement à secouer les banderilles dans l'arène parlementaire.

Et ce fut lui qui alla à Munich, pour la conférence « de la dernière chance », les 29 et 30 septembre 1938. La dernière chance de quoi ? De mettre un point d'arrêt aux emprises du IIIe Reich sur l'Europe ?

Ah ! ils avaient bonne mine, devant les uniformes et l'arrogance d'Hitler et de Mussolini, nos deux champions de la liberté, l'Anglais avec son parapluie et le Français avec son chapeau mou !

Ils ne purent que s'encourager à manquer de courage, tout en sachant, lucides, que cela ne servirait à rien. Et ils laissèrent à Hitler les mains libres.

Quand Daladier, dans l'avion qui le ramenait de Munich, se posa sur l'aérodrome du Bourget, et vit la foule immense qui l'attendait, il crut d'abord qu'elle était venue pour le huer. Quand il s'aperçut qu'elle était là pour l'acclamer, il murmura : « Quels cons ! » Ce fut son seul mot historique. Et du Bourget jusqu'à Paris, il salua de sa voiture une multitude qui criait son lâche soulagement et qui applaudissait le plus triste triomphateur qu'on ait vu depuis bien des siècles. En vérité, la majorité des Français, ce jour-là, avait bien le gouvernement qu'elle méritait.

J'enrageais. Passe encore d'avaler la honte, quand on a quelque profit à tirer de l'humiliation. Mais je savais assez d'histoire politique, et d'histoire tout court, pour me rendre compte que ces sortes de démissions ne font que favoriser le malheur.

Je remisai pour un moment ma belle impatience guerrière, conscient que je n'aurais guère à attendre pour qu'elle resservît.

VIII

SCÈNES DE LA VIE LITTÉRAIRE

La guerre planait sur nous, ses ailes noires largement éployées. Mais chacun continuait sur son propre chemin, sans que personne en pût changer, même s'il devait être coupé le lendemain.

De même que, côté du cœur, je vivais un amour d'autrefois, j'avançais, côté littérature, comme un jeune homme de lettres d'autrefois. J'en étais très conscient et c'est délibérément que je n'allais pas du côté des avant-gardes.

J'ai dit combien j'étais loin de déifier Rimbaud et Lautréamont. Le surréalisme ne me laissait pas indifférent : il m'irritait furieusement. Jamais, fût-ce par influences interposées, je ne subis les effets de la dictature d'André Breton, ce fils de gendarme qui voulut du désordre faire un ordre.

Le surréalisme avait pris la place du dadaïsme qui avait tourné court, forcément, puisqu'il n'avait d'autre programme que « Vive l'absurdité ». Breton fut plus écouté, et plus habile, lorsqu'il lança son manifeste : « Et maintenant il s'agit de mettre fin à cette immense farce qu'on appelle l'art. » Cette sonnerie de trompette de la mort tomba dans des oreilles fatiguées par la guerre de 14, et qui avaient trop entendu le canon. Ainsi meurent, par de faux prophètes, une civilisation, ses mythes et ses cultes.

Breton fut l'agent de la stérilisation de la poésie française. Ne se sauvèrent, dans son équipe, que ceux qui, comme Aragon, rompirent avec lui. Mais il avait quand même empoisonné le fleuve.

J'allais chercher mes sources très en amont. Le suranné ne me rebutait pas. J'y trouvais du charme.

Les salons littéraires étaient nombreux encore, et il se donnait des « matinées poétiques », qui avaient lieu en vérité l'après-midi, réunissant de petits auditoires, inégaux mais passionnés. Les personnes qui les organisaient y puisaient une illusion d'importance, sûres qu'elles étaient de « vivre pour la poésie ».

Ces matinées me conduisirent en divers coins de Paris. Une jeune artiste roumaine, au visage d'une émouvante beauté, y lisait mes vers. Exquise Européenne, le timbre de sa voix ajoutait aux mots de notre langue une musique qui n'était pas un accent, mais qui venait de son pays. Je lisais en ses yeux une lumière qu'après tant d'années je n'ai pas oubliée. Chère Marie Cristu ! Je ne pouvais me cacher que j'en étais assez amoureux. Mais il y avait Geneviève ! Plus avant dans ma vie, j'eusse eu liaison avec les deux. Je n'en étais pas encore là.

Laissez-moi m'attarder un instant encore dans cette société qui allait disparaître dans le gouffre des malheurs d'Europe, et pour laquelle l'essentiel était de traduire les impressions et les mouvements de l'âme dans la musique des mots. Ce serait la dernière fois.

N'est-ce pas Léon-Paul Fargue qui a dit : « La poésie, pour moi, c'était le besoin de convertir à tout prix les autres à mes émotions » ?

Cela, qui est vrai des grands comme lui, l'est aussi des petits. La poésie avait des archevêques, mais il lui fallait également des sacristains.

Étaient-ils si dérisoires, tous ces gens, même sans grand

talent, toutes ces prêtresses, même au corsage un peu lourd, tous ces versificateurs, même bedonnants, qui se prenaient pour de provisoires incarnations des dieux ?

On pêchait dans ces milieux-là des personnages passablement pittoresques. Ainsi y rencontrait-on le marquis de Haraucourt qui avait abandonné titre et particule, le jour qu'il s'enfuit de sa famille pour s'embarquer comme mousse, à quinze ans. Il était une sorte de géant prognathe et barbichu, rimeur fécond qui ne survit que par un recueil licencieux : *La Légende des sexes*, qu'on trouve encore à la rubrique *curiosa* des catalogues de libraires d'occasion. Ce divertissement lui barra l'Académie. Et pourtant, il est l'auteur d'un vers si fameux qu'il devint locution d'usage, comme si elle avait été de tout temps installée dans la langue : « Partir, c'est mourir un peu. » Le destin d'Edmond Haraucourt était de finir anonyme.

Ces salons ou ces cercles étaient hantés par un bon contingent de Grecs et de Roumains, aimantés par l'exemple de Jean Moréas et d'Anna de Noailles. La gloire, à l'époque, ne pouvait se conquérir qu'en français.

Le 5 novembre 1938 – un « carton » me rappelle la date –, je fus à une réception que donnait Mme Bougenaux, pour l'inauguration de sa nouvelle demeure à Neuilly. Une petite demeure et une petite rue. Anne-Marie Bougenaux était la dernière maîtresse d'Henri de Régnier, qui en avait eu beaucoup. De vingt-cinq ans au moins plus jeune que lui, ce qui ne la faisait tout de même pas une pouliche de l'année, elle avait quitté mari et enfants, dans un grand élan de passion, afin de vivre, non pas avec le poète, mais pour le poète, et se rendre libre à tout moment pour lui. Cette femme-là devait aimer attendre.

Les cheveux d'un blond cendré tressés en macarons sur les oreilles, toujours vêtue de mousselines pastel qui lui tombaient aux chevilles, la poitrine peu abondante mais soulevée de soupirs, elle s'était fait, en dépit de jambes qu'on devinait un peu lourdes, une démarche glissante, aérienne. Il lui manquait une palme à la main pour avoir l'air de la dixième muse, ou d'un des panneaux modern style qui décorent le restaurant Maxim's.

« J'ai fait aménager cette maison pour lui, m'expliqua-t-elle, et il n'aura pas eu le temps d'en profiter ! Il est mort avant que j'aie pu la terminer. Nous avions choisi ensemble chaque meuble, chaque objet. Je voulais qu'il se retrouvât dans une atmosphère vénitienne. Il aimait tant Venise ! » Et puis elle glissa, comme emportée par l'émotion, vers un autre arrivant.

En effet, on baignait dans le vénitien. Ce n'étaient que sièges chantournés, cadres dorés, volutes, miroirs et verres irisés. Tout était précieux, tout était fragile. Mais plus qu'à une réduction de palais sur le Grand Canal, cela ressemblait à une boutique de Murano. On aurait craint, en éternuant, de tout briser.

Se trouvaient ce jour-là, s'extasiant sur les lieux et buvant du Madère ou des sirops dans des verres impalpables, plus de poètes au mètre carré qu'on en aurait pu réunir en aucun autre endroit de la terre. Et soudain se produisit une de ces catastrophes domestiques qui se marquent dans les mémoires.

Le grand lustre du salon, un autre choix décidé avec le grand homme, épanouissait au-dessus des invités ses feuillages de fer doré et son buisson de bougies. Or, ce lustre avait été équipé pour l'électricité par son précédent possesseur, puis remis dans sa destination première. Mais on avait seulement oublié de reboucher les trous pratiqués pour le passage des fils électriques. Et comme la maîtresse de maison ne l'avait pas fait allumer avant cette réception inaugurale, l'assistance se trouva assez vite arrosée de stéarine. Le plus directement atteint était le président de la Société des Gens de lettres, Georges Lecomte, qui, la barbe assez longue sous un nez bourgeonnant, pérorait sous le luminaire vénitien. En un moment, il fut couvert de coulures blanches, comme si tous les pigeons du Bois de Boulogne étaient venus fienter sur ses épaules.

On s'exclama, on s'empressa ; on le dépouilla de son veston. Une femme de chambre, avec du papier buvard et un fer à repasser, allait réparer le désastre. La dixième muse était presque en larmes. Et tandis qu'on faisait cercle, pour s'écarter de la zone arrosée, le président des Gens de lettres, en gilet et manches de chemise, s'écriait pour faire preuve d'un humour qui n'apparaissait qu'à lui seul : « Voyez, je suis l'employé du gaz. » Pour cet homme-là, sans doute les employés seulement pouvaient apparaître en gilet. Il était l'auteur d'un ouvrage, son meilleur, qui avait pour titre *Les Valets*, dont on demandait méchamment si c'était une autobiographie. Or lui n'avait aucune méchanceté. Il allait devenir sept plus tard, sans éclat, Secrétaire perpétuel de l'Académie.

Je ne suis pas sans reconnaissance envers Mme Bougenaux. Car, lorsque je fus passé, la guerre aidant, de l'enthousiasme poétique au réalisme du roman, elle me fournit, pour *Les Grandes Familles*, le personnage de Mme Éterlin, un de ces caractères secondaires qui aident fort à la construction d'un récit.

Quand le livre parut, qui ne la flattait pas, elle s'en alla gémir à tous vents que j'avais fait d'elle une caricature infâme, et que de tels ouvrages devraient être interdits, cela afin que nul n'ignorât que je l'avais prise pour modèle et qu'elle était, une fois de plus, présente en littérature.

Je n'avais pourtant pas laissé entendre qu'elle s'était prise d'une passion de remplacement pour le chirurgien mallarméen Henri Mondor, jusqu'à venir, bourrée de gardénal, se suicider, prudemment, sur le palier de son appartement.

Et pendant ce temps, de l'autre côté du Rhin, la jeunesse défilait au pas de l'oie et les forges ronflaient.

LIVRE CINQUIÈME

L'ANNÉE 39

I

JOSEPH KESSEL, OU LE DIONYSIAQUE HÉRACLÉEN

Il n'y avait guère plus de deux ans que Joseph Kessel avait commencé de s'intéresser à moi. Jusque-là, enfant puis collégien, je n'avais de manifestations de lui que par des billets charmants, aux jours anniversaires, par lesquels il me disait son regret de ne pas me voir plus souvent. Il partait en voyage, il revenait de voyage, mais il allait repartir. Billets de convenance, ou peut-être, plus profondément, de remords. Il était si doué, je le découvrirais plus tard, pour le remords !

De plus, il n'était pas vraiment à l'aise devant l'enfance, et devant la mienne moins que devant aucune. J'étais un écart de son sang, comme il y a des écarts dans les communes rurales.

Et soudain, surgissait devant lui un jeune adulte qui avait quelques traits de ressemblance avec son frère disparu au même âge, qui avait lu tous ses livres, et qui avait, avec l'impatience de vivre, la passion d'écrire.

Il me voua dès lors un sentiment très fort, très complexe aussi, qui était fait d'amitié virile, de substitut de paternité, de goût de conseiller et de protéger, de fierté aussi des premiers succès d'un être si proche de lui.

Ce sentiment n'allait que croître au cours des années suivantes, auquel je répondrais par une affection, un attachement un peu adorateur dont ma vie fut marquée et mon destin bénéficiaire, encore que ce lien n'allât pas sans risques.

À quarante ans, Kessel avait déjà une légende, faite de ses voyages aux quatre bouts du monde, de ses amours, de ses amitiés et de ses beuveries autant que de ses travaux.

En un temps où la télévision n'apportait pas à domicile les images de tous les horizons et de toutes les tragédies de la planète, c'était le reportage, uniquement, qui faisait voir. Et Kessel était tenu comme le plus grand reporter de l'époque, à l'égal et même au-dessus d'Albert Londres, disparu quelques années plus tôt dans un naufrage.

Il avait fait connaître la rébellion irlandaise et les combats d'Israël pour devenir nation ; il avait partagé, à travers les vents de sable, les exploits des pilotes qui créaient les lignes de l'Aéropostale ; il avait navigué sur les boutres de la mer Rouge et les pistes des marchands d'esclaves ; il avait exploré les bas-fonds de Berlin. Il était l'ami des héros et des aventuriers, de quelques grands truands aussi. Montmartre retentissait de ses équipées nocturnes. C'est peu dire qu'il était un personnage hors du commun. Sa légende irait croissant. Son élection à l'Académie reconnaîtrait qu'il était d'abord et avant tout un exceptionnel conteur. Il aurait sa biographie, épaisse comme un annuaire téléphonique, détaillée comme un inventaire notarié.

Kessel était de grande taille, mais pas excessive ; il avoisinait un mètre quatre-vingts. Il était fort, mais sans plus ; son poids tournait autour de quatre-vingt-dix kilos. Or les gens le voyaient comme un géant, un colosse, une montagne. Peut-être parce qu'il y avait, au fond de sa nature, une aspiration congénitale au gigantisme, à la démesure.

Je me rappelle l'avoir contemplé, un jour, dormant, affalé à la renverse, à l'arrière d'une voiture, une longue Renault bleu marine que conduisait sa compagne Katia sur une route de Normandie. Il avait dû passer toute la nuit précédente dans les cabarets. Et je pensai : « Le sommeil d'Héraclès. » L'image était juste. Son personnage appelait constamment la référence aux mythes.

Sa chevelure abondante, foisonnante, ajoutait à son apparence monumentale. Mais ses cheveux étaient fins comme des cheveux de bébé.

Il buvait certes beaucoup, mais pas plus que d'autres forts buveurs. Il buvait simplement plus vite, se hâtant vers l'ivresse, et invitant impérieusement les autres à le suivre. Il était alors dionysiaque, au sens originel du terme.

Dionysos, douzième et dernier dieu de l'Olympe, était arrivé d'Asie, avec son cortège de danseuses et de tambourins, rapportant d'Assam, cette région humide entre Bangladesh et Birmanie, la vigne et le vin. Hilare et couronné de pampres, il introduisait dans l'ordre olympien, où chacun s'appliquait avec sérieux à la fonction cosmique qui lui était impartie, ce qu'il fallait de désordre pour le rendre vivable à l'homme. Il était le dieu libérateur.

L'alcool, chez Kessel, abattait non seulement les barrières de l'éducation et des convenances, mais plus sûrement encore celle de la timidité. Il lui permettait d'aborder plus vite les femmes, d'accélérer les amitiés de rencontre, qu'il tutoyait aussitôt, ou encore d'agresser sans raison, dans la brume de l'ivresse, des hommes qui lui déplaisaient, voire des inconnus qui ne lui avaient rien fait. Il avait moins de rixes qu'il n'en cherchait ; son aspect, sa masse, et aussi son nom, conseillaient la retraite à ceux à qui il s'en prenait. S'il avait un torse de boxeur, en revanche, ses mains fines et lisses, des mains de prélat, comme on dit, s'accordaient peu avec son appétit de bagarres.

La nuit alors était son royaume, et les cabarets russes ses seigneuries. Il avait des Tziganes pour cortège de bacchantes. Il savait casser les verres à champagne sur sa tête, ce que sa toison rendait sans risques ; mais, chose plus rare, il avait appris à les briser entre ses dents, puis à en mâcher les morceaux jusqu'à les réduire en poudre impalpable, qu'il avalait. Et cet exploit, souvent répété, de mangeur de verre, comme il y a des avaleurs de sabres et des cracheurs de feu, entra dans sa légende. Combien d'habitués des cabarets se firent-ils gloire d'avoir vu « le grand Jef » accomplir ce tour !

Il eut un grave accident, qui lui fractura deux vertèbres cervicales, pour avoir ordonné « plus vite, plus vite » à son frère Georges qui le conduisait dans une puissante voiture sur la route de Vendôme. Il fut forcé durant un temps de porter cet appareil qu'on nomme une minerve, d'après la déesse de la sagesse, et qui lui soutenait la tête. Mais il s'en délivrait le soir, et entrait dans les boîtes de nuit, précédé d'un compagnon de beuverie qui, tel un écuyer, tenait ostensiblement ce heaume de plâtre. Ajouterai-je qu'il était lui-même incapable de se mettre au volant d'une voiture ?

Plus vite, plus fort, plus loin. Il voulait toujours reculer les limites. Au nom du « tout est permis » des héros de Dostoïevski, il n'était aucune conduite, réputée pour blâmable par la morale ordinaire, à laquelle il ne se livrât, par accès. L'ivresse était la moindre. Il se rua au jeu, engageant de telles sommes qu'un jour, à Cannes, totalement insolvable, il fut près de se suicider, et dut se faire interdire dans tous les casinos de France.

Sa vraie force était de pouvoir s'arrêter, brutalement, au bord du gouffre. Mais là encore, c'était affaire, et physiquement plus encore que moralement, de nature.

Buvant comme il buvait, jamais il ne devint alcoolique. Il usa, et sans modération, de toutes les drogues : opium, cocaïne, héroïne. Mais jamais il ne fut intoxiqué ou dépendant. Il pouvait se sevrer d'un jour à l'autre. Il allait s'enfermer dans un hôtel de campagne, de préférence inconfortable, et en revenait trois semaines plus tard avec un roman bref, parfois un peu hâtif, dont il avait, avant de partir, dépensé les avances.

Dans le long mythe d'Héraclès, rien n'est plus applicable à Kessel que le dîner chez Admète.

On connaît l'histoire. Héraclès arrive à l'improviste, un soir, chez Admète, roi de Thessalie, un ancien compagnon d'aventures. Il trouve son hôte en deuil, qui le prie de s'installer tout à son aise, donne des ordres pour qu'on s'empresse autour de lui, mais lui demande de l'excuser de ne pouvoir dîner en sa compagnie. Héraclès demande à Admète la raison de la tristesse qu'il lui voit, et Admète, par délicatesse envers son vieil ami, lui dit simplement qu'une femme est morte dans la maison. Héraclès ne s'en montre guère ému. « Bah ! dit-il, on ne va pas pleurer pour une femme. » Et il s'attable seul, mange, boit, s'empiffre, s'enivre, force les serviteurs à boire en sa compagnie, chante, braille, danse, jusqu'au moment où quelqu'un lui révèle que la morte dans la maison est Alceste, l'épouse de son hôte.

Alors, brusquement dessaoulé, le colosse se sent empli de confusion, de honte, de remords ; il se frappe la poitrine, il pleure, gémit, se demande ce qu'il peut faire pour réparer son abominable comportement, et soudain s'élance, descend aux Enfers, se bat contre les divinités de la mort, arrache Alceste et la ramène, vivante, à son ami. Eût-il ingurgité moins de vin, peut-être eût-il hésité à se jeter ainsi dans les ténèbres de l'Hadès.

Être doué pour le remords est une chose. Encore faut-il en avoir créé les motifs. Jef ne cessait de se reprocher le mal qu'il avait commis. Il se reprochait les peines et les angoisses qu'il avait causées à sa mère et à son père ; il se reprochait de n'avoir pas répondu aux appels de son frère cadet avant que celui-ci ne se suicidât ; il se reprochait sa vie tapageuse pendant que s'éteignait de tuberculose sa femme Sandi ; il se reprochait ses indifférences ou ses duretés envers telle ou telle ; il allait jusqu'à s'imaginer qu'il portait malheur à ceux qui l'entouraient.

André Malraux, qui fut toujours escorté de drames, ce saturnien qui lui, vraiment, portait malheur, ignorait le remords. Kessel s'y complaisait. N'y avait-il pas, dans cette complaisance, un obscur sentiment de puissance tapi dans le fond de l'âme ? La nocivité qu'il s'attribuait ne lui donnait-elle pas la preuve du poids dont il pesait sur le destin des autres, et la confirmation de sa propre force ?

Et toutes les fatigues, tous les dangers auxquels il s'exposait dans sa vie de journaliste, pour rapporter des pages de vérité arrachées à l'univers, n'était-ce pas, en partie, une manière de réparer, de se racheter ?

On sait que les douze travaux furent imposés à Héraclès comme une expiation, pour avoir, dans un accès de fureur, non seulement fracassé le crâne de ses enfants et assommé sa femme Mégara, qu'il adorait, mais ensuite giflé la Pythie et brisé le trépied d'or de l'oracle delphique.

Kessel avait également besoin qu'on ait besoin de lui. Il recelait une inépuisable qualité d'écoute. Son regard gris fixé, non pas sur les yeux, mais sur le front de l'interlocuteur, il entendait, pendant des heures entières, se confier à lui l'exilé qui cherchait refuge, le truand sorti de prison, l'écrivain que fuyait le succès, le joueur décavé, et tous les collectionneurs d'échecs comme tous les aspirants à la gloire, l'aventurier en retraite et qui ne s'y résignait pas, ou le rêveur qui allait refaire le monde.

Il n'était pas nécessaire qu'il leur donnât un conseil, un subside, ou un espoir. Il les avait écoutés, et ils se sentaient revigorés ou absous. Il eût fait un remarquable confesseur. Il était un confesseur.

Que de fois m'a-t-il dit : « Il est venu me voir, ce matin, un type extraordinaire ! » Et il me racontait toute l'histoire de son visiteur, histoire qui n'était pas toujours extraordinaire, mais qui, entendue par lui, le devenait.

On le disait magnifique ; il était plus encore magnifiant. Comme les chevaux, il voyait les choses plus grandes qu'elles n'étaient, ou comme Héraclès encore qui, pour avoir tué trois serpents du côté des marais de Lerne, était convaincu d'avoir détruit une hydre gigantesque.

Son besoin de trouver des trompe-la-mort, des hors-la-loi, et des défieurs de destin, l'amenait à en reconnaître là où il n'y en avait pas. Entrait-il dans un port tranquille, en quelque bistrot où trois marins se trouvaient attablés ? Il avait peine à ne pas avoir aperçu des pirates. Ses descriptions agrandissaient les lieux, avivaient les couleurs.

Ainsi avait-il, dans un livre intitulé *Le Grand Socco*, dépeint le marché de Tanger d'une telle manière que, m'y trouvant quelque temps après, et cherchant vainement ce qu'il avait vu, je ne puis résister à lui écrire : « J'ai compris : tu es un faussaire dans le genre d'Homère. »

C'est un tel homme qui devait être, pendant dix ans, mon mentor, et dont je serais, pendant vingt, le plus proche, le plus permanent compagnon.

Vingt ans passeraient encore pendant lesquels, les traits creusés par la tristesse, et brûlé de l'intérieur par une sorte de tunique de Nessus de l'âme, il finirait, foudroyé, aux pieds d'une tragique Omphale.

Sa vie sentimentale avait été, était, serait des plus tumultueuses, et présentait une curieuse combinaison de fidélité et d'infidélité, mêlant les longues liaisons et les amours de passage. Il n'était pas un séducteur patient, se plaisant à entourer d'hommages persévérants les femmes qu'il désirait. L'alcool aidant, il conquérait surtout ce qui s'offrait. Il y a tant de femmes qui s'ennuient, en ménage ou sans ménage, et qui, sur une rencontre, se bâtissent des rêves !

Mais en même temps il avait quelques fidélités sans fin qui reproduisaient probablement une initiale, une viscérale fidélité à sa mère, ou qui en dérivaient, sa mère toujours première en son cœur.

Lorsqu'il était à Paris, il n'était pas de jour qu'il n'allât passer un moment avec cette femme vieillissante, au beau visage austère et douloureux, personne autoritaire, économe jusqu'à l'avarice autant que lui-même était dépensier, et donneuse de leçons comme peuvent l'être les mères juives.

Ne s'obligeait-il pas, quand il l'accompagnait en quelque déplacement, à voyager en troisième classe, lui habitué des palaces et des sleepings, parce qu'elle refusait de prendre des premières, voire seulement des secondes ? Ils roulaient donc tous deux sur des banquettes de bois.

Kessel témoignait aussi à sa femme Sandi une exigeante fidélité posthume. Il se rendait tous les samedis au cimetière où elle reposait, parce que c'était un samedi qu'elle était morte. Il avait constamment la photographie de Sandi sur son bureau, et ne se serait pas absenté, fût-ce pour un jour, sans emporter cette petite effigie un peu jaunie qu'il baisait avant de partir, comme on baise une icône. Et aussitôt arrivé, il la déposait sur la table ou la commode de la chambre d'hôtel, même s'il partageait celle-ci avec une compagne.

À l'époque dont je parle, trois vivantes se partageaient sa constance. Première en ordre d'ancienneté, Sonia Zitowieska, Polonaise d'origine comme son nom l'annonçait, une femme superbe en sa jeunesse, mais qui commençait de s'empâter un peu.

C'est d'après elle qu'il construirait le personnage de Dominique, dans *Le Tour du malheur*. Elle aussi, il allait chaque jour la voir, en fin d'après-midi, dans l'appartement qu'elle habitait rue de Marignan. Elle l'entretenait d'un babil centré sur sa propre personne. Elle l'entretenait aussi, ou il s'entretenait, dans une manière de remords de l'avoir enlevée à un riche protecteur qui peut-être l'aurait épousée.

Sonia se tenait pour la vraie, la seule compagne de Jef : celle qui avait des droits. Les autres n'avaient de lui que ce qu'elle s'imaginait tolérer, ne pouvant faire autrement. Il subviendrait à ses besoins jusqu'à la fin de sa vie.

Mais la femme avec laquelle il vivait alors était Katia Gangardt, qu'il épouserait d'ailleurs dans les premiers mois de la guerre. Elle était déjà parfaitement son épouse.

Plus blonde, plus claire, plus russe qu'elle, Russe blanche s'entend, ne se pouvait trouver. Des cheveux couleur de paille fraîche, la peau comme neige au soleil levant, un nez bref et fin, une belle silhouette harmonieuse, fièrement dressée, et un accent exquis, dont elle ne se déferait jamais ; elle avait une petite tache lie-de-vin dessinée sur la tempe, juste ce qu'il fallait pour mettre une touche insolite à cette perfection.

Elle était gaie, elle savait boire et beaucoup, mais sans jamais perdre sa dignité, ni sans que sa beauté en fût le moins du monde altérée. Elle savait aussi fumer l'opium. Rien n'affectait sa robustesse profonde. Elle était active ; elle avait de la décision et même de l'autorité, mais enveloppées d'un charme qui en ôtait toute aspérité. Elle ne manquait pas de culture, ni de finesse d'esprit, ni de jugement. Je ne l'ai jamais entendue proférer une sottise ou seulement une banalité ; jamais sa conversation ne laissait place à l'ennui.

De petite noblesse, et fille d'un officier de la marine impériale, elle était née au nord de l'immense Russie d'Europe, à Riga, en Lettonie. Les commandements successifs de son père lui avaient fait passer son enfance au sud, sur la Caspienne et la mer Noire. Le ménage de ses parents, qui marchait mal, s'était séparé à la Révolution, et sa mère, fuyant les Soviets, était partie avec elle, en exil.

Elle avait donc suivi le parcours classique de l'émigration russe : Constantinople, Athènes, Rome, Paris, avec tous les aléas, les expédients, les épreuves de l'errance. À l'âge où l'adolescence bourgeoise commence à sortir du cocon familial, elle avait déjà, comme on dit, bourlingué, connu la pénurie, et fait le tour du malheur des déracinés. Elle avait appris à cacher les documents et les pièces d'or dans les doublures des manteaux et des valises.

À Paris, comme il fallait vivre, qu'elle en avait l'appétit, et qu'elle n'était pas d'une nature à se complaire dans les revers, elle avait d'abord été mannequin chez Molyneux, parce que son physique lui en donnait la chance, puis première vendeuse parce qu'on s'était vite aperçu de son goût, de sa précision, de son affabilité. Ce pourquoi Sonia la Polonaise, installée dans sa jalousie statique et ses suprématies imaginaires, ne parlait d'elle qu'en l'appelant « la couturière ».

Sans être un personnage de *Nuits de princes*, Katia n'était pas éloignée de cette Russie de Montmartre où des colonels de la Garde, en tenue de Caucasiens, ouvraient, devant les boîtes de nuit, la portière des taxis conduits par d'autres colonels de la Garde. La première fois qu'elle avait aperçu Jef, c'était entre des verres de champagne et entouré de balalaïkas, au cabaret *Le Poisson d'or*, à la table du prince Youssoupof, l'exécuteur de Raspoutine.

Elle avait su sans effort se faire admettre de la mère de Jef, qu'elle appela vite Raïssanton. Nulle autre n'avait réussi cela. La langue russe y entrait sûrement pour quelque chose.

Entre la vieille dame juive et la belle orthodoxe, toutes barrières étaient tombées, laissant place à une réelle affection. À ce point que Raïssanton trouva naturel que Katia vînt s'installer dans le petit appartement où Kessel habitait, sur le même palier que celui de ses parents, boulevard Brune. La diligente Katia avait, d'une certaine manière, pris en main la famille.

Son rôle s'affirma après ce dramatique accident de voiture dont j'ai parlé, que Jef eut avec son frère Georges, et plus encore après la mort de leur père, le vieux docteur Kessel, dont le cœur, de longtemps malade, s'était arrêté un jour de décembre 1931.

Katia avait le goût d'organiser et de décider ; comme beaucoup de femmes russes, elle était assurée de savoir ce qu'il fallait faire, et comment on se devait comporter. Dans son cas, c'était vrai. Elle donnait les ordres, passait les commandes, engageait les serviteurs, réglait les dépenses et les dettes.

Sans égoïsme aucun, mais pour le bien des choses, elle sut, non pas rompre, mais distendre un peu le cordon ombilical qui reliait à sa mère l'Héraclès écrivain.

Elle l'amena à prendre, au 15 boulevard Lannes, un très bel appartement qui donnait sur le Bois. Il en avait les moyens, car il gagnait alors vraiment beaucoup d'argent.

Le temps du boulevard Lannes fut le seul où il eut une existence à peu près bourgeoise. Je dis bien à peu près, car il s'en échappait souvent, non seulement pour ses randonnées nocturnes, mais pour retrouver la troisième femme qui occupait sa vie : Germaine Sablon.

Celle-ci était la sœur du chanteur Jean Sablon qui eut une longue célébrité populaire. La faiblesse de sa voix avait fait son succès car, pour la compenser, il fut le premier dans le monde à utiliser, sur scène, un micro. Que de talents fluets lui devraient d'avoir fait carrière ! Il était salué aux États-Unis comme un exquis ambassadeur de la chanson française.

Il inscrirait dans les mémoires cette rengaine, sortie juste avant la guerre, et qui prendrait valeur tragiquement prémonitoire :

Je tire ma révérence
Et m'en vais au hasard,
Par les routes de France,
De France et de Navarre…

Germaine était chanteuse aussi, et elle aussi de talent, mais avec une voix puissante aux sonorités cuivrées. Elle était la vedette des cabarets de Paris les plus courus. Assez grande, assez en chair, belle indiscutablement, la chevelure abondante et dorée, elle savait donner à ses traits des expressions de tragédie, lorsque, drapée de satin, elle se dressait sur les estrades nocturnes. Au fond de soi, une bourgeoise, et même une petite bourgeoise. Mais dans cette famille-là était passé, on ne sait comment ni pourquoi, un vent apollinien. Un autre frère, l'aîné, Marcel, était directeur de l'Opéra de Monte-Carlo.

Germaine Sablon était mariée à un homme calme, qui exploitait à Valence une imprimerie, et dont elle vivait séparée, mais sans drame. Il élevait, là-bas, leurs deux garçons. Elle possédait de la vitalité, de l'entrain, de la séduction ; elle n'était pas très intelligente. Son emprise sur Jef était évidemment d'ordre charnel.

Katia en était-elle jalouse ? Oui et non, car cette femme si décidée avait elle aussi ses ambiguïtés. Elle n'avait guère d'exigence physique et prenait plutôt agrément à se faire complice des aventures, passagères ou non, de son tumultueux compagnon. N'était-ce pas elle qui était allée, la première fois qu'ils l'avaient entendue chanter, inviter Germaine Sablon à leur table, palliant cette sorte d'infirmité qu'avait « le grand Jef » à aborder les femmes quand il n'était pas soutenu par un excédent d'alcool ? Et quand, ensuite, il passait la nuit chez Germaine, Katia appelait celle-ci dans la matinée avec le plus grand naturel, voulant savoir s'il n'avait pas trop bu la veille, s'il n'avait pas provoqué plus de scandale qu'à l'ordinaire, ou pour qu'elle lui rappelât un rendez-vous qu'il avait pris. Je fus témoin de ces étranges rapports.

Au vrai, Kessel l'amusait. Elle se plaisait à le voir vivre. Ses faiblesses, ses énormes bévues, les situations parfois impossibles dans lesquelles il se mettait, et qu'elle dénouait pour lui, la divertissaient. Elle lui avait donné le surnom de « Tchitchikov », le personnage central des *Âmes mortes* avec lequel Kessel pourtant n'avait rien en commun, ni la fourberie, ni la hâblerie, ni l'humilité, ni l'impudence désinvolte, mais seulement peut-être la sentimentalité, et surtout la diversité des comportements. Elle aimait à le régenter, et n'hésitait pas à le tancer, comme elle l'eût fait pour un gros enfant commettant des bêtises ; lui-même écoutait ses reproches, l'oreille basse, et lui donnait raison.

Pour la chanteuse, comme pour la Polonaise, je n'étais que le neveu de leur amant, et n'avais existence que par l'attention qu'il me portait. Aux yeux de Katia, je sentis vite que j'existais pour et par moi-même. L'éducation qui m'avait été donnée y fut peut-être pour quelque chose. L'intérêt, l'affection qu'elle me dédia vite et auxquels je répondis d'un cœur heureux me furent précieux, à commencer par les rencontres que je fis chez elle.

II

SAINT-EXUPÉRY, MERMOZ ET QUELQUES AUTRES

Quel contraste entre les soirées du boulevard Lannes et les salons poétiques, où de vieux messieurs très cultivés et de vieilles dames qui n'en finissaient pas de durer cherchaient à faire de quelques jeunes gens les héritiers de leurs nostalgies !

Kessel n'était pas fâché de m'amener sur un autre versant de la littérature, le sien, plus éclairé par l'actualité.

Ah ! ce n'étaient pas gens ordinaires que l'on rencontrait aux dîners de Katia, et ce n'était pas de la cerisette qu'on buvait chez elle ! Hôtesse parfaite, elle savait réunir, mais toujours en petit nombre, ce qu'il y avait de plus talentueux, de plus marquant, de plus éclatant, parmi les amitiés de Jef, autour d'une table qui avait toutes les apparences d'une table bourgeoise, mais où aucun des convives n'était de tempérament bourgeois, quand même leur milieu d'origine l'était. Tous s'en étaient échappés, par la poterne de la célébrité.

Kessel lui-même se tenait là, un peu gauche et non point comme un maître de maison, mais comme si lui-même avait été invité chez sa femme.

Quelle galerie de la gloire, passagère ou durable, quelle étonnante famille de la renommée !

C'est là que j'appris à mieux connaître Philippe Hériat,

qui m'était apparu de loin en loin, depuis mon enfance. Ce géant susurrant, fils, comme je l'ai dit, d'un Premier président de la Cour des comptes, était vraiment un évadé de la haute bourgeoisie, jusqu'à avoir abandonné son nom de Raymond Payelle, mais non les manières de la plaine Monceau. Aventuré dans le théâtre, il avait joué dans les pièces d'Édouard Bourdet les rôles d'homosexuel sans avoir à faire une composition ; et toute la tendresse que lui avait vouée un temps Marcel L'Herbier n'avait pas réussi à faire de son pseudonyme un nom de cinéma. En revanche, la littérature, où Kessel avait guidé ses pas, était sa vocation véritable.

Il venait de recevoir le Prix Goncourt pour *Les Enfants gâtés*, il était sur la crête du succès, avant d'entreprendre son œuvre majeure, *La Famille Boussardel*, qui recevrait le Grand Prix du roman de l'Académie française et qu'on a eu tort d'oublier, car c'est un des plus solides romans du siècle.

Il avait le don des perfidies ; la voix perchée au sommet de son corps monumental, il savourait ses mots. Il était souvent accompagné d'un jeune décorateur et costumier de théâtre, Marcel Escoffier, homme de petite taille, d'un goût parfait et d'un caractère exquis : un civilisé.

Personnage de grand modèle également : Paul Bringuier, voix forte, belle carrure, muscles puissants, et dont la réputation venait aussitôt après celle de Kessel dans l'équipe fameuse des reporters de *Paris-Soir*. Toujours prêt à partir à l'autre bout de la terre, il avait lui aussi le courage, le don de voir et de faire voir, la passion de l'amitié et le penchant pour tous les excès ; lui aussi brûlait la vie, trop peut-être, car il serait emporté jeune encore, peu de temps après la guerre.

Autre reporter, autre talent d'aventure, Jean-Gérard Fleury, rond, râblé, rieur, contrastait avec Bringuier autant que Sancho Pança avec Don Quichotte. Mais pour l'apparence seulement. Pour le fond du caractère, il était homme à foncer dans tous les moulins à vent. Avocat qui s'était vite détaché du barreau, Fleury avait trois passions : la presse, l'aviation, les Tziganes. Kessel, qui résumait tout cela, était devenu pour lui et son frère et son dieu.

Tous les grands de l'Aéropostale, Mermoz, Saint-Exupéry, Guillaumet, dont il avait partagé les vols et raconté les exploits, traitaient Jean-Gérard Fleury comme un des leurs. Il avait en commun avec eux l'insouciance du danger, ou pour mieux dire, la capacité de regarder le danger comme une composante naturelle, quotidienne, de la vie. Sa faculté d'admirer, ses enthousiasmes, ses rires étaient contagieux. On ne pouvait trouver compagnon plus chaleureux que lui. Il est impossible d'écrire sur cette période héroïque de l'aviation civile sans recourir à ses articles et ses ouvrages.

Était-ce Jef qui l'avait conduit chez les Tziganes, ou, les ayant découverts seul, s'y étaient-ils retrouvés ?

Son attirance vers eux, leurs guitares, leurs voix des profondeurs, leurs nostalgies transportées en roulotte depuis le fond des temps, pour venir occuper, vêtus de soies éclatantes, les pistes des cabarets montmartrois, était obsessionnelle.

Il s'était énamouré de la plus belle des chanteuses de la tribu Dimitrievitch. Il la suivait partout. S'il l'emmenait au cinéma, elle lui imposait la compagnie d'une nuée de petits frères et cousins qui, obéissant à une longue hérédité de rapine, et tandis qu'extasié il croisait ses doigts avec ceux de sa belle, se coulaient entre les rangs pour faire les poches des spectateurs. La police commençait de s'en inquiéter.

Les amis de Jean-Gérard cherchaient par tous les moyens à briser cet enchantement, au sens propre du terme, allant jusqu'à lui subtiliser ses chaussures afin qu'il ne pût sortir de chez lui, le matin où il voulait aller à la mairie faire publier les bans de son mariage avec la belle Tzigane. Ce dut être Kessel, ce ne peut être que lui, qui parvint à briser cet envoûtement.

Car Jean-Gérard Fleury s'était fait comme l'ombre de Kessel, son fidèle entre les fidèles, tour à tour compagnon des équipées nocturnes, officier d'ordonnance et même super-secrétaire bénévole. Pas de jour qu'il ne le vît, pas de matin, si embrumé qu'il fût, où il ne l'appelât au téléphone afin de lui rappeler les engagements qu'il avait. Car ce fou pour lui-même se muait pour son héros en garde-fou.

Il était, par l'âge, entre Kessel et moi. Une manière de fraternité s'installa entre nous, qui ne se démentit jamais, quels que fussent les éloignements dans l'espace et le temps.

En effet, Jean-Gérard Fleury s'établit au Brésil, où l'avait amené l'Aéropostale, et où il épousa une parente du président Vargas dont il devint l'intime ami. Un moment, là-bas, il fut tout-puissant, mais n'usant de son crédit que pour ses amis.

Quand, après la guerre, il venait quelques jours à Paris, il m'annonçait toujours son arrivée, et nous trouvions un moment pour nous voir. Les années passaient, c'est-à-dire que les amis d'antan, l'un après l'autre, disparaissaient. Et moi, le plus jeune du lot, je finissais par les résumer tous à ses yeux, seul partenaire, ou presque, de ce qui restait de la période la plus merveilleuse de sa vie.

Lorsque, en 1987, je fus à Rio de Janeiro, je le retrouvai là-bas, octogénaire, toujours marchant vite, toujours aussi rond, toujours aussi rieur, toujours les bras ouverts à la joie des retrouvailles, et président à vie de l'Association des Français du Brésil.

Quand je me retourne sur ma jeunesse, je revois tous ces personnages dressés dans ma mémoire, comme au long d'une voie Appienne de l'étrangeté !

Ainsi André Beucler, le seul écrivain français, à ma connaissance, qui ait épousé trois fois la même femme. C'est assez dire qu'il y avait en lui tout ensemble de la constance et du drame.

D'ascendance franc-comtoise, il était né à Saint-Pétersbourg, où son père professait à la célèbre École des cadets. Sa mère était russe, mais il avait fait ses études à Besançon.

Il avait l'allure, les traits, l'humour d'un grand paysan distingué de notre pays. Mais dans ses yeux clairs passaient des troïkas et des tempêtes de neige. Un mélange de Gogol et de La Fontaine.

Conteur incomparable, qui pouvait vous tenir des heures suspendu à des récits bouleversants ou cocasses, il écrivait l'une des plus belles proses qui soient, une prose de poète, inventive, généreuse ; il tenait joaillerie du verbe.

Ami amissime de Léon-Paul Fargue, avec lequel il avait des affinités, presque des identités de savoir et de curiosité, autre « piéton de Paris » qui connaissait la capitale dans tout ce qu'elle recèle de recoins inattendus et ce qu'elle a pu accumuler de souvenirs insolites, doué d'une extraordinaire mémoire des lieux, des êtres et des noms, ami de Jean Cocteau, ami de Giraudoux qui l'appellerait auprès de lui, dès la guerre déclarée, au Commissariat à l'Information, que lui est-il arrivé pour que, dès avant sa mort, qui ne le saisit qu'en 1985, il soit oublié ?

Les plus grands, les plus sérieux critiques de l'époque, les Albert Thibaudet, les Edmond Jaloux, les Émile Henriot, les Jean Paulhan, avaient rivalisé d'enthousiasme pour saluer ses débuts, qui avaient nom *La Ville anonyme*, *Entrée du désordre*, *Un suicide*.

Oui, qu'est-il arrivé pour que, parmi la pléiade éblouissante de l'entre-deux-guerres, cet écrivain que la NRF inscrivait à son sommaire entre Rilke, Proust, Gide et Bernard Shaw, cet égal, un moment, de Paul Morand, ait été comme aspiré par l'oubli ?

Des cinquante volumes et des cent nouvelles qu'il publia, de tous les romans, essais, souvenirs, un seul titre surnage, parce qu'on en tira un film, mis en scène par Jean Grémillon, qui fut l'un des premiers succès de Jean Gabin : *Gueule d'amour*. Mais nul ne sait plus qui écrivit l'œuvre originale.

S'il faut être avare du mot de génie, on peut tout de même avancer, pour Beucler, celui de génialité. Son malheur fut peut-être dans l'excès de ses dons, et dans ce que les Anglais appellent la « *versatility* », qui est pour eux une qualité, un éloge, alors que le même terme est pour nous péjoratif. Les Français aiment que les auteurs ne changent pas de genre et que de la même fabrique sorte toujours le même produit.

Or Beucler sautait du roman à la poésie, au reportage, à la biographie. Celle, étonnamment prémonitoire, qu'il venait de faire d'Adolf Hitler, en 1937, lui vaudrait, trois ans plus tard, d'être inscrit sur les listes des auteurs interdits par Otto Abetz.

Traductions d'écrivains russes, voyage au Caucase, vie d'Ivan le Terrible, amours secrètes de Lénine, écriture à deux plumes avec Léon-Paul Fargue, mémoires *De Saint-Pétersbourg à Saint-Germain-des-Prés* qui sont un enchantement, tout tentait son talent, et il excellait en tout.

Et puis, défaut aussi grave que rare chez les littérateurs, il ne se prenait pas au sérieux.

Si, chez quelques bouquinistes des quais ou de province, ou en quelque bibliothèque, vous trouvez, défraîchi et jauni par le temps, un volume d'André Beucler, saisissez-le. Et il m'étonnerait fort que vous ne me soyez pas redevable d'un moment de délectation. Mais vous ne saurez jamais ce que pouvait être le ravissement d'entendre une histoire tragique ou futile contée par ce magicien dont les eaux de la Seine et celles de la Neva irriguaient sans cesse l'imagination.

De tous les familiers des dîners du boulevard Lannes, le plus frappant, le plus saisissant, avec Kessel lui-même, celui dont l'ombre, sur le chemin de mon souvenir, garde le plus de densité, était Antoine de Saint-Exupéry. Dans cette société, pourtant composée seulement d'uniques, il tranchait.

Cet homme-là venait d'ailleurs. Même dans sa propre gaieté, il demeurait insondablement triste. Il semblait toujours chercher un paradis, qu'il ne trouvait pas. Le risque et l'amitié lui en tenaient lieu, mais pas complètement. Est-ce pour cela que, dès qu'il apparaissait, il devenait instantanément mémorable ?

Il était déjà célèbre, et par ses exploits et par ses écrits, ceux-ci ayant fait connaître ceux-là, mais avec une discrétion de bon ton, car il mettait surtout l'accent sur les exploits des autres. En fait, ce n'était pas de ses prouesses qu'il parlait, mais de l'expérience de la prouesse.

Contemporains à deux ans près, Kessel et lui étaient liés par une amitié à la fois d'aviateurs et d'écrivains. Saint-Exupéry avait été l'un des bâtisseurs de l'Aéropostale, cette ligne française destinée à l'acheminement du courrier, et qui avait laissé ses morts, comme des jalons de mémoire, dans les sables d'Afrique, dans l'Océan, et en Amérique du Sud. Kessel, qui avait été le premier passager, à haut risque, de cette ligne, avait été aussi le premier à en construire la légende héroïque avec son reportage, l'un des plus beaux, *Vent de sable*.

À la fin de la même année 1929, Saint-Exupéry avait publié *Courrier Sud*, écrit dans la solitude, quand il était chef d'escale à Port-Juby, dans le Rio de Oro. Puis avait paru, deux ans plus tard, *Vol de nuit*, qu'il avait plu à Gide de préfacer. Et il venait de publier *Terre des hommes*, que l'Académie allait couronner de son Grand Prix du roman, encore que ce ne fût pas un roman.

Il avait la gloire, la meilleure, la plus savoureuse, celle qui vous advient alors qu'on n'a pas encore atteint quarante ans. Et pourtant, au fond de soi, il restait triste.

En dédicaçant *Vol de nuit*, à Joseph Kessel, sur un exemplaire portant le numéro 12 et que je possède, il avait désigné celui-ci comme « le premier qui ait donné à l'aviation un visage vrai ».

Lui-même était le premier à avoir réfléchi, du haut du ciel, à l'homme et à son destin, le premier à avoir fait de l'aviation une situation de la pensée. Une nouvelle vision. L'espace, le temps, vus et dominés d'une autre manière. L'effort, l'exploit surprenant, au-dessus de la sphère terrestre, et prenant des valeurs mythologiques : Dédale fabriquant les ailes d'Icare. Les questions éternelles posées d'une autre façon.

Certains ont trouvé sa philosophie un peu courte. Mais comme devait le dire, plus tard, mon ami Pierre-Henri Simon : « Un idéalisme de carlingue vaut bien un existentialisme de bistrot. »

On continue de lire Saint-Exupéry, de le commenter, de le discuter, de le vénérer. Il est devenu lui-même un mythe, l'une des légendes du siècle. Les circonstances mêmes de sa mort, à quarante-quatre ans, en plein ciel, ou en pleine mer – Icare encore – y ont aidé. Elles restent mystérieuses. Combat en vol, panne de moteur, malaise physique, erreur de manœuvre ? Il était un pilote distrait ; il réfléchissait trop, là-haut. Ou bien décision d'en finir avec un monde qu'il aimait de moins en moins ? Il se savait accomplir sa dernière mission, mission solitaire, qu'il s'était obstiné à obtenir, et qu'on n'avait pu lui refuser, malgré son âge, malgré les séquelles de ses accidents qui l'ankylosaient. C'est ainsi que le commandant de Saint-Exupéry avait disparu.

Écrivain, il laissait un seul personnage de fiction, le Petit Prince, livre faussement pour enfants, une allégorie, de lui-même peut-être, et qui allait devenir aussi un mythe.

Comment était-il, cet archange pesant qu'habitait une enfance abstraite ?

Longues jambes, hautes épaules, buste massif, des joues pleines et rondes, le nez bref au point de paraître retroussé, un front déjà dégarni, de grands yeux sombres, méditatifs et beaux, sous des paupières de tortue.

Il donnait une impression de lourdeur, de pesanteur, je le répète, comme s'il avait subi une particulière attraction du sol, ce qui contrastait avec sa vocation. Il semblait encombré, non seulement de sa taille, de sa masse, mais aussi de son éducation qui le rendait toujours un peu étranger aux deux milieux dans lesquels il vivait : les mécanos et les intellectuels.

Un portrait, ou seulement, comme ici, une esquisse de portrait d'Antoine Saint-Exupéry, exige qu'on se souvienne qu'il descendait d'une longue lignée d'aristocrates, « un noble », comme on disait dans le peuple ; qu'il avait été orphelin de père à quatre ans ; que le lien avec sa mère était étroit, profond ; qu'il avait passé sa petite enfance dans des châteaux de famille où il aimait à revenir ; qu'il fut envoyé en Suisse, à Vevey, faire ses études secondaires dans un collège religieux ; qu'il montrait autant de dons pour la mécanique que pour la poésie ; qu'il prépara, sans succès, l'École navale ; qu'il alla ensuite apprendre l'art du dessin à l'École des Beaux-Arts ; qu'il fut gravement blessé dans deux accidents d'avion ; qu'il avait, comme reporter, autre rapprochement avec Kessel, suivi la guerre d'Espagne.

Et comment parler de Saint-Ex sans évoquer Mermoz, l'autre héros, l'autre symbole des débuts de l'aviation de ligne, Mermoz tombé en mer au large de Dakar, trois ans plus tôt, avec *La Croix du Sud* ?

Ils formaient un étonnant diptyque, à placer dans une chapelle des aviateurs, ou encore un sujet pour des « vies parallèles ».

Je n'ai rencontré qu'une fois Mermoz ; mais c'était suffisant pour ne pouvoir jamais l'oublier. Ce ne pouvait être que très peu de temps avant sa disparition. Rencontre fortuite, Rond-Point des Champs-Élysées. J'accompagnais Kessel à quelque rendez-vous. Mermoz et lui se tombèrent dans les bras. Combien elle a pris de relief, cette embrassade entre ces deux hommes pleins de force, dont l'un allait bientôt mourir, et dont l'autre, aussitôt après, écrirait la biographie !

Mermoz irradiait la jeunesse et la joie. Ses cheveux abondants et ondulés, son visage superbe, son pas qui fendait l'air, tout faisait de lui l'incarnation de l'audace, de l'assurance et de l'aventure.

Aujourd'hui où tant d'appareils énormes vont, chaque jour, de l'autre côté de l'Océan, en passant au-dessus des nuages, on ne peut plus se représenter ce qu'était l'aviation de cette époque-là. Mais c'est elle qui a permis que le déplacement aérien devienne ce qu'il est.

Mermoz et Saint-Ex avaient tous deux choisi de confier leur appétit de dépassement de soi à ces machines encore rudimentaires et ingénieusement bricolées, qui crachaient l'huile et rebondissaient, aveugles, dans les bourrasques. Quelle confiance dans l'ingéniosité humaine !

Telle était leur ressemblance. Mais au-delà, quel contraste !

Mermoz était un plébéien solaire, ou, si l'on veut, un seigneur de première génération. Saint-Exupéry était un aristocrate lunaire ; il arrivait en fin de lignée avec des gènes exigeants qui lui faisaient chercher des équivalences aux vocations de ses ancêtres. L'un était un conquérant ; l'autre était un pensant.

Méditatif inexorablement voué à l'écriture, Saint-Ex peinait, coupait, biffait, réécrivait. C'était un acte constant d'insatisfaction.

L'obèse manuscrit de *Citadelle*, cette bible du réactionnaire qu'il laissa inachevée, il l'eût à coup sûr dégraissé de moitié. Dégager l'idée de la gangue des mots pour la rendre précise et fluide, pour parvenir à l'adéquation de la pensée et de l'expression, lui imposait une si forte contention qu'elle lui provoquait des afflux de sang à la tête. Kessel m'a conté l'avoir vu, un jour, les pieds dans une bassine d'eau froide placée sous son bureau, afin de se dégager les tempes et de pouvoir terminer un article en temps voulu.

Dans la conversation, art de civilisé, qu'il pratiquait comme on pouvait le faire en son milieu d'origine, il excellait à la description, la rendant fascinante par de longues comparaisons insolites.

Il avait une belle voix, très juste, très flexible, et chantait exquisement. Je lui dois de m'avoir appris *Aux marches de Palais* dans la vieille mélodie, l'originelle, et avec ses paroles anciennes.

Aux marches de Palais, et non « Aux marches du Palais », parce que le Palais est un pays, une marche ; « *La belle si tu voudrais* », et non « Si tu voulais » ; « *Dans la mitan du lit* », et non « dans le milieu du lit » ; « *Jusqu'à la fin des mondes* » et non « Jusqu'à la fin du monde ». On a cru bon de rectifier cette chanson d'amour qui venait, à travers les siècles, des contreforts des Pyrénées ; on a eu tort. C'est toujours avec la voix et les mots de Saint-Ex que je l'entends.

Et un peu magicien de surcroît, ou à tout le moins illusionniste. Où avait-il, et de qui, appris les tours de cartes prodigieux par lesquels il enchantait une fin de soirée ? Il ne l'a jamais dit. Il en était d'étourdissants, que je n'ai vu à mon avis accomplir à aucun prestidigitateur professionnel.

Méditatif toujours, et pas même souriant alors qu'on s'exclamait et l'applaudissait, il ne livra jamais, si fort qu'on l'en priât, son secret. Cela semblait être pour lui autre chose qu'un jeu.

Était-il trop sérieux pour les femmes ou les prenait-il trop au sérieux ? Reprenons les vies parallèles.

Mermoz, irrésistible, Mermoz, Thésée de combien d'Arianes, les séduisait d'emblée, les prenait, les enlevait, les abandonnait, sans s'inquiéter trop qu'elles dussent en souffrir. Saint-Ex, lui, souffrait. Si les femmes le trompèrent, c'était qu'il s'était d'abord trompé sur elles. Il les choisissait mal, il les revêtait de robes idéales et apportait un amour trop pur à des âmes impures.

Louise de Vilmorin, cette rouée dès l'adolescence, cette rouée par nature, n'était certes pas faite pour un homme qui, à vingt-six ans, écrivait à sa mère : « Maman, ce que je demande à une femme, c'est d'apaiser cette inquiétude… »

Quant à Consuelo, le pruneau exotique qu'il ramena d'Argentine et qu'il épousa, elle était pire encore, car elle n'avait même pas de talent.

Ils s'étaient fait l'un de l'autre une idée fausse, ou avaient projeté sur l'autre un faux avenir. Il rêvait d'apaisement dans le sublime ; elle rêvait de vie parisienne et mondaine. Il y a une simple ligne dans *Terre des hommes*, qui dit tout : « Et l'imbécile emmena la princesse. »

J'ai connu Consuelo, sans Saint-Ex, et j'avoue l'avoir détestée, pour la raison que j'ai connu certains de ses amants. Je supportais mal qu'elle donnât à des hommes quelconques la satisfaction de se dire, et de dire, qu'ils couchaient avec la femme de Saint-Exupéry.

Ce n'est pas faire un rapprochement gratuit que de dire que Saint-Exupéry avait de la France aussi une image trop idéale. Et pourtant, lorsque, un an plus tard – je parle toujours de 1939 –, après l'atroce défaite, la France fut partagée en deux, il se trompa encore, et choisit la mauvaise France. Mais ceci est une autre histoire, dont j'ai eu à connaître, et qui viendra plus avant dans mon récit.

Dans le retrait que Saint-Exupéry prenait vis-à-vis du monde comme dans son attitude, parfois, d'absence, il est un élément sans lequel l'esquisse de son portrait ne serait pas complète : le désert. Il s'y était trouvé affronté par deux fois, la première en allant sauver des camarades aux confins de la Mauritanie ; et la seconde fois, alors qu'il avait entrepris de relier Paris à Saigon, en s'écrasant dans le désert de Libye.

Dans cette solitude minérale, sous le firmament infini, et promis à mourir, mourir de soleil ou de froid, mourir de faim ou de soif, il avait pris une autre vision de la vie ; il lui avait trouvé, s'il en réchappait, le sens qu'il cherchait.

Le désert forme les prophètes. Saint-Exupéry, d'une

courte phrase encore, a dit pourquoi. « On y marche tout auprès de l'éternité. »

Kessel, Hériat, Bringuier, Fleury, Beucler, Saint-Exupéry… Assis parmi ces héros de plume ou d'action, et pour certains les deux à la fois, se tenait l'anti-héros, leur éditeur, Gaston Gallimard. Katia avait le sens des convenances et des intérêts.

Rond, replet, gris et rose, Gaston Gallimard ressemblait à un élégant notaire de province, très soigné, ou à un banquier, mais de province aussi. Le courage n'était en rien son fort, ni la générosité. Il fleurait l'eau de Cologne, l'égoïsme tranquille, l'avarice. Mais il avait un penchant naturel pour la littérature et, comme d'autres ont du flair pour le pétrole, il possédait un flair indiscutable pour repérer le talent ou le faire repérer par son entourage. Forons ici ; si le gisement est pauvre, on s'arrêtera. Il prenait l'avant-garde juste à temps, quand elle allait devenir le gros des troupes. Il avait favorisé, avec *La Nouvelle Revue française*, dont il avait rendu les initiales célèbres, cette école de littérateurs, type André Gide, qui se prenaient tellement au sérieux qu'ils finissaient par faire partager au public l'opinion qu'ils avaient d'eux-mêmes. « Entrer en littérature comme on entre en religion. » Gallimard était le chanoine qui encaissait le denier du culte. On s'accordait à dire qu'il avait du génie ; et dans un sens affaibli du terme, c'était vrai, pour l'édition strictement.

Je ne suis pas sûr que Kessel et Saint-Exupéry aient été de ses auteurs préférés. Pas assez quintessenciels ; ils ne pouvaient pas engendrer un snobisme. Mais leurs tirages étaient considérables, donc considérés.

D'ailleurs, Gaston Gallimard ne répugnait nullement aux succès populaires, y compris en créant une collection de romans policiers pour grossir son chiffre d'affaires. Mais comme cette collection portait l'estampille de la NRF, il donnait au genre des lettres de noblesse littéraire.

Autre trait de son génie commercial : la « Pléiade », il ne la créa pas ; il la reprit de Georges Schiffrin qui avait lancé une collection de classiques, en grands volumes superbement imprimés, qui se vendait mal. Gallimard en réduisit le format, l'habilla de cuir souple, et surtout l'imprima sur une sorte de papier à cigarettes qui passa pour du papier bible. Il eut l'idée d'y introduire des contemporains, qui étaient pour les quatre cinquièmes des auteurs de son propre fonds, et qu'il hissait ainsi au rang des classiques. Être publié dans la Pléiade devint assez vite une entrée dans le Panthéon littéraire.

Il devait montrer, pendant les années de l'Occupation, cette grande habileté qui le distinguait. Il publia à la fois des écrivains de la collaboration, et d'autres qui apparaîtraient comme résistants au sortir de la nuit. Il fallait bien vivre, et faire durer la maison.

Kessel, au retour de la guerre, lui reprocha cette conduite ambiguë, et refusa, pendant plusieurs années, de paraître chez lui. Et puis, le temps usant tout, il revint, pour *Le Tour du malheur*, à la maison de ses débuts.

Je fus moi-même, après la Libération, l'objet d'approches répétées de Gallimard. Non que j'eusse encore rien produit ni prouvé qui justifiât tant d'intérêt, mais je revenais de Londres. Je ne donnai pas suite, pour les mêmes raisons. Je n'en ai point regret. Je ne me serais pas trouvé à l'aise dans cette chapelle devenue cathédrale, avec trop de détours ombreux et trop de bas-côtés, où glissait un clergé vétilleux.

Dîners du boulevard Lannes : j'y aurai beaucoup appris, et acquis quelques jauges de la nature humaine.

Dans cette réunion de grands fauves et de grands migrateurs, tous dotés d'une force peu commune, la présence la moins attendue, la plus insolite était celle d'une jeune femme brève, frêle et pâle, qui semblait tombée d'un autre univers, la marquise de Brissac.

Elle était veuve et avait moins de trente ans. Née princesse d'Arenberg, de la branche française d'une famille médiatisée du Saint Empire qui portait sur ses armes trois fleurs de néflier, sa mère était Laigle, et elle avait pour tante la comtesse Greffulhe, le fameux modèle de Proust, dont l'hôtel, rue de la Ville-l'Évêque, était célèbre.

Jeannette de Brissac ne tenait pas salon littéraire ; elle était le contraire d'un bas-bleu, encore qu'elle eût, pour les livres, un goût très juste. De petite taille, mince à l'excès, avec des cheveux cendrés, des attaches d'oiseau, des yeux bleus d'une tristesse attentive mais infinie, elle semblait un pastel dont les couleurs se fussent envolées si l'on y avait soufflé. Sa force était dans l'âme.

Elle avait épousé l'aîné des Brissac, Roland, homme parfaitement séduisant, cavalier de belle tournure, montant en courses, veneur passionné, qui possédait un assez bon talent au dessin. Il avait aidé Paul Morand à corriger sa célèbre nouvelle *Milady* ; et il était promis à recevoir l'un des beaux duchés de France.

Un vrai mariage d'amour, qui s'accordait aux convenances mais ne leur devait rien ; un mariage ébloui.

Roland de Brissac était mort, au début de l'an précédent, d'une négligence chirurgicale, lors d'une banale opération de l'appendicite. Et le chagrin avait laissé sa femme plus qu'atteinte, brisée.

Que faisait-elle dans le salon des Kessel ? Ils l'avaient rencontrée l'été d'avant, à bord du bateau qui les menait en Argentine. Sa famille, que l'humaine compassion n'étouffait pas, l'avait poussée à faire un voyage « pour se changer les idées ». Comme si une longue traversée, sans personne pour l'accompagner qu'une femme de chambre, sur un grand bâtiment voguant vers un continent inconnu, pouvait être un remède à l'extrémité de son malheur !

Katia et Jef n'avaient pu qu'être intrigués par cette passagère fragile, élégante, esseulée, presque anorexique, qui semblait plus attirée par les profondeurs de l'océan que par les divertissements du bord.

Avec son habituelle disposition à prendre en main les choses et les êtres, Katia s'était intéressée à elle, l'avait invitée à partager leur table.

Sans rendre, le moins du monde, sa douleur pesante, car elle était trop bien élevée pour cela, Jeannette de Brissac avait saisi ces attentions, et bientôt cette intimité, comme une bouée. Ce voyageur célèbre, cette grande femme russe éclatante de vitalité étaient si différents d'elle, et elle conservait, malgré tout, tant de curiosité !

Elle donnait l'impression, boulevard Lannes, de se sentir au chaud… Kessel avait à son égard un comportement particulier, affectueux, familier, confiant, mais teinté de réserve, comme s'il avait craint sa propre maladresse.

Il la ferait entrer en composition, pour le physique au moins, dans le personnage d'Armelle, du *Tour du malheur*.

Quelques années plus tard, elle me montrerait, en riant, ce qu'elle avait écrit sur moi, dans son journal, le lendemain du jour où, à l'un de ces dîners, elle me vit pour la première fois. Je passe sur ce qu'elle disait de mon apparence. Mais elle ajoutait : « Il est insupportable. Il semble tout savoir, et coupe la parole à Gallimard. »

Madame de Brissac prendrait une grande place dans ma vie.

III

L'ESPOIR, QUAND DÉJÀ IL N'Y EN AVAIT PLUS

La guerre d'Espagne, qui devait si profondément marquer les esprits, allait prendre fin au début de ce printemps-là. Elle avait pour origine la grave crise de 1931, où les élections, témoignant d'une forte poussée populaire, avaient obligé le roi Alphonse XIII à quitter son pays.

Depuis lors, ce n'avait été qu'instabilité, tensions, renversements de gouvernements, rétablissements, luttes entre les républicains modérés et les républicains extrémistes, ligues de nostalgiques de la monarchie, soulèvements d'officiers, tentatives d'indépendance de la Catalogne et quasi-anarchie. Jusqu'à ce que le général Franco, gouverneur des Canaries, intervînt avec les troupes coloniales.

Alors avait commencé une vraie guerre, avec des répercussions internationales. L'Allemagne et l'Italie prenaient parti pour Franco. La France, elle, d'opinion partagée bien que penchant plutôt vers les républicains, hésitait sur l'aide qu'il fallait ou ne fallait pas leur apporter. Elle ne faisait rien. Des Brigades internationales, où Malraux s'était engagé, échauffaient les imaginations de la jeunesse.

Nous étions largement instruits des combats par les reportages de Kessel, Saint-Exupéry, Bringuier qui emplissaient des pages entières de la presse.

Mais nous ne nous étions pas avisés que nous étions

entrés dans les guerres nouvelles, les guerres d'idéologie, plus féroces qu'aucune, où le fanatisme doublait la stratégie, où la notion de civils et de militaires était effacée, où femmes, enfants, vieillards, prêtres étaient assassinés pour la seule raison qu'ils étaient dans le camp de l'adversaire. Si monstrueusement meurtrière qu'ait été la guerre de 14-18, on y connaissait encore le respect entre les combattants. En Espagne, c'était la haine, non seulement de celui qui avait les armes à la main, mais de sa mère, de son grand-père, de sa sœur, de tous ces gens qu'on appelle les victimes innocentes.

Guerre civile, disait-on, comme si cela était, sinon une absolution, au moins une explication.

Toutes les guerres désormais seraient, fût-ce à l'échelle d'un continent, des guerres civiles ou de religion. En Espagne, le siècle avait tourné. Je le comprendrais plus tard.

Pour l'heure, chacun continuait de vivre sa vie, étroite ou brillante. Chacun poussait sa charrue dans son sillon, sans trop regarder la lourdeur des nuages.

Deux hommes veillaient affectueusement sur ma carrière débutante. Fernand Gregh avait envoyé à l'hebdomadaire *Marianne* une de mes courtes nouvelles. C'était le temps où les journaux publiaient encore des contes. Le mien avait été apprécié, et des lecteurs avaient écrit que c'était l'un des meilleurs parus depuis longtemps. Il n'en faut pas plus, à vingt ans, pour déborder de joie.

Kessel, un jour de janvier, alors qu'il partait le lendemain pour l'Espagne, s'était soucié de m'amener à *Paris-Soir* pour y porter un autre de mes contes. Il me présenta à Hélène Gordon, jeune femme vive et charmante qui me demanda de lui envoyer des nouvelles pour *Marie-Claire*. Elle épouserait bientôt Pierre Lazareff.

En nous séparant ce jour-là, au coin des Champs-Élysées et de la rue de Marignan, je me rappelle avoir demandé à Jef pourquoi il repartait pour l'Espagne. « Parce que j'en ai besoin, me répondit-il. J'ai besoin d'héroïsme, de sentir la fraternité devant le danger, ces hommes soudés par le combat, le partage de la misère et de la souffrance, cette dépense de volonté, de force mâle. J'ai peur, comme tout le monde, surtout avant ; mais j'en ai besoin. Si Franco prend Barcelone, j'aimerais assister à cela. Certes, je suis à la merci d'une bombe… »

Et Franco prit Barcelone.

Je m'intéressais assez à l'armement des troupes envoyées en renfort à Franco. L'Allemagne et l'Italie avaient mis à l'essai leurs matériels, aériens principalement, et leurs tactiques. Le champ de bataille espagnol leur servait de terrain de manœuvre, sur objectifs réels.

Je ne savais pas, bien que des affiches nous invitassent à souscrire aux « bons » d'armement, le degré d'impréparation stratégique où se trouvait la France. Mais j'étais plus qu'inquiet, effaré, indigné de l'état moral de la nation.

Après les reculades successives que j'ai dites : Rhénanie, Anschluss, Munich, l'Europe roulait inexorablement vers le malheur.

Les forts, qui ne le sont que de la démission des faibles, sont toujours séduisants pour ceux-ci. Les parades militaires font rêver les avachis. Il n'était pas négligeable, le nombre des Français qui estimaient qu'on devait s'entendre avec le dictateur en chemise brune. Sans aller jusqu'à prôner le nazisme, combien eussent vu assez volontiers s'instaurer un fascisme à la française calqué sur celui qu'avait installé à Rome Mussolini, le dictateur en chemise noire qui paradait la panse sanglée, les poings sur les hanches et le menton projeté vers les triomphes, au balcon de la place de Venise ! Ils n'apercevaient pas son ridicule, pas plus que les Italiens d'ailleurs.

Cet état d'esprit révélait un plein effondrement des âmes, et j'en étais conscient. Mais que pouvait faire un écrivain de vingt ans ? Écrire.

Je n'avais pas de tribune ; qui donc m'en aurait offert une ? Et je n'avais pas encore appris à ramasser mon style pour la prose de combat.

Déplorant que la poésie n'eût plus dans la société qu'une place d'objet de musée, j'allais jusqu'à noter : « Cette éclipse de la poésie est une des causes, et non des moindres, du déséquilibre moral actuel. Les âmes vivent dans l'ombre. On ne sait plus qu'il y a des gens qui ont mission d'éclairer la route. »

Alors, dans l'illusion de porter lumière, j'entrepris une pièce de théâtre. Avec une belle naïveté, j'imaginais qu'une tragédie, inspirée de l'antique, pourrait avoir effet sur l'âme de la nation. Cette pièce, qui se voulait un acte civique, a pour titre *Mégarée*. Elle vit le jour trop tard, et fut jouée très peu. Mais elle exista. On me laissera reproduire ici partie de la préface que je lui donnai, maintes années après, à l'occasion d'une réédition. Sans me leurrer sur sa valeur ni méconnaître ses imperfections, elle témoigne pour ce que je fus.

Entre le collège et la guerre, entre l'apprentissage des lettres et celui du destin, Mégarée *est mon dernier devoir d'étudiant et mon premier ouvrage d'homme.*

Quel lycéen, s'il a eu la chance d'être formé par de bons humanistes, n'a pas rêvé d'écrire une Antigone *? L'individu dressé contre l'appareil social ; le courage isolé tenant tête au pouvoir politique ; la jeunesse dénonçant à la fois l'égoïsme des princes, la sottise des militaires, l'hypocrisie du clergé et la veule passivité des masses… Une redresseuse de tous les torts de la cité, cette fille aînée d'Œdipe ! Quel adolescent, voulant pour le monde où il va entrer une pureté de diamant, ne s'est pas un peu identifié à elle ?*

J'ai donc porté mon rêve pendant quelques saisons, et c'est en cherchant dans les tragiques grecs les assises d'une centième Antigone *que j'ai trouvé le sujet de* Mégarée.

Je m'émerveille qu'il n'ait tenté aucun auteur depuis vingt-cinq siècles.

Le personnage de Mégarée, ou Mégareus, apparaît d'abord parmi les héros d'Eschyle, et comme l'un des princes défenseurs de la cité, dans les Sept contre Thèbes, *mais sans particulier éclat.*

On le retrouve, sous le nom de Ménoecée, dans Les Phéniciennes, *où son histoire nous est contée au cours d'une scène qui forme quelque peu parenthèse dans l'action, comme si Euripide avait voulu introduire là le résumé, le « scénario » d'une autre tragédie, envisagée puis abandonnée. Mais quel scénario !...*

Mégarée-Ménoecée, cousin d'Antigone, est une anti-Antigone, ce qui ne signifie pas qu'il soit son contraire. Issus du même et terrible sang des Labdacides, ils se ressemblent. Ils sont d'âges voisins ; ils ont grandi dans le même palais ; ils ont été marqués par les mêmes drames. Dans leurs amours, nouées à l'intérieur de leur race, ils montrent encore leur similitude ; comme Antigone aime l'honnête et faible Hémon, Mégarée aime la douce et bien terrestre Ismène...

L'indignation est le trait commun de leur nature, et l'héroïsme leur identique vocation. L'un et l'autre se veulent également exemplaires. Mais alors qu'Antigone accomplira son funèbre exploit au cœur de la nuit, seule contre toute une cité dont elle méprise la victoire, Mégarée aura depuis douze heures consommé son sacrifice solitaire dans la plus haute lumière du jour, et pour cette même cité dont il méprisait le peu d'ardeur à combattre.

Antigone est l'héroïne négative, la révoltée sans conciliation ni compromis, l'isolée absolue.

Mégarée est le héros positif, le militant toujours solidaire de ses semblables, même s'ils sont repliés dans le plus frileux égoïsme, et qui s'offre à la mort pour ranimer en eux, en même temps que le courage, l'appétit de cette dignité collective qu'on appelle ordinairement la liberté...

Je dirai plus loin le sort que connut *Mégarée*. Plus tard, un critique et humaniste suisse, Georges Méautis, écrirait de cette tragédie qu'elle était la première œuvre théâtrale de la Résistance qui, d'ailleurs, en produisit peu.

Du printemps 39, il me souvient encore que nous y changeâmes de pape. Je n'en avais connu qu'un seul, le solide Pie XI, venu au trône pontifical quatre ans après ma naissance. Son image ornait les sacristies de mon enfance. De lui procédait la majesté de l'évêque qui m'avait confirmé. Si je n'imaginais pas qu'il fût éternel, comme Dieu qu'il représentait sur la Terre, il était lointain, souverain, intemporel.

Sa disparition nous rappelait que l'histoire est rythmée par la durée de la vie des princes, qu'ils soient du siècle ou de la foi.

En élisant le cardinal Pacelli, ancien nonce à Paris, et qui prit le nom de Pie XII, le conclave confirmait l'adage romain : « Un pape rond, un pape long. »

Si grande qu'ait été son expérience de la diplomatie et du gouvernement du Vatican, si lumineuse que fût son intelligence, si parfaite que fût sa foi hautaine, le longiligne Pacelli aurait peu de temps, avant que l'Europe ne se déchirât, pour prendre l'habitude du suprême magistère, et devenir celui qui ne peut plus poser de questions à personne au-dessus de lui, qu'à Dieu.

Je reviens un instant sur la guerre d'Espagne, à cause d'une scène du film de Malraux, *L'Espoir*, qui avait été interdit de diffusion par le gouvernement. Il serait facile d'ironiser en disant que l'espoir était devenu denrée prohibée. On ne voulait pas, par une apologie des républicains, déplaire à Franco, que notre gouvernement avait reconnu. Il lui avait même envoyé, pour faire bonne mesure, le maréchal Pétain comme ambassadeur.

Une projection privée de *L'Espoir* fut néanmoins organisée, pour un petit nombre de privilégiés, dans une salle des

Champs-Élysées, au début de l'été. Projection unique. J'y fus avec Kessel. Roger Stéphane me dit plus tard qu'il y assista aussi. Nous étions les plus jeunes spectateurs, et, Stéphane étant mort, je dois être, à l'heure où j'écris, le dernier témoin de cet événement.

La scène à laquelle je faisais allusion, et qui s'est à jamais fixée dans ma mémoire, est celle où un paysan espagnol, embarqué dans un avion afin d'indiquer au sol des repères aux combattants, ne reconnaît plus son village quand il le voit du ciel, ne reconnaît plus les chemins où il passe chaque jour, ne reconnaît plus rien. Et l'on commence, dans la carlingue, où les visages se pressent autour de lui, à penser qu'il est un traître. Oh ! le regard du vieil homme émacié, qu'on harcèle de questions, et qui ne répond pas. L'angoisse dans ses yeux noirs, c'est moins celle d'être abattu par ses amis que celle de ne pas comprendre pourquoi il ne peut reconnaître ce qu'il voit.

Nous nous retrouvâmes, au sortir de la salle d'ombres, sous le soleil de juillet, un peu saisis par la lumière, et faisant cercle autour de Malraux, un Malraux de trente-huit ans, déjà agité de tics, déjà vaticinant, secouant du front sa mèche, et pointant l'index vers l'infini.

Pareils au paysan de *L'Espoir*, bientôt, nous aussi, nous commencerions à ne plus reconnaître notre monde.

IV

L'ÉTÉ DE L'EXTINCTION DES FEUX

Les anciens divisaient la société en trois ordres : *oratores, bellatores, laboratores*. Les écrivains, quels que soient leur caractère ou leur talent, appartiennent au premier ordre, celui des prêtres. Et comme les prêtres, ils ne peuvent au destin opposer que des mots.

Dans cet été de toutes les angoisses, tandis que je commençais ma pièce, Joseph Kessel terminait la première partie du *Tour du malheur*, dont il voulait, bâti sur le modèle tolstoïen, qu'il soit la grande œuvre de sa vie.

Pour s'y consacrer, et aussi pour mettre ses proches à l'abri, si Paris devait être bombardé, il avait loué une maison champêtre dans la vallée de l'Eure, à Authouillet, village exactement voisin de celui où j'avais passé plusieurs années de mon enfance.

J'y allai lui lire les premières scènes de *Mégarée*, et il me lut les derniers chapitres de *La Fontaine Médicis*. L'admiration du cadet réconfortait l'aîné. Les conseils de l'aîné enrichissaient le cadet.

Au milieu du désordre du monde, nous étions là, deux *oratores*, devisant sous un pommier, dans la paix chaude de la campagne normande, bruissante seulement des abeilles chères à Jupiter.

Je poussai bien sûr jusqu'à La Croix-Saint-Leufroy, pour y

revoir mon église, mon école. À la veille des guerres, gestes et lieux prennent aisément valeur de symboles. À la veille des guerres, tout est un adieu.

Puis Jef, qui se partageait entre Katia et Germaine Sablon, était allé à Anthéor, sur la côte varoise, retrouver cette dernière, dont la mère vivait, dans une maison appelée « Bagatelle », me semble-t-il, et proche d'un haut viaduc.

Et Jef m'avait invité à les rejoindre. La guerre est affaire d'hommes, ou du moins l'était encore en ce temps-là, et son approche nous rendait, Jef et moi, inséparables, comme s'il y avait eu hâte, et chez lui et chez moi, d'échanger l'essentiel.

Rivage d'Anthéor, ce nom à consonance mythologique ; rochers découpés qui avançaient leurs pointes pourpres et rugueuses dans l'eau céruléenne ; baie d'Agay que surplombait le château appartenant aux Saint-Exupéry... Les heures de plage, les heures de travail étaient rythmées par les bulletins de nouvelles. La radio commençait à prendre, dans la vie de chacun, la place qu'elle tiendrait pendant plusieurs années.

Les jours d'Anthéor furent brefs, une semaine au plus.

Le 23 août était annoncé le pacte germano-soviétique signé entre Ribbentrop et Molotov. Staline, qui l'été précédent eût été de notre côté, avait jugé la faiblesse de l'Occident. Hitler menaçait la Pologne ; Staline y prendrait ses gages. Tout était joué ; nous avions trop reculé devant l'inévitable. Il était évident que, à l'instant où la Pologne serait envahie, on ne pourrait plus éviter de déclarer la guerre.

L'angoisse prenait les Français à la gorge.

Le gouvernement leur donnait des instructions pour la « défense passive ». Défense passive ! Se rendait-on bien compte de ce qu'il y avait de tragique, de désespérant et de honteux dans ce mot d'ordre-là qui semblait résumer l'état moral du pays.

On recommandait de coller sur les vitres des fenêtres des

bandes de papier, et de faire des exercices de descente aux abris. Les phares des voitures devaient être peints à la peinture bleue, en laissant juste une étroite fente pour laisser passer un rai de lumière. Bientôt on distribuerait à la population des masques à gaz, dans des tubes gris que chacun porterait, suspendu à l'épaule. Ah ! pour ces masques à gaz qui ne serviraient jamais, la production avait marché, plus que celle des chars de combat !

Tout en attendant d'un jour à l'autre l'ordre de mobilisation générale, les gens s'obstinaient à répéter : « Ce n'est pas possible, ça va s'arranger... » Ah ! comme ils auraient voulu pouvoir rester « passifs » !

Il était néanmoins urgent de regagner ses foyers, les vacanciers se ruaient aux trains, qui étaient bondés.

Notre retour d'Anthéor se fit dans les conditions les plus étranges.

Germaine Sablon, ai-je dit, avait un frère qui était directeur artistique de l'Opéra de Monte-Carlo. Or les autorités monégasques, craignant une attaque de l'armée italienne, avaient décidé de mettre à l'abri, dans les coffres de banques parisiennes, le trésor de la Principauté et de la Société des Bains de mer, exploitante des jeux. Et c'était à Marcel Sablon, homme carré, jovial et organisé, qu'on avait confié de procéder au transport, par route. « Je vous prendrai au passage », avait-il offert à sa sœur.

Ce fut un long convoi de berlines et de camions hétéroclites, les uns couverts d'une simple bâche, les autres cadenassés, bourrés de lingots d'or, de titres boursiers, d'objets d'art et de bijoux mis en gage par des joueurs décavés, qui, ayant longé la côte, s'arrêta près du viaduc, le 25 août en fin de journée.

Comment puis-je être si certain de la date ? C'est un petit miracle qu'à travers toutes les années de tourmente se soient conservés mes agendas de poche, fil d'Ariane de ma mémoire. Un jour, un lieu, un nom notés d'un crayon pâle mais encore lisible… et les paysages, les scènes, les êtres, se représentent à moi.

Ainsi du personnage qui pilotait la voiture de tête, dans laquelle je fus embarqué, une grande conduite intérieure américaine, le comble du luxe d'alors, ou plutôt des années récentes.

Que n'ai-je fait de lui, non pas un caractère, mais au moins une silhouette de roman ?

Il portait un beau titre et vrai, un beau nom, pas illustre mais d'une sonorité qui en attestait l'ancienneté. Silhouette longiligne, profil aquilin, voix affable et assurée, l'homme était entre deux âges, mais inclinant plutôt vers le second. Un type classique d'aristocrate, mais poussé jusqu'au cliché. Ses vêtements venaient d'un très bon faiseur, et étaient convenablement usés. Il conduisait ganté.

Sa femme, plus jeune que lui, haute, blonde et jolie, était d'origine plus incertaine. Son accent annonçait l'Europe centrale. Était-elle la noble épave d'une révolution, ou bien l'avait-il pêchée, succombant à ses charmes physiques, dans une boîte de nuit ? Les deux peut-être. La conversation qu'elle se croyait obligée d'entretenir manquait de naturel et de génie. L'exotisme de la prononciation en faisait passer l'insipidité.

Pourquoi ce gentilhomme, alors que Sablon, dans une voiture plus modeste, s'était réservé de rouler en serre-file, avait-il reçu le soin de guider la colonne ? Sa prestance, assurément, pouvait inspirer le respect à la maréchaussée. Mais avait-il quelque fonction dans la société, en était-il l'un des administrateurs ?

Non ; c'était un joueur, un joueur ruiné qui, au fil des années, avait tout perdu, châteaux, terres, tableaux, fortune, sur les tables du Casino. Pour le sauver, sinon du suicide peut-être, en tout cas de la misère, et parce qu'on l'aimait bien, parce qu'il faisait partie des murs, le Casino l'avait engagé, comme employé, avec des fonctions indéfinies. Mais non inutiles. On lui servait un traitement qui lui permettait de sauver les apparences. Chaque soir, arrivant en smoking, il disposait à la caisse d'un paquet de plaques, qu'il allait jouer. Ce qu'il perdait, revenait donc au Casino, et s'il gagnait, ce qui arrivait aussi, il rendait ses gains au caissier. Il incitait ainsi les visiteurs de Monte-Carlo à jouer. Il initiait les dames novices à tenir leurs cartes au baccara. Il s'asseyait aux tables de chemin de fer, prenait une main, offrait le champagne aux grands pontes tandis qu'on rebattait le jeu. Parlant parfaitement l'anglais, il impressionnait par son titre et ses manières, et la clientèle américaine, qui ne se doutait de rien, ne manquerait pas de lui envoyer, à la fin de l'année, des *Christmas cards*. Il était là comme un lévrier à la chaîne invisible, circulant dans les salons du « privé » pour donner le ton.

Ainsi, par une incroyable dérision, c'était cet élégant forçat de la déveine qui emmenait tout le trésor de Monte-Carlo.

Nous n'avancions guère à plus de cinquante kilomètres à l'heure, sur une route encombrée, et la vitesse fut encore réduite quand vint la nuit. À la faible lumière des phares bleuis, nous marchions d'un train d'escargots.

Cette lenteur invitait au sommeil. Mais soudain j'entendis la voix chantante de la compagne de mon conducteur prononcer d'une ton d'extase, où les « r » roulaient comme des cailloux : « C'est merveilleux, mon chéri, ce que vous faites, quand on sait que vous ne voyez rien la nuit ! »

Nous arrivâmes vers deux heures du matin à Bourg-Saint-Andéol. Le lendemain le convoi fit étape à Valence où vivait le mari de Germaine Sablon.

La journée se passa à vérifier l'état des camions, tandis que les employés du Casino montaient la garde autour du trésor.

Et le 27 août, nous parvenions à Paris, un Paris anxieux, qui passait, dans une semi-obscurité, sa veillée d'armes.

Mon premier convoi de guerre – et Dieu sait si j'en connaîtrais – aurait été un transport de fonds.

V

LA GUERRE, C'EST L'ATTENTE

Le 31 août 1939, je me rappelle avoir dîné, au restaurant Berkeley sur l'avenue Matignon, à quelques pas du Rond-Point des Champs-Élysées. Les états-majors du groupe de presse que possédait Jean Prouvost, *Paris-Midi*, *Paris-Soir*, *Match*, s'y retrouvaient quotidiennement, parce que l'endroit était agréable, certes, avec ses couleurs claires et sa première salle en terrasse, parce que la cuisine y était bonne, mais peut-être aussi parce que les maîtres d'hôtel connaissaient leur monde, et que le rapport envoyé chaque soir à la Préfecture de police était plus intelligent et plus discret qu'ailleurs. Des noms seulement, et peu de commentaires. On y signalait qui dînait avec qui, ce qui suffisait à ceux qui avaient fonction d'être renseignés. De la routine.

On se parlait de table à table. L'ambiance était lourde ce soir-là, tendue, feutrée, comme il en va les jours de drame.

La société parisienne venait glaner des informations, auprès de la jeune génération de patrons de presse : Pierre Lazareff, Charles Gombault, Hervé Mille, attablés avec leurs collaborateurs immédiats, et auxquels les hommes politiques témoignaient une considération amicale, mais certaine.

Mes liens avec Kessel, et la promesse de talent qu'on voulait bien me reconnaître, m'avaient fait admettre assez naturellement dans ce cercle. Et puis, j'étais celui qui « allait partir », le premier sans doute.

Au milieu du repas, Lazareff fut appelé au téléphone par le service des nouvelles de son journal. Nous attendîmes, silencieux, la fourchette en suspens. Était-ce l'annonce de l'irrémédiable ?

Après quelques minutes, Lazareff revint de son pas rapide, petite silhouette de singe génial. Il ne paraissait ni plus soucieux ni plus nerveux qu'à l'habitude : il l'était toujours. Il releva ses lunettes sur son front, s'assit, et dit : « Rien de neuf. Hitler est en train de prononcer encore un discours. Du moment qu'il parle, il ne se passera rien dans l'immédiat. »

Aux premières heures du matin, les armées hitlériennes envahissaient la Pologne.

J'ai toujours, depuis lors, gardé quelque réserve devant les intuitions des grands journalistes. Ils ont toutes les informations, les premiers, et sont ensuite d'excellents commentateurs des faits advenus. Mais entre les deux, il y a souvent un hiatus.

La mobilisation générale fut décrétée le lendemain, 1er septembre. J'ai retrouvé un carnet ouvert ce jour-là. J'y notais : « *Hitler a attaqué la Pologne après un faux ultimatum. La croyance générale à la paix a été un leurre. L'Europe s'est crue civilisée. Sa civilisation est derrière nous. Nous sommes dans le Moyen Âge d'une autre ère ; la barbarie et les massacres règnent comme aux temps où la hache de pierre a remplacé le bâton, où la broigne a remplacé la poitrine nue. Lorsque la guerre sera finie, il faudra reconstruire l'Europe selon l'Histoire. Ce sera la grande tâche des forts, et je souhaite pouvoir y participer.* »

« L'état de guerre » fut officiellement proclamé le 3, par la Grande-Bretagne à 11 heures du matin, et à 17 heures par la France. Cette fois, enfin, l'Angleterre s'engageait avec nous.

Et l'attente commença. Car la guerre est attente. Attente

des événements, attente des décisions, attente d'une convocation, attente d'une affectation, attente d'une destination, attente d'un train, attente dans un cantonnement, attente d'un regroupement, attente d'une mise en route, attente d'un ordre d'attaque… Que de jours, de semaines, de mois, passés à attendre l'affrontement, pour quelques heures de combat et de risques véritables !

L'armée est une lente machine où l'on a l'impression que chaque rouage tourne longtemps sur lui-même avant de s'engrener à d'autres.

Étudiant sursitaire, ayant suivi des cours de préparation militaire, j'attendais dans l'instant mon appel sous les drapeaux. Il tarda. Je m'informai, craignant que ma feuille de route n'ait été égarée par la poste. On me répondit que je n'avais… qu'à attendre.

J'employai ces journées d'impatience à mettre en ordre mes papiers et mes manuscrits, modestes archives de l'adolescence. *Mégarée*, évidemment, allait rester inachevé. Ma belle illusion de réveiller les âmes s'évanouissait.

La mobilisation commençant à dépeupler les bureaux, Geneviève Gregh venait d'être engagée dans les services directoriaux de la radiodiffusion nationale. Elle y ferait longue carrière.

Sa meilleure amie et confidente, Nicole Propper, d'une famille de grands banquiers juifs originaires d'Autriche, nous avait laissé l'usage, pour que nous puissions nous y retrouver, d'un studio, rue Lauriston, qui avait servi de refuge à ses propres amours avec Gontran Barry-Delongchamp, élégant clubman qui était fort son aîné, avant qu'elle ne l'épousât.

Mon inaction, ne dût-elle durer que quelques jours, me pesait. Le ton général de la presse me déplaisait. Les accents martiaux de certains éditoriaux sonnaient faux. Il semblait qu'on eût recopié des textes de la guerre de 14. Certains d'ailleurs avaient les mêmes signataires, qui avaient repris du service de plume. Mais en dessous, on sentait de la résignation et comme de l'accablement.

L'avance des armées allemandes en Pologne était foudroyante ; mais de notre côté rien ne bougeait.

« Cette guerre n'ose pas dire son nom », disais-je à Geneviève. Devant mon impatience et mon indignation croissantes, elle me conseilla de faire un article. Je l'écrivis, le 5 septembre, en une heure, lui donnai pour titre « *Confiance en l'homme* », et le portai à Kessel pour qu'il le remît à Pierre Lazareff.

Le 6, les sirènes d'alerte mugirent par deux fois sans qu'aucun vol ennemi approchât la capitale. Voulait-on tester nos dispositifs d'alarme, ou bien l'obéissance des Parisiens aux consignes de défense passive ?

Le 7, je retrouvai Jef dans les bureaux de *Paris-Soir*. La rédaction me félicita de mon article qui paraîtrait le lendemain, samedi, dans l'édition datée du dimanche. Avec quelle gentillesse on faisait fête au débutant !

Le lendemain, je pris le journal et n'y trouvai pas ma prose. Je parcourus toutes les pages, revins à la première. Mon article y était bien, mais il avait changé de titre. De « Confiance en l'homme » il était devenu, en gros caractères, « *J'ai vingt ans et je pars* ».

Pierre Lazareff m'avait donné là ma première leçon de journalisme.

Cet écrit eut quelque retentissement. Le soir même, il était intégralement diffusé par la Radio nationale. Une version allemande en était faite pour les émissions de propagande destinées à l'outre-Rhin. Le correspondant d'un grand quotidien britannique me demandait l'autorisation de le traduire pour ses lecteurs. De nombreux coups de téléphone me témoignaient approbation. Fernand Gregh, toujours indulgent, me disait : « C'est le meilleur article sur la guerre. » Des extraits en seraient repris par plusieurs journaux, y compris par Henri Béraud dans *Gringoire*. Tout cela, pour moi, était neuf.

Qu'avaient-elles donc, ces cent petites lignes, pour provoquer ce mouvement d'intérêt ? À les relire aujourd'hui, je ne leur trouve rien que d'ordinaire. Ce qui n'était pas ordinaire, c'est peut-être qu'elles contenaient ce qui n'avait pas encore été dit, et qu'elles coïncidaient avec un moment de la conscience collective.

Dix ans après, Aragon s'en souvenait, qui me le dit quand nous nous connûmes.

Jef Kessel fut mobilisé avant moi, ce que j'estimai totalement contraire à l'ordre des choses. La veille de son départ, il y eut un dîner boulevard Lannes, où Katia avait invité Jean-Gérard Fleury, le chirurgien Henri Mondor, et Jeannette de Brissac, qui partait, elle aussi, comme infirmière aux armées.

Kessel était convoqué dans un casernement de Provins. Il y retrouva, dans un contingent d'ouvriers agricoles et de manœuvres de diverses professions, quelques confrères aussi éberlués que lui d'être là. Car on leur fournit, pour habillement, des espadrilles et des pantalons réquisitionnés dans les magasins de confection en gros, et on les équipa d'une pelle et d'une pioche. Les bureaux militaires avaient confondu « journalistes » et « journaliers », bévue dont on aurait pu rire. Mais il se révélait que l'armée n'avait pas assez d'uniformes pour vêtir tous les réservistes.

Voilà donc ce qu'il en était de ce fameux dispositif de mobilisation générale, si complet, si parfait qu'on n'avait pu, trois ans plus tôt, en distraire deux divisions, lors de l'affaire de Rhénanie !

Pierre Lazareff, ayant appelé le ministre, sortit rapidement Kessel de sa situation ridicule, et le fit affecter comme correspondant de guerre, ce qui convenait à la fois à son passé militaire et à sa célébrité de reporter.

Je ne fus pour ma part mobilisé que le 16 septembre. Les armées allemandes, en Pologne, avaient déjà franchi la Vistule.

C'est en ces jours-là qu'un officier de chars, en Lorraine,

ne comprenant pas pourquoi il avait à rester là, inutile, depuis près de deux semaines, devant son char immobile, inventa l'expression de « drôle de guerre » qui allait connaître plus de succès que nos armes.

J'arrivai dans l'après-midi à la caserne Dupleix, à Paris, quartier du 11e régiment de Cuirassiers, le 11e Cuir, comme on disait, qui avait fait mouvement vers la frontière. Dupleix était devenu le Dépôt de guerre 21. Se trouvèrent rassemblés là tous les sursitaires de la cavalerie, de tout poil et pour toutes raisons, étudiants et élèves des grandes écoles aussi bien que jockeys et palefreniers. Le premier soir, on nous renvoya dormir dans nos foyers. Le lendemain, on nous distribua des treillis-bourgerons, pour le travail aux écuries, et des uniformes bleu horizon de la guerre de 14-18. Nous apprîmes que nous formions le Groupement spécial monté. Je fis connaissance avec les lits de fer de l'armée, qui n'avaient guère changé depuis les temps napoléoniens, et les chambrées de trente. La promiscuité est chose instructive, à condition de ne pas durer trop longtemps.

Après huit jours passés en formalités, rassemblements, visites médicales, services de garde, corvées de fourrage, larcins dans les écuries voisines pour nous procurer les équipements qui nous manquaient, ordres, contre-ordres, attentes, l'Escadron préparatoire à Saumur fut enfin prêt à gagner sa garnison. Encore ne savions-nous pas quelle elle serait. Carpentras, Angers, Lyon ? Enfin la veille nous apprîmes que nous allions occuper le quartier du 4e Hussards à Rambouillet.

On demanda des volontaires pour faire l'étape à cheval. J'en fus. Nous n'étions sans doute pas assez nombreux, car chacun aurait à conduire un cheval de main. Toute notre remonte était de réquisition.

Comme on était le soir de la Saint-Maurice, mon peloton m'organisa dans la chambrée une fête, assez abreuvée, et qui se termina par une *Marseillaise* chantée debout sur nos lits.

Le lendemain matin, très tôt levés, les chevaux pansés, les harnachements briqués, nous quittions enfin le quartier Dupleix, mais à pied. À pied entre nos deux chevaux que nous tenions, l'un par le filet, l'autre par le bridon ; à pied, casque en tête, les épaules coupées par les courroies du mousqueton, du bidon et du masque à gaz.

Le cheval qui devait me servir de monture était un bon demi-sang un peu lourd, l'autre une jument de course dont le nom resurgit à mon souvenir : « La Dame Noire. » Une heure et demie de marche, sans halte, jusqu'au parc de Saint-Cloud. Je commençais à regretter mon empressement.

Mais tout changea quand nous fûmes en selle et que nous prîmes le trot. Ma fatigue se dissipa vite et une sorte d'exaltation joyeuse la remplaça. Je garde un souvenir lumineux de ce jour-là.

Nous longeâmes le parc de Versailles. Versailles, c'était la grandeur de la France ! Et je partais enfin pour la guerre ; pour m'instruire de la guerre d'abord, puis pour la faire.

Les banlieues étaient courtes à l'époque, et nous fûmes vite dans la campagne. Les sabots claquaient sur l'asphalte ; un blond soleil de septembre faisait miroiter les croupes alezanes et baies. Une légère buée s'élevait de la colonne, imprégnée d'une bonne odeur de cuir et de sueur équine. Un sous-maître du Cadre, en tenue noire, allait et venait le long de la colonne.

Ces prairies et ces chaumes, ces bois au feuillage doré, c'était la France ; et ces paysans qui nous saluaient de la main, et ces femmes qui nous souhaitaient bonne chance, c'était la France. De cette terre s'élevaient des raisons d'aimer et de se battre. C'était ces champs, ces gens, cette grandeur, que nous devions défendre. Il faut partir avec une âme de vainqueur.

Nous fîmes l'abreuvoir à Trappes, dans une cour de ferme,

et la halte dans un pré voisin. Le coup d'œil était superbe. Nous ressemblions à un tableau de la guerre de 70, un Meissonnier ou un Detaille. Après une heure de repos, nous reprîmes la route, avec de nouveau ses chaumes, ses herbages et ses bois. Soudain il se fit un tassement dans la colonne ; « la Dame noire », effrayée, tira au renard ; mon lourd demi-sang se cabra, et nous nous retrouvâmes tous trois dans le fossé !

Surgit presque aussitôt, d'un galop maîtrisé, l'officier qui commandait le détachement, un jeune homme mince, droit en selle, képi noir des dragons, deux galons d'argent sur la manche, et admirablement botté de bottes noires cirées à l'os. Un chevalier de vitrail en uniforme moderne. Il avait sur le visage la pâleur de la responsabilité. Quelque chose était arrivé à l'un des hommes qui lui étaient confiés…

Rien n'était arrivé. Pas de membre brisé, pas de coup de sabot dans la tête. Mes chevaux et moi étions déjà ressortis du fossé, et, d'un enchevêtrement de rênes et de naseaux, je parvins à sortir la main droite pour saluer.

Le jeune officier pâle s'appelait Michel Debré. Telle fut ma première rencontre avec le futur Premier ministre du général de Gaulle ; ainsi commença une amitié qui devait durer cinquante-cinq ans.

Debré lui aussi était habité de l'amour de la France ; lui aussi se voulait parti pour Berlin. Nous y parviendrions finalement, ou du moins nos armées, mais après combien d'années, et par quels chemins !

À l'arrivée au quartier de Rambouillet, et les chevaux abreuvés, bouchonnés, nourris, dans la nuit déjà tombée, je posai ma selle sur une paillasse, dans un coin de la chambrée, et m'endormis dessus, dans l'instant.

Qui n'a pas pris un soir sa selle pour oreiller n'a pas connu la bonne fatigue du cavalier.

VI

APPRENTISSAGE DES ARMES, APPRENTISSAGE DE L'AMITIÉ

Les dix semaines que je passai à Rambouillet me convainquirent de l'absolue nécessité du service militaire, ou service national, comme on dit aujourd'hui, par cette sorte de mauvaise pudeur qui fait ne plus donner leur nom aux réalités qu'on juge pénibles ou aux éventualités déplaisantes. Couardise de l'âme, qui manifeste, par le langage, l'état d'affaiblissement d'un peuple.

« La décadence commence, a écrit Montherlant, quand on n'ose plus appeler la bêtise par son nom. » Il en est de même avec la lâcheté.

Va donc pour service national, à condition qu'il comporte une solide partie d'instruction militaire.

Il est parfaitement légitime, quand on calcule ce que la nation dépense pour la santé, l'instruction, la formation d'un individu depuis sa naissance, que celui-ci ait à consacrer un an de sa vie, lorsqu'il parvient à l'âge adulte, à honorer sa dette, et d'abord en apprenant à défendre cette nation, pour lui permettre de se perpétuer. Cela fait partie, si j'ose dire, des lois naturelles.

Or, j'aurai vu, depuis quelques décennies, ce principe constamment remis en cause, sous le prétexte du débat : armée de métier, armée de conscription. À ce faux dilemme j'ai toujours répondu : « Il n'y a pas de choix à faire. Il faut les deux. »

Armée de métier, parce que la guerre est de plus en plus technicienne et qu'il est indispensable que les grandes unités de combat soient constituées de spécialistes qui en font précisément métier. Armée de conscription, parce que la guerre est devenue totale, et que chaque citoyen, chaque citoyenne doit savoir comment se comporter, au cas, non seulement d'invasion du territoire, mais de subversion, ou d'un terrorisme qui peut prendre des formes monstrueuses. Nous n'avons pas encore été soumis au terrorisme nucléaire ; mais cela peut fort bien advenir. Chacun doit alors savoir à quels ordres et dispositions il doit obéir, ou quels ordres il a à donner dans le secteur de responsabilité qui lui a été imparti.

Nos équipements en énergie, nos industries sont de plus en plus de nature à être pris pour cibles ou à engendrer accidentellement des catastrophes. À cela aussi, il faut pouvoir répondre. Ce n'est plus seulement aux frontières que les hommes valides, comme jadis, doivent se porter. C'est partout, en chaque village, chaque ville, chaque rue, que chacun doit connaître ce qu'il a à faire si survient l'une des formes multiples que peut revêtir la modernité du malheur. Apprendre à participer aux secours, apprendre à empêcher les paniques, cela est du devoir premier du citoyen.

Un service national général d'un an, comportant au moins trois mois d'instruction militaire, m'a toujours paru un impératif à inscrire dans les tables de la loi. Et nul ne devrait être citoyen à part entière, c'est-à-dire avoir le droit de vote, avant d'avoir rempli cette obligation.

Certes l'entretien de deux armées, l'une de métier, c'est-à-dire offensive, l'autre de conscription, c'est-à-dire une armée territoriale, coûte cher.

Mais n'est-ce pas parce que toutes les sécurités imaginables, toutes les allocations, toutes les indemnités, toutes les protections « sociales » obèrent nos finances, qu'on renâcle aux dépenses nécessaires à deux formes d'armées qui sont complémentaires ?

Or la première sécurité, la sécurité fondamentale, sans laquelle les autres ne sont rien, est la sécurité du territoire et de l'État.

Le fruit d'une formation militaire dans un système de conscription n'est pas moindre pour l'individu lui-même. Tout d'abord, on l'a dit souvent, par le brassage, la vie en commun avec des gens de milieux, d'origines géographiques et de tempéraments divers. Et cela, je l'ai appris à Rambouillet. Certes nous étions tous, dans cet escadron préparatoire, des diplômés ; tous nous avions choisi, par tradition ou par goût, la cavalerie ; et tous nous avions vocation à devenir officiers. Mais que de variété !

Nous venions de toutes les régions de la moitié nord de la France, la moitié sud ayant un autre cours organisé à Toulouse. Il y avait parmi nous des ruraux et des enfants des villes, des garçons dont les noms étaient inscrits depuis des siècles dans l'histoire, des enfants de haute et moyenne bourgeoisie, et d'autres émergés de l'aristocratie enseignante de la IIIe République. Tels se destinaient à la fonction publique, tels étaient promis à reprendre des affaires de famille, ou à exploiter des domaines agricoles. Nous avions chacun nos rêves, ou déjà nos chemins tracés. Et nous apprenions à manœuvrer du même pas, à chanter ensemble les mêmes chansons de marche, à nous nourrir ensemble des mêmes brouets, à dresser nos paquetages et nos lits au carré, à astiquer ensemble nos brodequins et les boutons de nos vareuses, à éteindre ensemble nos lumières. Nous apprenions non seulement à obéir à la même discipline, mais nous apprenions à nous tolérer. Rien de plus efficace, pour souder les hommes, qu'une fatigue commune.

Je tiens d'autre part que le maniement des armes est de grande importance pour la formation du caractère. C'est une école de la responsabilité et de maîtrise de soi. Savoir démonter, remonter un pistolet, un fusil, un fusil-mitrailleur, une mitrailleuse, faire que l'arme vous soit familière, amicale, connaître sa portée, ses effets, s'entraîner les muscles, l'œil, les nerfs à viser juste, disposer de cette capacité de défense ou d'attaque, voilà qui est utile non seulement au corps social, mais aussi à l'âme individuelle.

Je gage qu'il y aurait moins de violences incontrôlées dans notre société s'il y avait davantage d'apprentissage des armes. Savoir qu'on peut tuer, et comment le faire, loin d'être un encouragement à détruire, procure calme et contrôle. J'ose dire qu'à celui qui n'a pas tenu un fusil, il manquera toujours quelque chose. L'homme est guerrier par nature ; et si même il n'a jamais à faire la guerre, ce que l'on souhaite bien évidemment, il est important que dans ses jeunes années il ait pu, pendant quelques semaines, tout à la fois défouler et domestiquer cette part de soi.

Dans le temps dont je parle, l'entraînement aux armes avait un but immédiat. Nous étions certains d'avoir à nous en servir. Était-ce cela qui faisait qu'il y eut si peu d'agressivité, ni même de frictions entre nous ?

Je ne me rappelle pas avoir connu, dans le peloton auquel j'appartenais, d'animosités ni d'antagonismes comme il en apparaît ordinairement dans tout groupe humain. Entre ces jeunes hommes arrachés à leurs habitudes familiales, à leurs travaux, à leurs espoirs, régnait un climat que je ne puis désigner que du nom d'amitié. Et j'ai compris là la signification du vieux terme « un ami de régiment ».

Comme *Paris-Soir* et *Le Figaro* m'avaient demandé de leur donner des articles, j'en fis un sur ce thème qui me valut la première lettre que je reçus de Michel Debré.

S'ajoutaient, à tout cela, dans notre cas, les travaux, instructions, obligations et entraînements particuliers à la cavalerie, avec l'état d'esprit particulier à cette arme. Nul ne peut être cavalier convenable, dominer sa monture, savoir ce qu'il peut, doit ou ne doit pas lui demander, s'il n'a pas appris à la nourrir, à la soigner, à la palper, à vivre vraiment à son contact.

À la guerre, le bon état d'un cheval, sa maniabilité, sa bonne réponse aux actions demandées pouvaient être les conditions mêmes du succès ou du salut.

On ne se contentait donc pas d'une hippologie théorique. Chaque matin, trois cents étudiants, fils de famille, en treillis-bourgeron, commençaient leur journée par la séance de pansage. Beaucoup de mes camarades des Sciences politiques étaient de la partie, et c'était chose assez cocasse, mais nécessaire, que de nous retrouver devant les écuries, les uns auprès des autres, comme nous l'avions été aux cours d'André Siegfried, mais le calot sur la tête et l'étrille en main.

Bernard Destremau, futur ambassadeur et secrétaire d'État, qu'auréolait à nos yeux sa jeune célébrité de champion de tennis, a écrit quelque part, évoquant ces souvenirs, que le cheval qui m'avait été affecté s'appelait « Plutarque », et que c'était la marque de quelque prédestination. Il me paraît que le nom de ce grand bidet, diablement haut, était « Cicéron ». De toute manière, c'est sur l'Antiquité que j'avais à me hisser.

Nous devions, par roulement, assurer la corvée de litière et la garde de nuit aux écuries. Mes oreilles ont conservé souvenir des coups de sabots dans les bat-flanc, entre chevaux qui faisaient mauvais voisinage ; et pour y repenser, j'ai gardé, modeste larcin, la plaque de tôle en demi-lune, marquée *Indisponible*, qu'on accrochait à la stalle d'un cheval qu'une blessure au garrot ou une lymphangite rendait provisoirement impropre au travail. Je l'ai suspendue, cette plaque, à la porte de mon bureau, à la campagne, sans qu'elle dissuadât vraiment de me déranger.

Si les chevaux se blessaient, les hommes aussi. Les séances de voltige et de saut sans étriers nous mettaient parfois à vif les cuisses ou le fondement, et l'on se réparait en faisant couler sur la plaie le suif d'une bougie allumée.

La campagne et la forêt sont belles autour de Rambouillet, et nos exercices à l'extérieur s'effectuaient dans la rousseur de l'automne que traversaient les faisans des chasses présidentielles.

Journée mémorable que celle où l'on nous distribua nos sabres ! Serai-je cru, si je dis que je fus entraîné à charger ? Oui, la tactique de Lannes et de Murat ! Oui, le lourd galop de Reichshoffen ! Nous étions ravis, encore que l'exercice ne fût pas sans risque. Chaque fois, quelques-uns d'entre nous se retrouvaient à l'infirmerie ou à l'hôpital. Car nous étions invités à hurler, sabre pointé, afin d'impressionner l'ennemi supposé, ce qui affolait les chevaux et accélérait leur galop. Il était difficile de les maintenir en lignes de front successives, et le moindre danger n'était pas d'être embroché par un cavalier de la ligne suivante. Mais n'étions-nous pas emplis d'admiration pour l'héroïsme des lanciers polonais qui, ces semaines-là, avaient chargé, eux, vraiment, mais sans effet, les chars allemands ? Ah oui ! j'aurai vraiment connu la dernière des vieilles guerres !

Cet exercice d'autrefois aura été utile au moins à l'un de mes amis, Pierre Chambry, qui pendant la déroute de 40, mis en joue par un fantassin ennemi, fonça sur lui sabre en avant. L'autre en fut si stupéfait qu'il en oublia de tirer. Chambry lui porta un coup de pointe à la poitrine et, se rappelant ce qui nous avait été enseigné, ne manqua pas de lâcher la poignée de son sabre et de la rattraper par la dragonne, afin de ne pas se casser le poignet.

Il arrive aux gens ce qui leur ressemble. Chambry, tout à la fin de la guerre, dans l'une des poches du littoral atlantique, recevrait, toujours à cheval, le sabre d'un officier allemand qui venait faire sa reddition. Scène parfaitement symbolique d'un homme qui deviendrait l'un des premiers écuyers de France, l'un des meilleurs maîtres d'équitation, et des plus remarquables dessinateurs de l'art équestre.

Rambouillet était une ville charmante, encore éloignée de Paris, une cité de province qui vivait au rythme de sa garnison. Les auberges y étaient plaisantes. Celle de la

Biche, en face du quartier, était le point de ralliement de nos brèves heures de sortie, en fin de journée. Si je veux avoir une image du parfait élève-officier, je me remémore celle, appuyée au bar, de Francis Mollet-Viéville, qui serait notre major de promotion. Mince, sec, aimable et assuré, ce futur bâtonnier et membre du Conseil constitutionnel nous éblouissait par ses bottes parfaitement ajustées à ses mollets de coq, et par une sacoche de cuir fauve qui contenait un appareil de radio. Cette radio portable nous paraissait la pointe de la modernité élégante. Grâce à cet instrument, Francis nous apprenait les nouvelles.

Malgré ses lanciers, la Pologne était dépecée. À la fin d'octobre, Hitler avait proposé un plan de paix à la France et à l'Angleterre. À présent que la Pologne, nation non viable selon lui, était partagée entre l'Allemagne et la Russie, il ne voyait plus de raison à continuer les hostilités. Il avait la générosité de pas émettre de revendications sur l'Alsace et la Lorraine. Son offre était restée sans réponse. Mais nous ne bougions toujours pas.

Le parti communiste, en France, dont l'obédience moscoutaire devenait vraiment intolérable, était dissous, et une trentaine de ses députés arrêtés. Voilà tout ce que nous avions accompli pour porter secours à la malheureuse Pologne. Nous avions pour elle déclaré une guerre que nous ne faisions pas.

Notre état-major se demandait-il si la tactique de guerre de mouvement, de guerre éclair qui avait eu si rapidement raison des Polonais, ne serait pas employée contre nous ? Mais non, c'étaient les Polonais. L'armée française représentait autre chose. D'abord nous avions la ligne Maginot, cette longue forteresse infranchissable le long de la frontière allemande. Qu'elle n'allât pas jusqu'à la mer n'inquiétait personne. On aurait désobligé la Belgique en la prolongeant. La Belgique était neutre. Jamais Hitler n'oserait l'envahir, et si jamais il le faisait, on verrait ce qu'on verrait.

Les communiqués signalaient quelques engagements au-delà de la ligne Maginot. Dans ces escarmouches de reconnaissance, il y avait tout de même, chaque jour, des hommes qui tombaient.

Des affiches invitaient à souscrire aux emprunts pour l'effort de guerre, et l'on se souciait de fournir des ballons aux soldats désœuvrés. Le long de la frontière belge, on avait tendu des fils de fer barbelés. Drôle de guerre, vraiment.

VII

À L'INSTAR DE DISRAELI

« La femme qu'on aime n'a pas d'âge. » La formule est-elle de Disraeli, ou l'ai-je empruntée à quelque autre, ou bien m'est-elle propre ? Elle n'est pas tellement originale, d'ailleurs, qu'il y ait grand intérêt à se la disputer.

Mais, pour la deuxième fois, et toujours de façon indirecte, André Maurois allait avoir influence sur ma vie.

Sa biographie de Disraeli, que je lus dans ces temps-là, est un chef-d'œuvre. Or Disraeli avait épousé une femme de quinze ans son aînée. Encore lui avait-elle demandé un an de réflexion avant de consentir. Leur union semblait avoir été heureuse de bout en bout, et la carrière de Disraeli, écrivain autant qu'homme d'État, avait été ce que l'on sait. Ce précédent illustre n'entra pas pour rien dans la décision que nous prîmes, Geneviève Gregh et moi, de nous marier.

La guerre est le temps des engagements. Pour répondre aux aléas suprêmes, l'âme se cherche des permanences absolues et se crée des exigences d'honneur. Je ne savais pas encore que, comme le serpent change de peau, l'homme peut changer d'âme plusieurs fois au cours de l'existence.

Ce mariage n'alla pas sans un peu de drame. Il ne vint pas du côté de ma famille. Mon père, qui nourrissait une réelle affection pour ma future épouse, mais n'augurait rien de bon de l'écart de nos âges, se contenta de me dire, non sans quelque solennité : « Mon ami, il est de mon devoir de t'avertir que tu vas commettre une bêtise. Cela ne t'empêchera nullement de la faire, et tu vas agir selon ton gré. Mais voilà : pour moi, j'ai accompli mon devoir. » Et nous n'eûmes plus à évoquer la question.

J'attendais de ma mère une grande composition théâtrale : la mère à qui l'on arrache son fils unique, objet de son amour exclusif, auquel elle a sacrifié sa propre vie. À ma surprise, il n'en fut rien. Elle endossa un autre rôle : la mère parfaite, compréhensive, consentante à tout pour le bonheur immédiat d'un fils qui va affronter la guerre et en courir les périls. Je pense que c'est alors que, pour la première fois, elle se fit à l'imagination de me survivre. Quels effets n'en pourrait-elle tirer ! Mère d'un héros... En outre, de l'attitude d'abnégation qu'elle avait adoptée, elle tirait avantage, par contraste avec l'autre génitrix, celle de Geneviève, qui la surpassait de très haut dans l'art de la tragédie familiale.

Pour le charmant Fernand Gregh, un garçon sans nom ni fortune, d'une excessive jeunesse, n'était évidemment pas le « parti » qu'il eût idéalement souhaité pour sa fille ; mais ma qualité de poète effaçait tout. De longtemps, il s'inquiétait de ce que « la douce Lesla », comme il l'appelait, s'obstinât dans le célibat. Il avait vu s'esquisser chez elle des intérêts sans lendemain. Il avait vu passer des garçons brillants, dont on disait : « Il serait bien pour Lesla. » Elle répondait : « J'attends. » Et soudain, elle n'attendait plus. Une passion romantique s'était emparée d'elle. Et elle venait de lui annoncer qu'elle voulait épouser son disciple. Eh bien, sourions à la vie, et faisons confiance aux dieux !

« Oui, mais ta mère ? » dit-il aussitôt avec inquiétude.

Le ciel tomba sur Harlette Gregh quand elle connut la décision. D'abord parce qu'elle comprit que ce n'était pas elle l'objet de mon assiduité dans la maison, mais sa fille. Les illusions des femmes vieillissantes sont sans limite. De surcroît, elle mesura qu'elle allait perdre la servante qu'elle avait mise au monde.

On atteignit alors, au hameau de Boulainvilliers, les sommets de la tragédie. Inutile de rappeler à cette Érinye que l'on était en guerre, et qu'il fallait peut-être établir une hiérarchie des catastrophes. L'oreille close à tout, elle était trompée, trahie, délaissée, et emplissait l'univers de son seul malheur. Toute la nuit, la maison de bois retentissait du pas de grand duc de ses insomnies. Les crises de larmes et d'imprécations alternaient avec les crises d'angoisse. Il fallait appeler des médecins qui trouvaient une santé excellente à une sexagénaire capable de tant d'énergie dans le désespoir.

Elle avait réussi à déplacer toute l'attention de son entourage ; dans le mariage de sa fille, ce n'était pas celle-ci qui était le centre d'intérêt, mais elle-même. Et comme les veilles de voyage en mer, elle assurait qu'elle n'y survivrait pas.

Plus la date fixée approchait, et plus l'on s'élevait vers des paroxysmes ; au point que le cher Fernand Gregh lui-même, torturé par cette gémissante, se demanda, me demanda si l'on ne pouvait pas repousser la cérémonie de quelques jours.

Je fis, à vingt et un ans, preuve de mon caractère.

J'avais demandé au colonel l'autorisation de me marier, car cela était d'obligation à l'époque. J'avais demandé à Michel Debré d'être mon témoin, représentant ledit colonel. Il n'était plus question de rien changer.

Intervenait, de surcroît, le Père provincial des Dominicains de France. Ce n'était pas là le côté le plus médiocre de l'aventure.

De famille paternelle catholique et de famille maternelle juive, mais toutes deux inobservantes comme il en allait souvent dans les milieux républicains du début du siècle, Geneviève avait été élevée sans religion. Or, elle désirait depuis longtemps se convertir ; elle ressentait un manque intérieur à être sans foi ni Église. Sa gouvernante anglaise,

Miss Lewis, catholique qui avait toujours eu influence sur elle, lui en avait fait faire promesse avant de mourir, quelques semaines auparavant. Ce vœu ne pouvait que rencontrer mon adhésion.

J'étais donc allé trouver, au 222 du faubourg Saint-Honoré, le successeur du Père Padé, l'ami dominicain de mon enfance. Un pape rond, un pape long. Le Révérend Père Louis était un longiligne, au visage blanc. Il avait les traits propres aux grands dominicains : l'autorité dans la bonté, et l'intelligence de toutes les situations. Prêcheurs, ils sont orateurs, certes, mais gardent la même qualité de parole dans l'entretien particulier. Ils savent également prêcher par écrit, et sont parfaits épistoliers. J'ai conservé de belles lettres du Père Louis ; mais j'ai conservé mémoire, également, d'une conversation où nous parlions de la guerre, et où il me demanda soudain, très simplement, en posant sur moi un regard d'une grande clarté : « Mon fils, avez-vous fait le sacrifice de votre vie ? » Et j'eus le sentiment que, s'assurant de la réponse, il m'accordait, silencieusement, intérieurement, une bénédiction de prévoyance.

Ce fut donc le Père Louis qui fit l'instruction religieuse, un peu hâtée, de Geneviève, et qui la baptisa.

La perspective d'un mariage religieux ne fit que redoubler les désespérances imprécatoires d'Harlette Gregh, qui finit pourtant par s'incliner.

Ayant annoncé qu'elle n'assisterait à rien, que tout se passerait sans elle et contre elle, et qu'elle ne me reverrait, ni ne reverrait sa fille de sa vie, elle m'appela, la veille du mariage, à comparaître dans l'antre bourré de livres, de manuscrits et de soieries éparses qui lui servait de chambre. Victime poignardée, elle n'avait même pas la force de se lever de la méridienne où elle était allongée. Elle m'accusa de l'avoir assassinée… Et soudain elle m'invita à l'embrasser. Puis elle décida qu'elle donnerait, après le mariage, une réception que sa fille, naturellement, aurait à préparer.

Le lendemain matin, le contrat fut signé chez le notaire des Gregh, et le mariage civil se fit l'après-midi à la mairie du XVIe, avenue Henri-Martin. La cérémonie religieuse eut lieu le jour suivant à la chapelle de la rue de l'Assomption. La réception au Hameau de Boulainvilliers ressembla à celles qui s'y improvisaient les soirs où le poète avait été battu à l'Académie.

Tout cela se passait à la mi-novembre, et après deux jours de permission, je réintégrai mon escadron de Rambouillet. Mais mon statut d'homme marié me donnait le droit de loger en ville. Je me hâtai de louer une chambre, vaste et blanche, dans une maison qui se trouvait exactement à l'entrée du quartier, en face de l'Hôtel de la Biche. Les sonneries de trompettes y parvenaient, qui m'annonçaient le réveil et l'extinction des feux.

Je commençai ainsi à mener une vie d'officier, ce qui ne fut peut-être pas très apprécié de mes chefs. Au concours de sortie, un mois plus tard, il me fut attribué un rang convenable, sans plus. Mais j'étais reçu à Saumur, et c'était cela qui importait.

Pendant ce temps, la Russie avait attaqué la Finlande, et la bataille était rude, dans les neiges, du côté du lac Ladoga. Nos journaux relataient la résistance acharnée du valeureux petit peuple finlandais, conduit par le maréchal Mannerheim.

Le seul fait d'armes d'importance, de notre côté, était la destruction du cuirassé *Graf von Spee*, au large des côtes uruguayennes, par des croiseurs anglais.

Mais les États-Unis restaient enfermés dans leur isolationnisme, ayant seulement accepté, par la loi « *cash and carry* », de fournir à la France et à la Grande-Bretagne des bombardiers, payables en or.

Mais le Japon, en guerre avec la Chine, commençait à menacer nos riches colonies du Sud-Est asiatique, et s'était déjà emparé de l'île de Haïnan.

Le généralissime Gamelin, lui, faisait les cent pas dans les casemates du château de Vincennes, où il avait installé son quartier général.

Ancien chef d'état-major de Joffre, et ami de Daladier, on le disait franc-maçon, ce qui expliquait peut-être sa carrière et son commandement suprême. On le disait également syphilitique, ce qui pouvait expliquer certaines singularités de son caractère.

Ayant reçu, dans ces semaines-là, une invitation destinée à sa femme pour qu'elle vînt présider quelque vente de charité en faveur de nos soldats, il avait répondu, à la surprise des organisateurs, que, Mme Gamelin étant pour l'heure trop occupée, il s'y rendrait lui-même !

Il avait, paraît-il, un plan, un grand plan d'attaque de l'Allemagne. Il le méditait, en continuant de faire les cent pas dans les casemates de Vincennes.

VIII

SAUMUR

Les siècles, historiquement parlant, ne coïncident pas forcément avec le calendrier. Le siècle de Louis XIV ne s'acheva qu'avec la mort de celui-ci, en 1715. Le XIXe siècle se prolongea sur le début du XXe et ne prit fin qu'en 1914. Il en va de même pour certaines années. Celle de 1939 enjamba le 1er janvier et se poursuivit, pour la France en tout cas, durant les quatre premiers mois de 1940, dans le même immobilisme des armées, la même passivité de la défense, la même lâche et vague illusion que la guerre pourrait peut-être se terminer sans qu'on ait à se battre.

Ces quatre mois, je les passai à l'École de cavalerie de Saumur, où l'ambiance était toute différente.

Saumur formait un monde clos, où l'on ne pensait qu'à la guerre, et où l'on se préparait, physiquement, mentalement, moralement, au combat. Une fabrique de guerriers. Ce qui se prouverait, sur le terrain, au dernier jour du printemps.

N'ayant pas de goût pour l'imposture, même involontaire, j'ai dû toute ma vie démentir que j'aie participé à la bataille de Saumur.

Mais parce que j'ai consacré mon premier roman, *La Dernière Brigade*, à ce combat pour l'honneur livré sur la Loire par les instructeurs et les élèves-officiers de l'École, l'armistice déjà demandé, on a cru et écrit souvent que j'avais fait partie de cette phalange héroïque.

Si cela avait été le cas, je n'aurais certes pas célébré du même ton cet exploit symbolique, l'un des rares faits d'armes dont nous ayons eu à nous enorgueillir pendant la détestable, l'humiliante campagne de 40.

Affaire de date. J'appartenais à la promotion précédente ; et j'étais sorti de l'École quelques semaines plus tôt. Cette occasion de gloire ne m'a pas été donnée.

Mais si l'on s'intéresse à la vie qu'on menait alors à Saumur, aux traditions qui s'y transmettaient, à l'état d'esprit qui y régnait, on pourra feuilleter *La Dernière Brigade*. Roman trop minutieux, trop soucieux d'exactitude, serrant de trop près le réel dans ses moindres détails, pour être un roman réussi. Il manquait de distillation. Mais, par sa minutie même, cette chronique a au moins le mérite de la vérité.

J'ai dépeint là l'ambiance ardente et joyeuse dans laquelle se faisait l'arrivée de la promotion, une atmosphère à la fois de rentrée des classes et de départ dans la vie.

J'ai décrit le comportement, les attitudes de cette jeunesse qui, pour bonne part, venait de familles où l'on était officier de cavalerie, active ou réserve, de père en fils, et dont certaines avaient la chevalerie depuis les Croisades.

Je me suis attaché à rendre ce parler négligé avec élégance, et truffé d'archaïsmes provinciaux, d'expressions de vénerie et de jargon de manège.

Elle est vraie, la description de l'École, aux vastes bâtiments classiques, bâtis en belle pierre de Loire, et nommés de noms prestigieux : aile Bayard, aile Condé, pavillon Du Guesclin, cour d'Austerlitz, porte de Brack.

Il faut former la jeunesse à la dure, mais dans des décors nobles. Ainsi l'abbaye de Saint-Denis pour les demoiselles de la Légion d'honneur. Et non pas l'élever dans la laideur, avec mollesse. Nos aïeux savaient dépenser pour ce qui hausse l'âme.

Elle est vraie, la méditation des arrivants dans le vestibule d'honneur, devant les noms gravés des vingt maréchaux de France issus de la cavalerie – le dernier, alors, étant Lyautey –, de cent généraux célèbres, de cent batailles gagnées par la cavalerie, et de cent glorieux régiments dissous. Pas un tableau, pas une fresque dans ce grand hall ; rien que des noms, gravés en or et qui faisaient chanter l'Histoire.

Grande fut la déception des deux tiers d'entre nous, dont je fus, en apprenant qu'ils étaient versés, par exigence de la modernisation de la guerre, dans la cavalerie motorisée, qu'on n'avait pas encore pris l'habitude d'appeler l'arme blindée. Être à Saumur pour n'y pas monter à cheval, la chose était amère.

Nous avions pour nous consoler les séances d'essayage chez le tailleur, le culottier, le bottier, ou encore chez le sellier, ne fût-ce que pour nous fournir de la sabretache en peau de porc sans laquelle n'eût pas été complet l'équipement d'un officier de cavalerie, même motorisé. À défaut de l'accrocher à sa selle, on la pendrait à sa moto, à son side-car, ou dans son automitrailleuse. On pourrait la porter aussi, battant le flanc, à son ceinturon. Je possède encore la mienne.

Et rien ne pourrait empêcher, dans l'avenir, quand on dirait de l'un de nous, qu'il ait été ou « crottin » ou « cambouis » : « il a fait Saumur », qu'on ne vît en lui un centaure.

Or, des centaures, il y en avait, de ces hommes qui ne vivaient que par et pour le cheval, qui ne faisaient qu'un avec leur monture, tel ce capitaine de Maupeou, écuyer du Cadre noir, que l'on avait chargé, à son grand dam, de cours de mécanique. Il arrivait en bottes vernies, à l'écuyère, serré dans une peau de bique datant de la guerre de 14, et nous annonçait, non sans quelque mépris, qu'il allait nous répéter ce qu'il avait appris lui-même, dans le manuel, la veille au soir. Parmi les cardans, les soupapes, ou les essieux qu'il faisait rouler d'un pied négligent, il débitait sa leçon comme si elle lui avait sali les doigts, et la terminait régulièrement, brandissant sa cravache à virole dorée, en s'écriant : « Et rappelez-vous, Messieurs, quand vous serez à la bagarre, que la seule chose qui compte, c'est d'y aller, le feu de Dieu ! »

De quoi était fait le fameux « esprit cavalier », invoqué à tout bout de champ, mais sans qu'on pût jamais au juste le définir ? « Ayez l'esprit cavalier ! Gardez l'esprit cavalier ! » Il était fait de moins de morgue qu'on ne le dit habituellement, mais de cette obligation envers soi-même que crée le sentiment d'être un peu supérieur au reste du monde. Simplement parce que le cavalier domine la plaine et les piétons. Parce que, à la guerre, c'est lui qui éclaire le terrain et qui pousse en tête dans les avances victorieuses, et lui aussi qui, dans les revers, reste au contact de l'adversaire pour couvrir la retraite des autres troupes. L'entraînement du cavalier est de franchir l'obstacle, même s'il ne voit pas ce qu'il y a derrière : son cheval l'apercevra le premier. Le cavalier, s'il tombe, doit garder ses rênes en mains, et, à moins d'être en pièces, remonter aussitôt en selle. Le cavalier, à l'étape, doit s'occuper de son cheval, et des hommes qu'il commande, avant de s'occuper de lui-même. Sinon, il ne pourra pas repartir le lendemain. L'audace, la décision, font partie de son bagage. Toutes les frasques lui sont pardonnées si elles sont commises avec honneur et panache.

Dans nos services en campagne, nous avions une fois sur deux un thème de manœuvre dont l'énoncé, qui nous faisait sourire, commençait ainsi : « Après des combats malheureux au nord de la Loire, un parti ami retraite en direction du sud, protégé par une division de cavalerie déployée sur le front de Gennes à Montsoreau… »

Cet énoncé relevait de la fiction militaire. Vingt, trente, et peut-être cinquante promotions avant nous avaient ri de la même manière de cette situation invraisemblable.

Bien que nous nous y appliquions avec beaucoup d'exactitude, il y avait encore du jeu d'enfance dans nos exercices. Gendarme et voleur, attaque de châteaux forts d'illusions… On devait, après la manœuvre, ramasser et compter nos cartouches à blanc.

Or, avant l'été, l'inimaginable deviendrait vrai. Et les cadets de Saumur, renforcés de quelques canons et de quelques éléments échappés à la déroute, tiendraient effectivement tout le front, de Gennes à Montsoreau, avec les vieilles armes qui servaient à leur entraînement, et arrêteraient pendant trois jours une entière division ennemie, alors que les combats, partout ailleurs, avaient cessé. C'était l'esprit cavalier, porté à son suprême degré.

Ma promotion, elle, ne connut à Saumur d'autres rigueurs que celles de l'hiver. Dans cette douce région ligérienne, le thermomètre approcha de près de moins vingt durant les mois de janvier et de février. Toutes les rivières étaient prises, et les routes devenaient des patinoires. Les chevaux devaient être ferrés à crampons ; les moteurs de nos motos et de nos vieilles automitrailleuses de la guerre de 14 refusaient de se mettre en route ; et ce n'était pas un exercice facile que de marcher au pas cadencé sur une croûte de glace. Nous rentrions percés de froid jusqu'aux os.

Mais qu'étaient ces inconvénients, auprès de ce qui se passait là-haut, en Lorraine, où la température était de dix degrés plus cruelle ! Les communiqués signalaient des accrochages de patrouilles, dans la forêt de la Warndt. La seule activité du front était celle que menaient, entre la ligne Maginot et la ligne Siegfried, les groupes de reconnaissance de cavalerie. Le gel rendait les blessures mortelles, et transformait instantanément les morts en statues de pierre. Il fallait, paraît-il, tâter la résistance de l'ennemi. Et donner à l'arrière une illusion de combats.

IX

ILS ÉTAIENT HUIT CAMARADES

Chaque promotion d'élèves-officiers, à Saumur, était organisée en escadrons et en pelotons, ceux-ci portant le nom traditionnel de « brigades ». D'où le titre de mon roman. La mienne était la 26e, et logeait dans les étages du bâtiment central. Nous vivions en chambre de huit, et de ces huit camarades que nous étions, j'ai tiré mes personnages.

Se trouvaient parmi nous, pour notre agrément, deux fils de propriétaires de cognac que leurs pères fournissaient abondamment de leurs produits, et qui faisaient compétition de qualité et d'ancienneté. La fine champagne arrivait par caisses entières, sorties du « paradis », puisque ainsi se nomment les réserves personnelles des grands exploitants de cognac. Et chaque soir, afin de lutter contre le froid, nous éclusions une bouteille de cinquante ou cent ans d'âge.

Le novice des bénédictins qui était des nôtres n'y répugnait pas, avant de s'agenouiller, sans aucune gêne, au pied de son châlit pour dire ses prières alors que retentissait la sonnerie de l'extinction des feux. Sa silhouette se découpait sur le mur blanchi à la chaux.

Imprévu, insolite, et bientôt attachant, était le Tchécoslovaque qui partageait notre chambre. Il occupait le premier lit à gauche de la porte en entrant. Je lui faisais vis-à-vis. C'était un grand gaillard blond, au visage allongé, méditatif ordinairement, impulsif par à-coups, avec des yeux limpides. Il était infatigable en manœuvres, jouait excellemment de l'accordéon et avait une solide capacité d'absorber l'alcool sans se départir de son contrôle ni de sa mélancolie.

Il se nommait Petr Fürth. Il avait été incorporé à notre promotion pour devenir officier de liaison avec l'armée tchécoslovaque qui se reconstituait en France. Il était le plus mûr d'entre nous, non seulement parce qu'il avait quelques années d'avance, mais surtout parce qu'il avait connu l'oppression nazie et l'exil.

Un quart de siècle plus tard, l'année où j'entrai à l'Académie française, et où ma biographie avait circulé un peu partout, je reçus de Tchécoslovaquie une lettre de ce même Petr Fürth me demandant si j'avais été à Saumur en 1940, et si j'étais « ce monsieur Druon qui parlait un si beau français » et qui lui avait remis, au nom de ses camarades de chambre, une cravache comme cadeau d'anniversaire. Un de ses rares bons souvenirs, me disait-il, dans une période qui n'en comptait guère.

Je pus lui répondre que non seulement c'était bien moi, mais que lui-même, sous le nom de Cyril Stéfanik, était devenu un personnage de roman.

J'appris alors la suite de son roman personnel. Après le désastre de nos armées, il avait gagné l'Angleterre, fait partie de cet embryon d'armée tchèque qui de nouveau s'y reconstituait, avait épousé une Anglaise, avait été engagé dans les combats de la dernière partie de la guerre, et enfin était revenu dans son pays, où il avait repris l'usine paternelle qui fabriquait de la pâte à papier. Bref sursis. Car bientôt il eut à connaître une seconde oppression, celle du régime communiste, et se retrouva fonctionnaire dans sa propre affaire devenue bien collectif.

Ce fut pourquoi, sans doute, il eut l'autorisation d'accomplir un voyage en France. Nous retournâmes ensemble à Saumur. J'eus plaisir à lui faire revoir notre vieille école, et la vaste esplanade du Chardonnet qui s'étend devant elle, avec d'un côté le célèbre manège des Écuyers, et de l'autre les grandes écuries. Nous fûmes sur nos terrains d'exercices, à Verrie, à Terrefort ; nous nous arrêtâmes dans un café de village où, à la fin des services en campagne, nous faisions déboucher quelques bouteilles de Varrains, le meilleur cépage des vins de Champigny.

Jamais je n'ai vu homme plus heureux de retrouver ses souvenirs des temps du malheur. Et si jamais j'ai fait un cadeau à un ami, ce sont bien ces trois jours sur la Loire de notre jeunesse.

Petr Fürth aimait la France avec une rare intensité.

Il parvint, après quelques années, à y revenir, et à s'y installer définitivement, créant dans les Vosges, avec quelles difficultés et quelle énergie, une nouvelle usine.

Son destin aura été exemplaire de celui de tous ces hommes d'Europe centrale pris dans les tourments du siècle, et pour qui survivre, simplement survivre, fut un patient exploit. Homme de culture, d'expérience et de caractère, Fürth avait des dons qui restèrent inemployés. Il possédait parfaitement le français et l'anglais, et était, dans l'une et l'autre de ces deux langues, un savoureux épistolier. Nul ne fit, avec tant d'ironie, le récit de ses tragédies. Il avait le détachement des grandes âmes.

Chaque année, au temps de Noël, il envoyait à ses amis une manière de chronique où il résumait les événements familiaux des douze mois écoulés : naissances, maladies, deuils, revers financiers, voyages, visites, amicales retrouvailles. Il terminait son épître par des considérants sur l'état du monde, sans se défaire du même humour désabusé. Il lui arrivait de signer Stéfanik celle qu'il m'envoyait.

Il poussa l'élégance jusqu'à rédiger la lettre dans laquelle il m'apprenait sa mort, et que je reçus après sa disparition.

Dans ma collection de personnages exceptionnels, Petr Fürth a sa place.

Les livres de mémoires sont aussi le tombeau des autres. Que resterait-il de mon ami Fürth, le Tchèque de Saumur, sauf dans les souvenirs de quelque descendant, hors ces lignes que je viens de tracer ?

Personnage aussi dans ma galerie d'êtres singuliers, Frédéric Chauvelot, qu'on appelait Freddy, et que je n'ai pas eu grand peine à peindre dans *La Dernière Brigade* sous le surnom de Bobby.

Beau de corps, de visage et d'allure, torse superbe aux larges épaules, tête petite aux traits réguliers et parfaitement dessinés, Socrate se fût épris de lui... Mais il n'avait nul penchant de ce côté-là.

Il n'y avait d'ailleurs, dans toute cette promotion, aucun garçon qui présentât des caractères efféminés, ni rien de trouble, d'aucune manière, dans nos rapports.

Je m'étonne, ayant développé au long de ma vie une répugnance croissante à la promiscuité, d'avoir supporté sans aucune gêne ces mois de déshabillages publics, de sommeil en commun, de respirations mélangées, de réveils lourds chez les uns et bondissants chez les autres, de lavabos collectifs.

Mélancolique mais d'une incorrigible légèreté, attachant parce que généreux, résolu à n'être dupe de rien, farceur invétéré sur fond de tristesse, tel était Freddy Chauvelot, dont on ne pouvait dire s'il était un faux dur ou un faux tendre, mais que chacun trouvait charmant, parce qu'il l'était.

Il devait, peu de jours après notre sortie de Saumur, se marier lui aussi, mais avec un tendron au délicat minois. Peut-être y avait-il urgence. Je fus son témoin. Mais son mariage même, il ne semblait pas le prendre au sérieux.

On ne sait guère l'importance de Chauvelot dans l'histoire

des mœurs du Paris contemporain. Ce fut lui qui créa « Le Tabou », ce cabaret qui fut à l'origine de la vie nocturne germanopratine. L'ayant lancé pendant la guerre, il en fit une bonne place pour la Résistance, comme on s'en aperçut à la libération de Paris. La chanson et l'alcool de marché noir couvraient de plus dangereuses activités.

Combien de talents qui eurent leur moment de renom commencèrent leur carrière dans cette « boîte » ! Et la faune de Saint-Germain-des-Prés, qui allait attirer les visiteurs de toute la planète, avides de se mêler à ce qu'ils imaginaient être l'avant-garde de l'intelligence et du non-conformisme, sortit de là. Freddy en fut, en quelque sorte, l'inventeur.

Il poursuivit sa vie, en équilibriste, toujours secret et détaché, et toujours retombant sur ses pieds, divorçant, se remariant, redivorçant, bâtissant des entreprises, parfois réelles et parfois rêvées, qui le menèrent un moment au Maroc, un moment au Brésil, puis revenant à son Lot natal ou à sa Provence de prédilection. Nous demeurâmes liés d'une amitié espacée, mais définitive.

Une femme de beaucoup de grâce, chez laquelle nous avions, Freddy et moi, table ouverte, quand nous ne voulions pas prendre notre dîner au mess, et qui se trouvait amie des Gregh, agrémenta beaucoup notre séjour à Saumur. Mère d'un de nos camarades de brigade, Jean-Pierre Le Mée, elle avait, pour être plus près de lui, loué en ville un appartement qu'elle avait, en un tournemain, rendu avenant et parisien. Mère abusive ? Certes non. Mère attentive et pleine d'une efficace tendresse. Puisque des femmes d'officiers pouvaient s'installer dans la garnison, pourquoi une mère d'élève-officier n'en aurait-elle pas fait autant ? L'insolite de la situation ne lui apparaissait nullement.

La quarantaine élégante, petite, blonde, vive, et les yeux d'une extraordinaire brillance dans un visage un peu pointu, Éliane Le Mée était la femme du premier oto-rhino-laryngologiste de Paris. Un médecin célèbre. Si célèbre que c'était à lui que Chaliapine, l'un des plus grand chanteurs de tous les temps, en même temps qu'un tragédien sublime, dont le nom étincelle encore dans l'histoire de l'Opéra, avait résolu, après bien des hésitations, bien des consultations d'autres spécialistes européens, de confier sa gorge illustre. « Dans un an, lui avait dit Le Mée, vous risquez de ne plus avoir de voix. Il faut opérer. »

Et Chaliapine avait pris sa décision, en plein été, obligeant son médecin à revenir de vacances. Lorsque Le Mée arriva, le matin convenu, à la clinique, il vit avec effroi une équipe de cinéastes installée dans la salle d'opération pour filmer cette mémorable opération. Il les chassa, et il opéra. Puis il intima à Chaliapine l'ordre de ne pas prononcer un mot, pas un son, pas un murmure pendant huit jours pleins. On saurait alors le résultat de l'intervention. Pas de vodka non plus, ni de champagne, ni de tabac ; et pas de colères. Chaliapine, ce colosse, vécut une semaine de silence absolu, dans l'ascétisme, et tenaillé par une angoisse qui lui avait ôté le sommeil.

Au soir du huitième jour, comme on en était convenu, les Le Mée arrivèrent pour dîner chez Chaliapine qu'entourait toute sa famille. L'inquiétude poignait chacun. Chacun attendait l'instant où le praticien allait délivrer son patient blême, et qui le regardait avec une sorte de terreur douloureuse, de l'obligation de silence.

« À présent, vous allez chanter sans aucune crainte, dit Le Mée. Donnez toute votre voix, sans aucun ménagement. »

Fedor Chaliapine s'assit à son piano ; ses mains tremblaient sur le clavier. Et sa voix jaillit, entonnant l'une des plaintes de la mort de *Boris Godounov*, avec une force, une puissance, une grandeur qui firent trembler les vitres et mirent des larmes aux yeux de l'assistance.

Chaliapine, délivré, se précipita vers le médecin et se mit à sangloter sur son épaule. Puis, comme autour d'eux on s'embrassait, on riait, on applaudissait, il disparut soudain pour revenir habillé dans la robe dans laquelle il avait joué *Boris*, une robe unique, tissée d'or vierge et faite à Boukhara. Après avoir chanté encore et encore, il ôta sa robe et la donna à Le Mée, avec recueillement, comme on tend une relique, en disant : « Elle a contenu les battements de mon cœur dans la plus grande émotion de ma vie. » Il prit une plume et signa son nom sur la doublure de soie…

Les Le Mée avaient une belle situation mondaine. Il n'était guère de dîner chez eux où l'on ne rencontrât un ou deux ministres. Albert Sarraut était un des grands amis de la maison.

Le fils bénéficiait de ces relations. De nous tous, il était le plus avancé dans la vie. Il avait déjà été attaché au cabinet du ministre César Campinchi, l'un des espoirs du parti radical, et il avait reçu un prix franco-américain pour un mince ouvrage qu'il avait produit. Sa mère n'était pas étrangère à ces succès précoces.

Il lui ressemblait par la taille brève, le museau un peu pointu, l'esprit gai. Mais il avait moins de cristal dans la voix. Il ne manifestait aucune gêne d'être ainsi escorté de sa mère jusqu'en garnison. Elle ne le soumettait à rien, et il existait entre eux une charmante complicité.

Il devait, avec Chauvelot, entrer dans la Résistance parisienne, avant d'ouvrir un cabinet d'avocat. Il ne publia guère qu'un autre livre, mince également, sur Katherine Mansfield. Mais, en dépit de ces beaux débuts, et contrairement aux promesses qu'il semblait donner, il n'eut, sa mère disparue, qu'une carrière sans grand éclat.

Jean-Pierre Le Mée m'a procuré, dans *La Dernière Brigade*, le personnage de Lhervier-Marais, et Éliane celui de « Mammy dorée ».

Je l'ai dit, ce roman n'est qu'une chronique, chronique de ma promotion pour la première partie, chronique de la promotion de la bataille pour la seconde.

Une photo nous représente, Chauvelot, Le Mée et moi, sanglés dans nos ceintures d'uniforme, le képi bleu clair sur la tête, et prêts à l'aventure de guerre.

Le génie d'Alexandre Dumas a su distinguer que, dans tout groupe militaire, il y a toujours trois amis inséparables. Nous étions les trois Saumuriens, avec forcément un quatrième, qui venait d'ailleurs, ou d'à-côté. D'une dizaine d'années notre aîné, fils du poète Franc-Nohain, Claude Dauphin était un acteur déjà fort connu dans les rôles de jeunes premiers. Il suivait lui aussi un cours destiné à faire prendre du galon à des sous-officiers de réserve. Il était plein de talent et d'esprit, et nous avions été heureux qu'il s'agrégeât à notre équipe.

Je me retrouverais avec Claude Dauphin, trois ans après, en Angleterre, nous faisant face de part et d'autre d'un micro de radio.

X

ADIEU À UNE FRANCE BALZACIENNE

Ai-je dit que Saumur était une ville plaisante, l'une des plus agréables de France ? Quand je pense à la province de naguère, c'est Saumur que je me représente. Je la revois, bâtie de cette belle pierre blanche, le tuffeau, qui prend si bien les couleurs du ciel, se teinte légèrement de rose à l'aurore, prend à midi un ton de paille fraîche, et rosit de nouveau à l'approche du soir. Je revois ses quais, sur ces bords de Loire qui furent le boulevard de nos rois. Je revois le gros château fort qui la domine, et son île très bâtie, au milieu du fleuve. J'entends mon pas sonner, solitaire, dans les rues montantes du quartier Saint-Pierre, festonnées d'hôtels du XVIe siècle, où Balzac avait choisi la maison d'Eugénie Grandet. Le gros marteau de fonte, en forme de longue larme, était toujours à la porte, tel que Balzac en fait mention.

Pas un bruit dans ces rues, pas une rumeur. Les gens qui vivaient derrière ces fenêtres de jadis avaient un univers réduit, mais c'était un univers, le leur, et non pas, comme aujourd'hui, où il n'y a plus de province, un monde fait de bruyants morceaux de tout.

Dans les quartiers bâtis au XVIIIe, ou sous l'Empire et la Restauration, résidait la population riche ou aisée. Les propriétaires des grands châteaux des environs, tel le duc de Brissac, y avaient leur maison de ville.

Saumur tournait en fait autour de son École de cavalerie, de son Cadre noir, et aussi de son École du train des équipages, ce « train » qu'on ne désignait pas encore du nom de logistique. Les rues principales, quand le travail avait pris fin, s'emplissaient d'uniformes et, sur les trottoirs, les bras ne cessaient de se lever pour saluer.

Le grand événement de l'année, en temps de paix, était le Carrousel, à la fin juin, avec toutes les fêtes, réceptions et bals dont il était l'occasion. Même en cet hiver de guerre, il était un objet favori de conversation.

Le libraire vendait la fameuse carte postale où un écuyer du Cadre franchit d'un saut superbe une table servie dont les convives, un peu renversés sur leur chaise, le saluent, verre en main.

Il était habituel aussi, à chaque promotion, de publier de la sorte des portraits ou caricatures des officiers de l'École. Comme j'avais encore, à l'époque, un peu de crayon, j'eus l'honneur de la carte postale pour le profil que je fis de notre lieutenant, qui s'appelait Thévenot, un patriote placide et un instructeur exact.

L'Hôtel Budan, vaste et désuet, dont la façade classique donnait sur le fleuve, était l'un des grands lieux de la ville. Domaine des généraux et des officiers supérieurs, nous le fréquentions peu, sauf parfois à l'heure de l'apéritif.

J'avais mes quartiers, pour les fins de semaines, à l'Hôtel de la Paix, moins imposant mais aussi désuet.

Le dimanche matin, la plus grande partie de la promotion assistait à la grand-messe en l'église Saint-Nicolas-du-Chardonnet. Le colonel et les officiers occupaient les premières travées, devant le chœur, et les élèves occupaient entièrement le côté des hommes. Certains y venaient par foi véritable, d'autres par tradition, d'autres encore par convenance. Pour tous ces garçons qui s'entraînaient toute la semaine aux plus efficaces méthodes pour tuer autrui, ce temps de recueillement les conviait à penser à leur propre mort.

Quand le gel voulut bien céder, et que s'installa l'avant-printemps, nous en profitâmes pour visiter le Saumurois autrement que dans des autocars militaires qui nous conduisaient sur les lieux de nos manœuvres, marches à la boussole, installation de points d'appui et tracés de plans de feu.

Chauvelot, Le Mée, Dauphin et moi partions pour quelque auberge célèbre, celle des sœurs Barraut, à Gennes, dont les poulardes à la crème étaient inégalables, ou celle de Brézé. Ces déjeuners du dimanche étaient de vraies fêtes. J'ai encore le souvenir du menu de Brézé, invariable : homard à l'armoricaine, dans sa pourpre chaude et onctueuse ; ris de veau financière, laiteux et relevé ; gigot d'agneau, rose à point, avec des haricots blancs qui fondaient sous le palais ; fromages frais ou secs des chèvres de la région ; grosses tartes chaudes où les pommes en lamelles formaient des écailles dorées ; île flottante, banquise mousseuse et ferme sur son océan de crème fraîche. Ceux qui le voulaient pouvaient glisser dans cet ordinaire une omelette aux fines herbes fourrée de pommes de terre, ou le compléter par une mousse au chocolat servie en saladier. Le vin de Brézé, local à souhait, un vin blanc, non pas pétillant mais naturellement frisant, ouvrait le repas, et un Chinon rouge, respectable, arrosait la suite.

Les femmes, vite rassasiées, nous regardaient engloutir tout cela avec une certaine considération. Le pays du père de Gargantua avait à soutenir sa réputation. C'est avec de tels repas que les générations anciennes souffraient si souvent de goutte et mouraient d'apoplexie.

Nous étions surtout dans le pays de Balzac. Touraine et Anjou sont des provinces éminemment balzaciennes.

Blanches gentilhommières entourées d'un beau parc dont les prairies déclives sont ourlées par de douces rivières, sévères hôtels aristocratiques dans des cités vivant sur elles-mêmes, boutiques fleurant le grain, la toile ou l'épice, appentis de petits métiers, ce sont ces décors-là et ces paysages que Balzac a peuplés de tous les types sociaux et de toutes les passions. Les peupleraies du père Grandet étaient toujours visibles sur les bords du Thouet, au couchant de Saumur, et je fus un jour, comme on va en pèlerinage, au château de Saché, où il écrivit, je crois bien, *Le Lys dans la vallée.*

J'y fus en calèche, car les calèches alors étaient plus nombreuses que les taxis, du même train que s'y rendait Balzac, accompagné du même claquement des fers sur la chaussée, et balancé du même ballottement.

Il me suffit de rouvrir un des volumes ligériens de la *Comédie humaine* pour retrouver cette senteur de lilas, de fenaison ou de champignonnière qui, au gré des heures et des saisons, imprègne l'air d'Anjou, pour retrouver cette lumière si pure, si particulière, si pastellisée, où toutes les gorges de tous les pigeons semblent avoir perdu leurs plumes dans le ciel.

Qu'il y ait quelque peu de nostalgie, donc d'embellissement, dans ces souvenirs-là, je ne puis le nier. Mais toute province est faite de nostalgies superposées.

Par cet hiver et ce printemps saumurois, l'Anjou est devenu, après la Normandie de mon enfance, l'une de mes France, dont l'ensemble constitue *ma* France. S'y ajouteraient plus tard Provence et Aquitaine.

Le 20 avril 1940, à midi, ayant pris l'avant-veille ma dernière garde à l'une des portes de l'École et partagé avec mes camarades de chambre un dîner d'adieu, je partis de Saumur. En plus du képi bleu ciel de la cavalerie légère, j'avais un beau galon neuf, en forme de trèfle allongé, cousu sur mes manches, et un stick de bambou sous le bras. On s'adresserait désormais à moi en disant « mon lieutenant », puisque c'était l'appellation traditionnelle des aspirants.

Contrairement à ce que nous avions craint six mois plus tôt, en commençant notre temps d'instruction, la guerre ne se terminerait pas sans que nous y ayons participé.

Car le 4 mars, la vaillante Finlande, submergée par l'armée soviétique, avait dû cesser le combat. Le 19 mars, Hitler, le dictateur démoniaque, et Mussolini, le dictateur ridicule, se rencontraient à la frontière italo-autrichienne sur le Brenner, et y renforçaient, à grand éclat, leur perverse alliance. Le 10 avril, les armées allemandes envahissaient simultanément le Danemark et la Norvège. Copenhague et Oslo étaient rapidement occupées. Deux pays de plus tombaient ainsi sous le joug nazi.

La France et l'Angleterre décidaient d'envoyer un corps expéditionnaire à Narvik, pour secourir les Norvégiens.

Le gouvernement Daladier avait fait place à un gouvernement Paul Reynaud, mais Daladier y conservait le portefeuille de la Défense nationale.

Le petit généralissime Gamelin, pour sa part, continuait de faire les cent pas dans les casemates de Vincennes.

XI

ADIEU À LA POÉSIE

Mon vingt-deuxième anniversaire tomba durant la permission de dix jours qui nous était accordée, au sortir de Saumur, avant de rejoindre le centre de Montlhéry où nous serait donnée notre affectation dans une unité. Durant ces jours-là, nous fîmes, ma femme et moi, une longue excursion vers une autre Loire, en amont d'Orléans, pour aller visiter, à Germigny-des-Prés, la plus ancienne église de France, une petite chapelle carolingienne, toute simple et pure, aux proportions encore byzantines, témoignage demeuré au milieu des champs de la foi du haut Moyen Âge.

Nous poussâmes ensuite jusqu'à l'abbaye de Saint-Benoît-sur-Loire, où nous arrivâmes à l'heure de la dernière visite. Celle-ci était conduite par une sorte de bedeau ou de sacristain, vieux petit homme au visage de gargouille, coiffé d'un béret basque, et vêtu d'une pèlerine bleu marine, bien usée, comme en portaient les écoliers et les prêtres pauvres. Il allait d'un pas pressé et sautillant, débitant son commentaire du ton monotone des gardiens de monuments, habitués à répéter dix fois par jour la même rengaine. Mais son commentaire, à lui, sortait fort de l'ordinaire. Sur la fondation de l'abbaye, au VIIe siècle, sur la règle des Bénédictins, sur saint Benoît lui-même dont le corps avait été amené là, sur l'art roman qui avait produit avec cette église l'un de ses chefs-d'œuvre, sur les écoles qu'avaient fondées en ce lieu Charlemagne et Louis le Débonnaire, sur le pape Gerbert qui avait été l'un des abbés, sur le tombeau de Philippe Ier et sur ce roi lui-même, il abondait en détails où se mêlaient l'érudition historique, la prédication monastique, et le jugement esthétique parfois insolite. Comme il avait affaire à des visiteurs qui semblaient apprécier son propos, il faisait bonne mesure.

À la fin de la visite, il se plaça dans un rencognement d'ombre, à la porte de l'église, la main tendue. « Pour l'entretien de la basilique, s'il vous plaît… »

Lui mettant mon obole dans la paume, je lui dis : « Merci, monsieur Max Jacob… »

Il eut un sursaut de feinte surprise. « Vous m'avez reconnu ? Vous savez donc qui je suis ? »

Comme si ce n'avait pas été la chose la plus facile du monde, comme si le béret d'écolier avait pu dissimuler son visage à grand nez, comme si chacun ne savait pas que ce poète bizarre, baroque, imprévu, mais qu'appréciaient à des titres divers Claudel et Gide, avait choisi de se faire portier à Saint-Benoît ?

Il était né à Quimper, dans une boutique d'antiquaire juif. Quimper, pour un juif, c'est vraiment le bout du monde, à moins de sauter l'Atlantique. Il y avait de l'insolite, déjà, dans sa naissance. Venu à Paris, avec le rêve d'entrer dans « l'administration », il avait fait vraiment tous les métiers, et s'en réjouissait : professeur de piano, clerc d'avoué, employé de commerce, balayeur, journaliste, critique d'art, diseur de bonne aventure, peintre. Il avait été l'ami d'Apollinaire et de Picasso, au temps du Bateau-Lavoir, au point de partager une chambre avec ce dernier. Il avait une œuvre nombreuse, désaccordée, et relativement peu lue, mais pleine de trouvailles. Il s'était fait connaître d'abord comme un romancier féroce et cocasse.

Poète, il était capable aussi bien du mirliton pathétique :

M'as-tu connu marchand d'journaux,
À Barbès ou sous le métro ?
Pour arriver à l'Institut
Il me faudrait de la vertu…

aussi bien que de l'aveu mystique et torturé :

J'ai peur que tu ne t'offenses
Lorsque je mets en balance
Dans mon cœur et dans mes œuvres
Ton amour dont je me prive
Et l'autre amour dont je meurs.

Car il lui était survenu l'aventure peu commune de voir apparaître, une nuit, sur le mur de sa chambre, le corps du Christ vêtu d'une robe jaune.

« Ma chair est tombée par terre ! J'ai été déshabillé par la foudre ! Oh, impérissable seconde ! Oh ! Vérité, Vérité ! Larmes de Vérité ! Joie de la Vérité ! »

L'Église se méfie des visionnaires. Elle avait mis plus de cinq ans à reconnaître sa conversion et à lui accorder le baptême. Il avait fait une première retraite à Saint-Benoît, était revenu à Paris se mêler à la faune littéraire de la Rive gauche, avait voyagé, était revenu finalement à Saint-Benoît pour y endosser, sincère et ostentatoire, le rôle de l'humble, du pauvre, du dépouillé, du serviteur.

Les présentations faites, il tint absolument à nous amener dans son logis, une simple chambre, pleine de désordre, qu'on lui avait octroyée dans une dépendance de l'abbaye. Les murs étaient tapissés de ses gouaches, dont il vivait plus que de ses poèmes, et où dominait la couleur sang-de-bœuf.

Il était moins vieux qu'il ne voulait le paraître dans la basilique. Après tout, il n'avait que soixante-cinq ans, étant né la même année qu'Anna de Noailles et Léon-Paul Fargue, quelques mois avant Oscar de Milosz.

L'arbre du temps, sur sa branche de poésie, porte des fruits bien divers !

Max Jacob s'intéressa d'abord à mon veston qui n'avait pourtant rien d'extraordinaire, un simple tweed mais dont les divers tons de rouille lui avaient accroché l'œil.

Puis il nous parla d'astrologie, avec un enthousiasme d'expert. En tout cas, il savait dresser un horoscope, et nous montra comment il s'y prenait. Je ne portai pas trop d'attention aux remarques qu'il fit sur ma date de naissance ; je le regrette. Avoir mon thème astral commenté par Max Jacob eût mérité que je m'en souvinsse. Mais je regardais alors l'astrologie avec quelque défiance, et ne reviendrais que plus tard sur ce sentiment.

Il parlait beaucoup, Max Jacob, comme un homme content d'avoir soudain, dans sa solitude, des interlocuteurs ou, pour mieux dire, un auditoire. Son discours était divers, tour à tour lyrique, rieur et sentencieux. Il pratiquait l'humour juif, qui porte à se moquer de soi-même et de ses propres malheurs, mais sans se priver de critiquer autrui.

Il y avait trop de facettes en lui, dont il n'était jamais parvenu à composer une unité. Mais il était croyant, indiscutablement, si étrange que fût l'ardeur de sa foi.

Ainsi, j'étais poète, ainsi j'étais un jeune écrivain… Il se fit maître d'école.

« Ce n'est pas difficile, me dit-il, de bien écrire la langue française. Il suffit, sauf pour un effet volontaire, de ne jamais commencer deux phrases à la suite de la même façon. »

Le conseil était un peu sommaire et ne saurait suppléer à tout ; mais il a sa valeur et j'en ai fait mon profit.

Avec son œil de sorcier, Max Jacob s'était adressé non au poète que je ne serais pas, mais au prosateur.

Ce mal équipé pour la gloire, qui s'était réfugié dans un excès d'humilité, allait avant deux ans se voir infliger de porter l'étoile jaune sur sa pèlerine de sacristain. Un comble de dérision dramatique. Il dit alors qu'il attendait le martyre et s'y disposa. La Gestapo devait venir l'arrêter en février 1944. Il mourut quelques jours après d'une pneumonie, dans la prison de Drancy, sans la moindre plainte ni la moindre révolte, en disant : « Je suis avec Dieu. »

Parmi les mouvements littéraires et artistiques du premier tiers de ce siècle, dadaïsme, fauvisme, cubisme, surréalisme, qui s'appliquèrent à mettre en pièces le passé pour ne laisser que peu d'avenir, Max Jacob, égaré au milieu de tous les égarements, a sa place et l'on peut rouvrir *Le Cornet à dés.*

Pour moi, qui m'en tenais à ma formation classique, cette rencontre avec un poète, reconnu pour tel, mais qui comptait parmi les abolitionnistes de la prosodie, fut comme un adieu à la poésie. Je n'aurais ni le goût ni le don de faire entendre ma voix de cette manière, dans une époque qui, de plus en plus, allait refuser les rythmes et la mélodie. Adieu, lyrisme d'autrefois ! La Parque tirerait mon fil d'un autre côté. Je ne me servirais plus du vers, de sa cadence, de sa rime, que pour raisons de circonstances. La plus notable serait celle d'un chant de guerre.

1987-1993-2005

TABLE

LIVRE PREMIER
CEUX À TRAVERS QUI...

LIVRE DEUXIÈME

JE N'AI PAS AIMÉ L'ENFANCE

LIVRE TROISIÈME

DES ÉTUDES IMPATIENTES DANS UN TEMPS D'ADVERSITÉ

LIVRE QUATRIÈME
L'ATTENTE DES DRAMES

LIVRE CINQUIÈME
L'ANNÉE 39

DU MÊME AUTEUR

Mégarée, pièce en trois actes créée au Grand Théâtre de Monte-Carlo, 1942 (*La Nef*, Alger, 1944 ; Julliard, 1949).
Le Sonneur de bien-aller, nouvelle (Julliard, 1943).
Préface au *Silence de la mer* (Londres, Les Cahiers du silence, 1943).
Le Chant des Partisans, en collaboration avec Joseph Kessel (*Cahiers de la Libération*, publication clandestine, et *Fontaine*, Alger, 1943).
Lettres d'un Européen, essai (Alger, Charlot,1944).
La Dernière Brigade, roman (Grasset, 1946 ; Plon, 1970).
Ithaque délivrée, poème dramatique traduit de l'anglais ; d'après *The Rescue* d'Edward Sackville-West (Albin Michel, 1947).
Les Grandes Familles, roman (Julliard,1948). Prix Goncourt.
La Chute des corps (*Les Grandes Familles*, II), roman (Julliard, 1950).
Rendez-vous aux enfers (*Les Grandes Familles*, III), roman (Julliard, 1951).
Remarques, essai (Julliard, 1952).
Le Coup de grâce, mélodrame en trois actes. En collaboration avec Joseph Kessel (Gallimard, 1953).
Un voyageur, comédie en un acte, au répertoire de la Comédie-Française (L'Avant-Scène, 1954 et 1960).
La Volupté d'être, roman (Julliard, 1954 ; Plon, 1960).
Le Roi de fer (*Les Rois maudits*, I), roman historique (Del Duca, 1955 ; Le Livre de Poche, Plon, 1966).
La Reine étranglée (*Les Rois maudits*, II), roman historique (Del Duca, 1955 ; Le Livre de Poche, Plon, 1966).
Les Poisons de la couronne (*Les Rois maudits*, III), roman historique (Del Duca, 1956 ; Le Livre de Poche, Plon, 1966).
L'Hôtel de Mondez, nouvelle (Julliard, 1956).

La Loi des mâles (*Les Rois maudits*, IV), roman historique (Del Duca, 1957 ; Le Livre de Poche, Plon, 1966).

Tistou les pouces verts, récit pour enfants (Del Duca, 1957 ; Le Livre de Poche, 1968 ; Gallimard Jeunesse, 1993).

Alexandre le Grand, roman mythologique (Del Duca, 1958).

La Louve de France (*Les Rois maudits*, V), roman historique (Del Duca, 1959 ; Le Livre de Poche, Plon, 1966).

Le Lis et le Lion (*Les Rois maudits*, VI), roman historique (Del Duca, 1960 ; Le Livre de Poche, Plon, 1966).

Des Seigneurs de la plaine à l'hôtel de Mondez, nouvelles (Julliard, 1962).

Théâtre (*Mégarée*, *Un voyageur*, *La Contessa*) (Julliard, 1962).

Les Mémoires de Zeus, roman mythologique (Grasset, Hachette, 1963).

Paris, de César à Saint Louis, essai historique (Hachette, 1964).

Bernard Buffet, essai (Hachette, 1964).

Le Pouvoir, notes et maximes (Hachette, 1965).

Les Tambours de la mémoire, texte commémoratif (Plon, 1965).

Les Mémoires de Zeus, II, roman mythologique (Plon, 1967).

Le Bonheur des uns, nouvelles (Plon, 1967).

Ces Messieurs de Rothschild (Paul Tisné, 1967).

Vézelay, colline éternelle (U.G.E., 10/18, 1968 ; Albin Michel, 1981).

L'Avenir en désarroi, essai (Plon, 1968).

Discours de réception à l'Académie française (Librairie académique Perrin, 1968).

Grandeur et signification de Leningrad (Éditions Estienne, 1968).

Lettres d'un Européen et *Nouvelles Lettres d'un Européen*, essai (Plon, 1970).

Splendeur provençale (Les Baux-de-Provence, 1970).

Une Église qui se trompe de siècle, essai (Plon, 1972).

La Parole et le Pouvoir, essai (Plon, 1974).

Œuvres complètes, 25 volumes comprenant 5 recueils d'inédits : *Au pas de la vie* (4 vol.), *Politique et civilisation, Discours* (1 vol.) (Genève, Edito, Rencontre, et Paris, Cercle du bibliophile, 1973-1977).

Quand un Roi perd la France (*Les Rois maudits*, VII), roman historique (Plon, 1977).

Attention la France !, essai (Stock, 1981).

Réformer la démocratie, essai (Plon, 1982).
La Culture et l'État, essai (Vouloir la France, 1985).
Lettre aux Français sur leur langue et leur âme, essai (Julliard, 1994).
Circonstances (Le Rocher, 1997).
Circonstances **. *Circonstances politiques* I, *1954-1974* (Le Rocher, 1998).
Circonstances ***. *Circonstances politiques* II, *1974-1998* (Le Rocher, 1999).
Le Bon Français, essai (Le Rocher, 1999).
Romans mythologiques : *Les Mémoires de Zeus, Alexandre le Grand, Les Rivages et les Sources* (Plon, 1999).
Romans historiques : *Les Rois maudits* (7 tomes) (Plon, 1999).
Romans contemporains : *Les Grandes Familles, La Chute des corps, Rendez-vous aux enfers, La Volupté d'être* (Plon, 1999).
La France aux ordres d'un cadavre, essai (Éd. de Fallois / Le Rocher, 2000).
Ordonnances pour un État malade, essai (Éd. de Fallois / Le Rocher 2002).
Le Franc-parler (Éd. Le Rocher / Le Figaro, 2003).

Cet ouvrage a été imprimé par **Bussière**
à Saint-Amand-Montrond (Cher)
pour le compte des Éditions Plon
76, rue Bonaparte
Paris 6e

Achevé d'imprimer en mars 2006.

N° d'édition : 14024. — N° d'impression : 061243/1.
Dépôt légal : mars 2006.
Imprimé en France